# 固定资产投资项目
# 投融资指南及案例精选

主　　编：安秀梅
执行主编：宋映忠
副 主 编：任　兵　黎　云　周　朗
　　　　　石　嫘　李　宾　马辉猛

中国财经出版传媒集团
中国财政经济出版社
·北京·

**图书在版编目（CIP）数据**

固定资产投资项目投融资指南及案例精选 / 安秀梅主编. -- 北京：中国财政经济出版社，2025. 7.

ISBN 978 - 7 - 5223 - 3995 - 5

Ⅰ. F832. 48 - 62

中国国家版本馆 CIP 数据核字第 2025TL3223 号

责任编辑：李肇晗　　责任校对：徐艳丽

封面设计：陈宇琰　　责任印制：史大鹏

固定资产投资项目投融资指南及案例精选

GUDING ZICHAN TOUZI XIANGMU TOURONGZI ZHINAN JI ANLI JINGXUAN

中国财政经济出版社 出版

**URL**：http：//www. cfeph. cn

E - mail：cfeph@ cfeph. cn



社址：北京市海淀区阜成路甲 28 号　邮政编码：100142

营销中心电话：010 - 88191522

天猫网店：中国财政经济出版社旗舰店

网址：https：//zgczjjcbs. tmall. com

涿州汇美亿浓印刷有限公司印刷　各地新华书店经销

成品尺寸：170mm × 240mm　16 开　23. 5 印张　379 000 字

2025 年 7 月第 1 版　2025 年 7 月河北第 1 次印刷

定价：88. 00 元

ISBN 978 - 7 - 5223 - 3995 - 5

（图书出现印装问题，本社负责调换，电话：010 - 88190548）

本社图书质量投诉电话：010 - 88190744

**打击盗版举报热线：010 - 88191661　QQ：2242791300**

# 《固定资产投资项目投融资指南及案例精选》编委会

# 序　言

固定资产投资作为拉动经济增长的重要引擎，对优化资源配置、促进产业升级、加快科产融合、推动经济高质量发展具有重要意义。

近年来，我国固定资产投资规模持续扩大，投融资模式不断创新，但也面临着项目融资难、融资贵、风险防控压力大等挑战。为更好地服务国家战略需求，助力固定资产投资领域高质量发展，中央财经大学政信研究院组织编写了《固定资产投资项目投融资指南及案例精选》一书。

本书以“资金”为主线，贯穿固定资产投资项目的前期谋划、投资决策、建设、营运、竣工验收、绩效后评价等全生命周期全过程，从理论到实践，从政策到项目，沿着“资金跟着项目走”的原则和方向，对项目融资的政策、项目融资“三要素”、项目融资渠道、路径和方法等进行了详细的介绍和分享。其中包括：中央预算内资金的争取、专项债券、特别国债、银行固定资产投资项目贷款、项目债券 ABS、REITs 等创新投融资模式；PPP 新机制/特许经营等社会资本合作模式；TOD、ROD 等项目综合开发模式。

本书阐述了我国固定资产投资体制机制在财政政策、货币政策、产业政策、科技政策和社会政策等一揽子政策的共同发力下，形成的协调配合的宏观经济政策体系，让读者更系统、完整地理解、掌握和运用我国的固定资产项目投融资政策。

高质量的投资需要高质量的投资决策和项目前期谋划。本书第一部分，固定资产投资及项目前期谋划，重点对固定资产投资决策的目标与维度、重点、路径、方法和技巧做了科学、全面、系统的阐述和分析，为广大读者提供了较为系统的理论政策指导。第二部分，固定资产项目投融资操作实务，着重介绍了项目投资决策的依据、原则、方法和程序等，为广大读者提供了极具系统性和实践性的操作指引。第三部分，案例精选与分析，分别对市政基础设施、文化旅游、乡村振兴、土地整理、园区建设、农业产业、冷链物流、存量资产盘活、新基建、城市更新、医疗康养、教育产业等领域的66个固定资产投资项目投融资案例进行了分享，为广大读者提供了有益借鉴与参考。

本书的出版，凝聚了作者团队多年的研究成果和实践经验，具有较强的系统性、实用性和可操作性。相信本书的出版，能够为广大读者提供有益的参考和借鉴，为推动我国固定资产投资领域高质量发展贡献力量。

中央财经大学校长：马海涛

2025年3月25日

# 前　言

投资，是人类为满足生生不息的繁衍和可持续发展欲望所投入的人力、物力、财力、智力等价值的货币表现形式。它包括创造和维护人与人、人与自然、人与社会和谐共进的全部行为。

所有投资，都是因为满足某种欲望而产生冲动。投资欲望，与对未来期待所获的信心密切相关，若对未来失去信心，投资欲望就会灭失。

但本书将与您分享的不是投资欲望及其冲动与灭失问题，而是围绕投资行为中的固定资产投资项目“钱从哪里来”的问题。

“资金”是固定资产投资项目的“血液”，没有资金，设计得再好的项目也是无源之水，无本之木。

作者团队从事固定资产投资项目投融资研究和项目前期可行性研究咨询工作已 17 余年，涉及市政、建筑、交通、生态环境、农业、林业、水利、科技等领域 1700 多个项目，固定资产投资项目总投资约 1.3 万亿元。项目融资落地金额超 9600 亿元，积累了丰富的实践经验和大批典型案例。

本书的编写，始终坚持以“资金”为主线，将投资、固定资产投资、固定资产投资项目、固定资产投资项目的投融资、项目的前期研究与谋划、投资决策、投融资政策、实施建设、管理与运营等全生命周期串联起来，力求为读者提供系统、全面、实用的指导。

书中精选的66个典型案例，涵盖了多个领域和多种投融资模式，特别是几个疑难杂症“烂尾”工程项目的“重生”解决思路，或许能为读者提供丰富的实践参考和借鉴。

编写本书的目的有四：

一是分享经验与心得：将作者团队从“政府、企业、金融”的“三维视角”出发，以宏观经济政策、区域经济发展和项目投融资研究为领域，在固定资产投资项目投融资实践中学习、研究和实践所积累、获得的点滴心得、体会分享给更多的人。

二是解决投资困惑与风险：帮助更多的人解决投资的困惑，把控好投资的风险。

三是启发与帮助：让更多的人得到启发和帮助，利用好更多的知识和智慧，解决工作中所遇到的“融资难”“融资贵”的问题，打通项目与资金的“最后一公里”。

四是激励研究与创新：激励更多的人投入固定资产投资项目投融资的研究中，用心、用激情、用情怀学习研究宏观经济政策、区域经济发展，推进我国投融资体制改革，多元化、多渠道筹集项目建设资金，推进经济社会高质量发展。

本书的编写，凝聚了作者团队多年的研究成果和实践经验，具有较强的系统性、理论性和可操作性。我们希望本书的出版，能够为广大读者提供有益的参考和借鉴，为推动我国固定资产投资领域高质量发展贡献力量。

本书编委会

2025年2月28日

# 目　录

# 图表目录

# 案例目录

# 第一部分

# 固定资产投资与项目前期谋划指南

# 第一章　固定资产投资概述

本章将带您了解固定资产投资的定义、构成、分类及特点，通过本章的学习，您将对本书所研究的固定资产投资有一个初步的认识和了解。

## 一、固定资产投资定义

固定资产投资，是经济发展的重要引擎，它不仅仅是简单的资金投入，更蕴含着对未来发展的深刻承诺。它包括投资、固定资产以及固定资产投资等多个核心概念。在此，笔者将逐一分享自己对它们的理解和认识，以期您对固定资产投资有更为深入的理解。

### （一）投资（Investment）

广义的投资，是人类为满足生生不息的繁衍和可持续发展欲望所投入的人力、物力、财力、智力等价值的货币表现形式。它包括为创造和维护人与人、人与自然、人与社会的和谐共进的全部行为。

简言之，投资就是人们对未来所付出的一切价值总和。

狭义的投资，是指投资主体为实现未来收益或特定目标，将资源（人力、智力、货币、生产工具等实物、技术等）投入经济活动，以期获得经济、社会和生态等收益以及价值增值的行为。

投资有收益回报的预期，但也伴随风险。因此，“收益有风险，投资须谨慎”。

投资是推动经济增长的关键力量，无论您是生产、工作还是消费，都是投资。

### （二）固定资产（Fixed Asset）

固定资产，是具有较大单位价值和较长使用年限的资产，是流动资产和无形资产的对称，其价值转移形式是一次性投入，多次逐渐转移到产品或服务中。其中，符合上述特征，有生命的活体动物和植物资产，叫作生物资产。

企业、个人或单位组织持有固定资产的目的为生产商品、提供服务、出租或经营管理，以此获得收益。固定资产是生产或者再生产经营活动所必需的要素，具有实物形，如房屋、机器设备、运输工具等实物；使用寿命周期较长，我国目前规定为超过一个会计年度的有形资产。

（三）固定资产投资（Fixed Assets Investment，FAI）

本书所指固定资产投资，是指投资主体（包括国家、企业、事业、个人、外商等法人和自然人）以获得货币的价值增值或某种收益（一般包括经济、社会、生态效益）为目的，通过投入人力、物力、财力、智力等资源要素，建造、购置、改造固定资产（包括生物资产），进行生产或扩大再生产，让固定资产价值与资金、劳动力等资源要素价值相结合，为社会提供产品或服务，实现价值转化与价值增值的行为过程。

固定资产投资，是实现长期经济效益的重要手段，也是社会财富增长的方式之一。因此，固定资产投资不仅是个人、企业、民族和国家实现自我发展的核心策略，也是人类可持续健康发展的关键要素。

## 二、固定资产投资构成

固定资产投资主要指对项目建设和生产运营所需投入的全部资金即项目总投资，包括建设投资、建设期利息和流动资金，如图 1－1 所示。

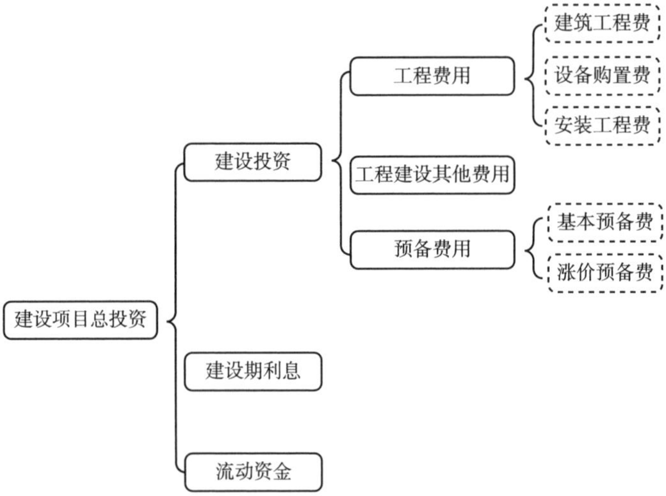


**图 1－1　按概算法划分的建设项目总投资**

(一) 建设投资 (Building Investment)

建设投资是在给定的建设规模、产品方案和工程技术方案的基础上，估算项目建设所需的费用。按概算法分类，建设投资分为工程费用（建筑工程费、设备购置费、安装工程费）、工程建设其他费、预备费（基本预备费、涨价预备费）。

(二) 建设期利息 (Interest During Construction)

建设期利息是债务资金在建设期内发生并应计入固定资产原值的利息，包括借新（或债券）利息及手续费、承诺费、发行费、管理费等融资费用。

(三) 流动资金 (Working Capital)

流动资金系指运营期内长期占用并周转使用的营运资金，不包括运营中需要的临时性营运资金。

## 三、固定资产投资分类

固定资产投资，根据不同划分标准有不同的分类，按照投资主体、投资渠道和管理领域、建设性质三类标准进行划分，主要包括以下三类。

(一) 按投资主体分类

若按照投资主体分类，固定资产投资可以分为政府投资、企业投资、个人投资和外商投资（如图 1 –2 所示)。

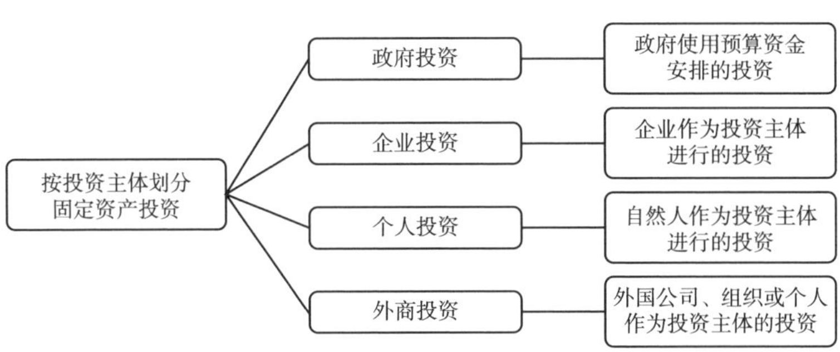


**图 1 –2　按投资主体划分的固定资产投资分类**

政府投资聚焦基础设施建设和公共服务；企业投资更关注产业、市场和效益；个人投资则多关注投资回收期相对较短、投资回报较高的产业。

### （二）按投资渠道和管理领域分类

按投资渠道和管理领域，以我国现行国家统计局口径分类，固定资产投资可以分为基本建设投资、更新改造投资、房地产开发投资和其他固定资产投资等（如图1－3所示）。这些领域各有特色，但都是经济发展的重要组成部分。

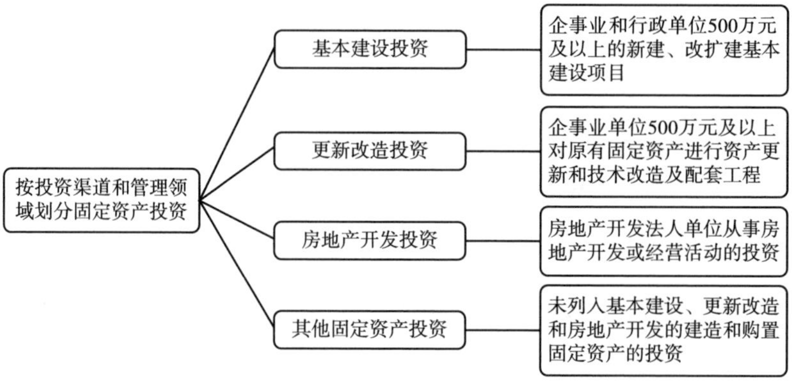


**图1－3　按投资渠道和管理领域划分的固定资产投资分类**

### （三）按建设性质分类

固定资产投资可以分为新建投资、扩建投资、改建投资、迁建投资和恢复重建等投资（如图1－4所示）。不同的投资方式适用于不同的项目和需求。

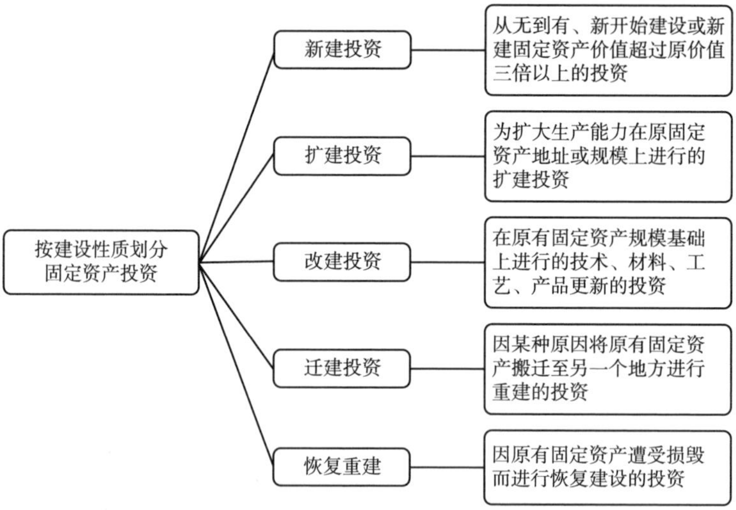


**图1－4　按建设性质划分的固定资产投资分类**

## 四、固定资产投资特点

尽管不同类型的固定资产投资各具特色，但总体上具有如下共性特点：

（一）长期性

如前所述，固定资产（包括生物资产）的价值转移形式是一次性投入，在生产经营全生命周期中多次逐渐物化到商品或服务中，因此，固定资产投资项目周期长，涵盖项目前期谋划、规划、设计、建设、竣工调试、生产运营等全生命周期，有的长达数十年，这就要求投资者具备长远的投资视野与耐心。

（二）高风险性

由于固定资产投资项目周期长、投资规模大，项目投资建设和运营过程中，可能面临政策风险、资金风险、法律风险、市场风险、技术风险、安全风险、管理风险等多重挑战，投资者需对风险进行充分评估与控制。

（三）社会效益性

固定资产投资不仅关乎企业经济效益，而且对社会发展、满足民生需求、生态环境改善、促进人类发展与进步等都可能具有深远影响，如基础设施建设提升城市功能、产业投资推动产业升级、网络电商改变人类消费习惯等。

（四）技术依赖性

固定资产投资的目的是生产和扩大再生产，往往依赖先进的技术和设备来提升生产效率和产品质量，因此投资者需关注技术发展趋势，及时引进和更新技术。

## 小结

本章重点对投资、固定资产、固定资产投资以及其构成、分类和特性进行了分享。那么，固定资产投资对咱们的经济有何影响，有多大作用呢？

# 第二章　固定资产投资的重要性指引

在对固定资产投资有了初步的了解之后，本章将从固定资产投资规模、在国民经济中的占比、“三大需求”投资变化以及三次产业投资变化来分析我国国民经济的影响和作用，从而了解我们研究固定资产投融资的重要性。

## 一、固定资产投资总额和增速情况分析

固定资产投资总额（Total investment in fixed assets），指以货币计价的建造和购置固定资产的实物工作量，是反映固定资产投资规模、速度、结构关系的综合性指标。我国固定资产投资总额①，随国家经济的发展，呈稳定增长趋势（如图 2 – 1 所示）。从 2014 年的 30.96 万亿元，截至 2023 年末达 50.30 万亿元，增长 19.34 万亿元，增长 62.47%，平均每年 1.93 万亿元，平均年增长 6.25%。

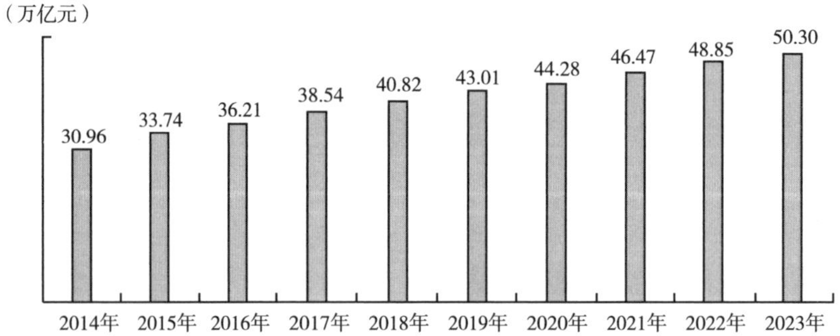


**图 2 – 1　2014—2023 年我国固定资产投资总额分析**

资料来源：国家统计局官网。

从 2014 年到 2023 年的十年固定资产投资增速来看，总体呈下降趋势（如图 2 – 2 所示），从 2014 年的 13.8%，下降到 2023 年的 3.0%，其中 2020 年由

---

① 本书所涉及固定资产投资相关数据，均以国家统计局官网“固定资产投资（不含农户）”口径为准。

于新冠疫情的影响，增速下降到最低谷2.9%，在2021年有所回升，固定资产投资增速呈现起伏态势。

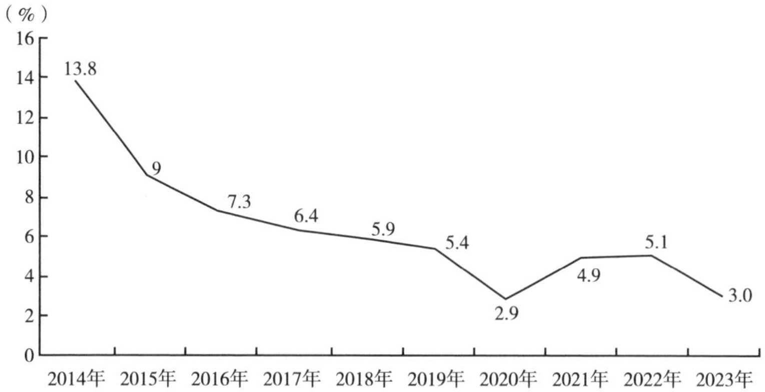


**图2-2　2014—2023年我国固定资产投资增速分析**

资料来源：国家统计局官网。

## 二、固定资产投资占国内生产总值的比重分析

国内生产总值（Gross Domestic Product，GDP），通常指一个国家或地区在一定时期（通常一年）内生产活动的最终成果，是衡量一个国家或地区经济总量的重要指标。而我国国内生产总值主要靠固定资产投资拉动，2014—2023年，我国固定资产投资占国内生产总值的平均比重达45.72%，2015年最高，达50.48%，2023年最低，为40.43%（如图2-3所示）。在我国国民经济中，固定资产投资起着举足轻重的作用。

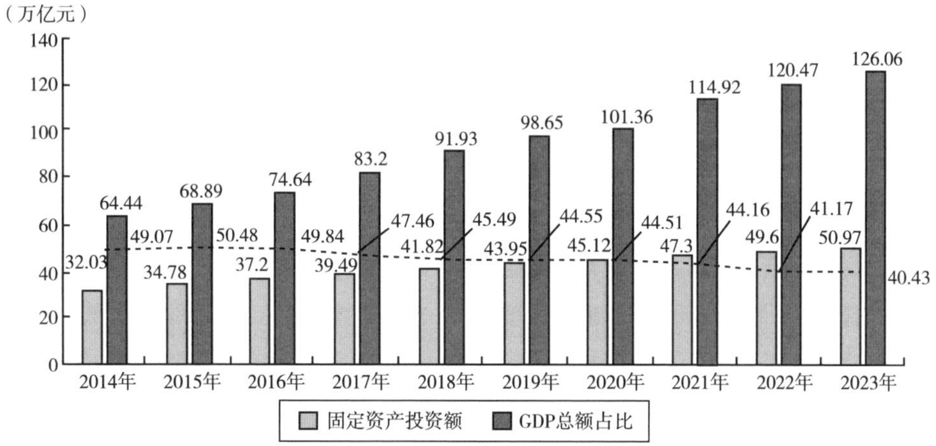


**图2-3　2014—2023年我国固定资产投资额与国内生产总值比重**

资料来源：国家统计局官网。

## 三、“三大需求”投资对国内生产总值影响分析

若以支出法来核算国内生产总值，则要分析三大需求的影响，所谓“三大需求”，通常以社会消费品零售总额、固定资产投资总额和外贸净出口额三大指标进行计算，即人们通常讲的“三驾马车”。

固定资产投资围绕“三大需求”所需基础设施（比如交通、运输、港口、码头以及消费环境、场所等）建设形成对另两驾马车的推动，最终形成“三驾马车”并驾齐驱拉动经济的增长。

从2014—2023年我国“三大需求”投资对国内生产总值（GDP）的影响来看，消费是第一贡献者，但2020年在新冠疫情的情形下，消费的贡献率下降为－6.8%；之后在波动起伏中恢复和上升，到2023年达到82.5%，而以投资为主的资本形成总额是紧随其后的贡献者，在2020年消费贡献率下降为负值时，资本形成总额的贡献率高达81.5%，净出口是绝对额最小的贡献者，并在起伏中呈下降趋势（如图2－4所示）。

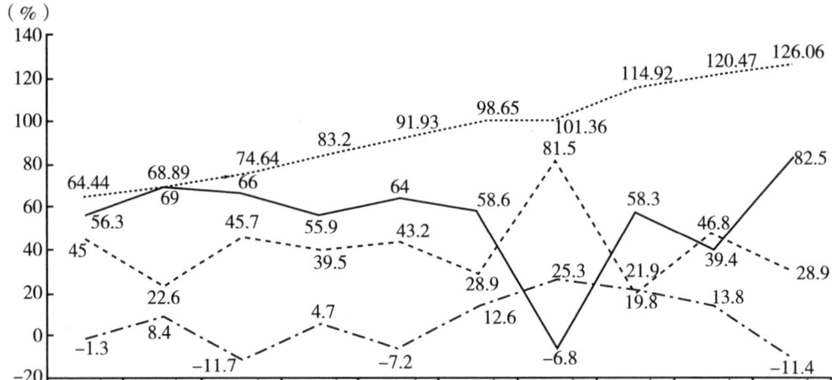


| | 2014年 | 2015年 | 2016年 | 2017年 | 2018年 | 2019年 | 2020年 | 2021年 | 2022年 | 2023年 |
|---|---|---|---|---|---|---|---|---|---|---|
| —— 消费 | 56.3 | 69 | 66 | 55.9 | 64 | 58.6 | −6.8 | 58.3 | 39.4 | 82.5 |
| ----- 资本形成总额 | 45 | 22.6 | 45.7 | 39.5 | 43.2 | 28.9 | 81.5 | 19.8 | 46.8 | 28.9 |
| -·-·净出口 | −1.3 | 8.4 | −11.7 | 4.7 | −7.2 | 12.6 | 25.3 | 21.9 | 13.8 | −11.4 |
| ······ GDP | 64.44 | 68.89 | 74.64 | 83.2 | 91.93 | 98.65 | 101.36 | 114.92 | 120.47 | 126.06 |

**图2－4 2014—2023年我国三大需求投资对国内生产总值（GDP）影响**

资料来源：国家统计局官网。

2014—2023年三大需求对国内生产总值增长的贡献率如图2－5所示，消费约占54%，以固定资产形成总额为主的资本形成总额约占41.8%，净出口约占4.2%。固定资产投资在我国经济增长中起举足轻重的作用。

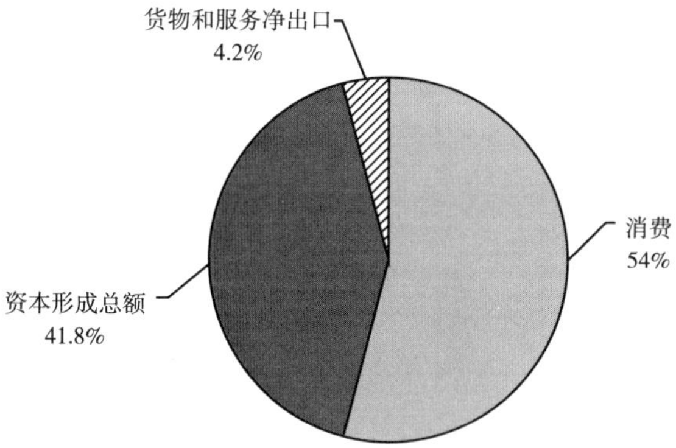


**图 2－5　2014—2023 年我国三大需求对国内生产总值贡献率占比分析**

资料来源：国家统计局官网。

## 四、三次产业投资对国民经济影响分析

若以生产法和收入法来核算国内生产总值增长，则要分析三次产业的影响。所谓三次产业，主要按照产业部门进行划分，第一产业主要指农、林、牧、渔业；第二产业主要指加工业、制造产业、采矿业等；第三产业是指除第一、二产业以外的其他行业。我国三次产业结构按照比例大小顺序排列通常为三产、二产和一产。

从 2014 年到 2023 年的三次产业固定资产投资额来看，总体呈上升趋势（如图 2－6 所示）。2014 年，三次产业投资结构为 1.45∶32.17∶66.38；2023 年，三次产业投资结构为 2.01∶32.23∶65.77，结构比例随国家宏观经济调控而动态变化，总体稳定，呈现出不断优化、趋向均衡的发展态势。

从 2014 年到 2023 年的三次产业固定资产投资增速来看，呈下降趋势（如图 2－7 所示）。其中第一产业增速波动较大，有显著增长年份（如 2020 年）和显著下降年份（如 2023 年）；第二产业从较高增速逐渐放缓，特别是在疫情年份，增速出现负增长，之后逐步恢复；第三产业增速相对稳定，但总体上是一个逐年放缓的趋势，尤其在疫情期间，增速明显下降。

三次产业结构调整通常是国家产业政策宏观调控的结果，对国民经济可持续发展质量发挥着重要的调节作用。比如在经济结构中，需要加大对粮食安全的调节，则通过加大第一产业的投资进行调控，若需要加大消费服务领域的调节，则通过加大第三产业的投资进行调控，第二产业亦然。

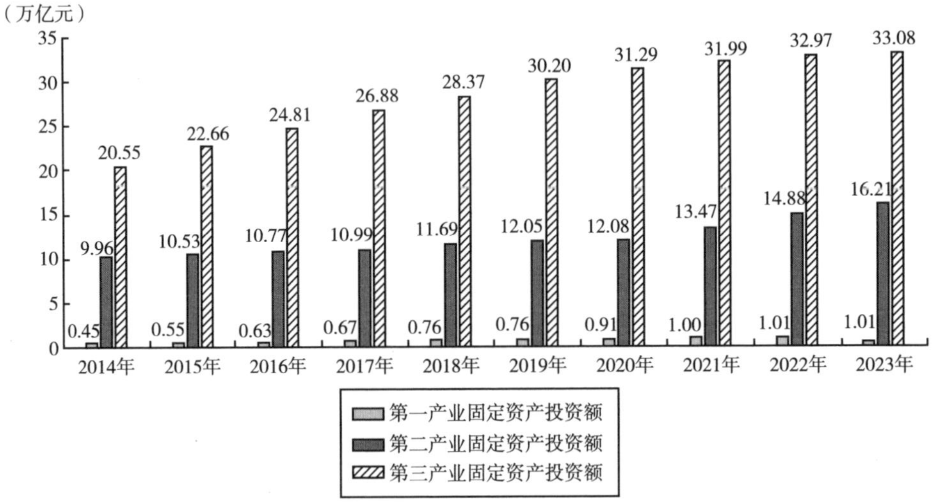


**图 2－6　2014—2023 年我国三次产业固定资产投资额分析**

资料来源：国家统计局官网。

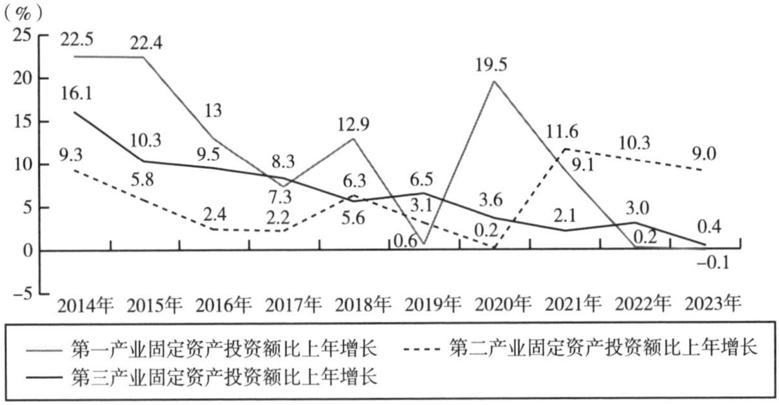


**图 2－7　2014—2023 年我国三次产业固定资产投资增速分析**

资料来源：国家统计局官网。

## 小结

本章从我国固定资产投资的规模、增速以及在国内生产总值中的比重、产业结构、贡献率等对国民经济的影响进行了简要分析，可以看出，固定资产投资是国民经济发展的重要组成部分，是经济社会发展的重要引擎。因此，研究固定资产投资项目投融资具有十分重要的意义。

# 第三章　固定资产投资项目概述

固定资产投资并不是直接发钱，固定资产投资是通过一个特殊载体——固定资产投资项目来实现的。本章将详细介绍固定资产投资项目的概念、性质、分类和特征。

## 一、固定资产投资项目的概念

固定资产投资项目（Fixed asset investment project）就是指通过建造和购置固定资产，从事生产和再生产经济活动，以期达到预期目的的一项目标任务。

此概念的核心要义包括固定资产投资的手段和目的，手段有两个，一是建造固定资产，二是购置固定资产。目的是从事生产和再生产，从而获得人类所需的物质财富和经济财富，即社会效益和经济效益。

## 二、固定资产投资项目的性质与分类

固定资产投资项目，按照不同划分标准，分为不同性质的项目。

（一）以项目投资的目的和效益划分

固定资产投资项目可划分为公益性、准经营性和经营性项目（如图3－1所示）。

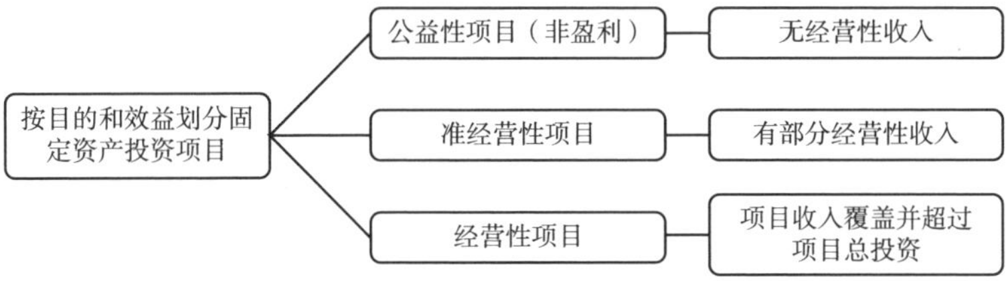


**图3－1　按目的和效益划分的固定资产投资项目分类**

**1. 公益性项目**

是指以满足公众需求，非营利性的公共效益为目的投资的固定资产投资项目。如国防、军事、科研、生态保护、公共绿地、广场等。

**2. 准经营性项目**

是指在满足公共效益的同时兼有公共服务和商业营运性质的项目。比如收费高速公路、客运航空、水电气热等项目。

**3. 经营性项目**

是指以获取利润为目的市场化投资的固定资产投资项目。

（二）以项目建设的性质划分

固定资产投资项目可划分为新建项目、扩建项目和改建项目。（参阅第一章固定资产投资按投资建设性质分类）

（三）以项目工程咨询专业领域划分

固定资产投资项目可划分为以下二十一大类：

①农业、林业项目；②水利水电项目；③电力（含火电、水电、核电、新能源）项目；④煤炭项目；⑤石油天然气项目；⑥公路项目；⑦铁路、城市轨道交通项目；⑧民航项目；⑨水运（含港口河海工程）项目；⑩电子、信息工程（含通信、广电、信息化等）项目；⑪冶金（含钢铁、有色等）项目；⑫石化、化工、医药项目；⑬核工业类项目；⑭机械（含智能制造）类项目；⑮轻工、纺织类项目；⑯建材类项目；⑰建筑类项目；⑱市政公用工程项目；⑲生态建设和环境工程项目；⑳水文地质、工程测量、岩土工程类项目；㉑其他领域工程类项目。

## 三、固定资产投资项目的特征

（一）固定资产投资项目投资收益特征

固定资产投资项目投资收益具有“一次投入，多次收益”的特征。它不同于非固定资产投资项目的收益回报，如商业、贸易等流动资产投资项目，其投资收益方式一般是一次性投入，一次性获得收益回报，而固定资产投资项目投资收益方式是一次性投入，多次逐渐获得收益回报。

（二）固定资产投资项目价值转换特征

投资者以货币为主要价值形态的投入，建造、购买、改造固定资产，将其价值转换为实物形态的固定资产，再通过对固定资产进行生产、租赁、经营、提供服务等长期营运维护或生产经营活动，实现长期、可持续发展的价值转移和价值的增值，包括经济价值、社会价值和生态价值。固定资产通过物化劳动实现其价值转移，即“一次形成，多次转移”。

（三）固定资产投资项目“长期”投资特征

固定资产投资是为了长期使用和获取利益而进行的投资，其所投资金在较短时间内无法轻易回收，要根据项目产出目标，项目建成投产后，通过营运维护、提供服务，实现产品和服务的价值增值，从而达到投资的目的。

以收获的效益逐步抵偿项目投资总额，这个抵偿过程所需要的时间，就是固定资产投资项目的“投资回收期”。项目投资收回之后的是项目的利润和价值增值，项目投资回收期加上项目投资人获取利润的时间，是一个漫长的周期，有的数十年，甚至上百年。比如法国埃菲尔铁塔项目，始建于 1887 年，现在依然为法国带来收益。因此，固定资产投资是长期主义的投资，而不是短期、一次性、“一锤子”的投资。

（四）固定资产投资项目资金“专款专用”特征

固定资产投资项目，首先得按照计划将项目完成，通过竣工验收形成固定资产。因此，其项目建设资金必须专款专用，若发生挪用或转移用途，将导致不能按时、按质、按量形成固定资产，导致投资失败。国家明令禁止挪用财政专项建设资金，若有违反，情节严重的将判处“挪用专项资金罪”。

（五）固定资产投资项目“三个唯一性”特征

**1. “唯一主管部门”**

固定资产投资项目无论是立项批复、项目核准还是备案，都必须由各级政府投资主管部门进行。国务院投资主管部门是指国家发展和改革委员会，各级地方政府投资主管部门绝大部分也设在发改部门或具有投资主管职能的职能部门。

**2. “唯一平台”**

是由国家建设的固定资产投资项目综合管理服务平台，是一个项目全覆盖、审批全流程、管理全方位、监管全过程的信息化监管系统。从 2017 年 6 月 25 日起，除涉密项目以及涉密审批事项外，在线平台适用于实行审批制管理的政府投资项目、实行核准制或者备案制管理的企业投资项目，以及与之相关的从项目立项到项目竣工涉及的所有审批监管事项。

**3. “唯一身份代码”**

固定资产投资项目代码是项目整个建设周期的唯一身份标识，相当于项目法定“身份证”，明确了项目所在地区、所属行业、项目类型等基础信息。《全国固定资产投资项目代码编码规范》（GB/T 40058—2021）。项目代码共24位，由4位时间代码，6位地区代码，2位中央业务指导部门代码，2位项目类型代码，5位随机码和1位校验码，5段依次组成。

## 小结

本章分项了固定资产投资项目的性质、分类与特征。这些内容告诉我们，固定资产投资项目投资大、周期长、风险大。因此，项目前期分析与论证十分重要，它决定着项目投资的成功与失败。

要有高质量的投资，就要有高质量的项目投资决策分析，对项目投资的未来需求、市场变化、风险度等都要有所预判，那么如何进行预判和投资决策呢？

# 第四章　固定资产投资项目的投资决策指南

决策是投资的首要环节，而科学的投资决策则是项目成功的关键。在复杂多变的市场环境中，如何做出科学合理的投资决策成为每位投资者必须面对的挑战。本章将向您介绍项目投资决策的核心，明确决策的目标、原则与依据。同时，我们还将剖析前期决策机构与机制，帮助您了解决策过程中的关键环节与影响因素。通过学习本章内容，您将掌握科学的投资决策方法，为未来的投资之路保驾护航。

## 一、项目投资决策分析的概念

项目投资决策（Project investment decision）分析，就是在项目投资前，采用政治、经济、法律、系统科学、工程技术等方法对项目投资能不能投、谁来投、怎么投等相关问题进行科学系统的分析研究的系统工程。

## 二、项目投资决策分析的主要内容

项目投资决策分析主要包括宏观决策分析、中观决策分析和微观决策分析三个方面。

### （一）宏观决策分析

即对项目所涉及的国家层面的经济社会发展规划目标、国家产业政策、财政政策、金融政策等重大课题进行分析研究。

### （二）中观决策分析

即对项目所在区域的区域规划、区域产业政策、区域财政金融政策与项目需求、项目规模、项目结构、项目布局等重要课题进行分析研究。

### （三）微观决策分析

即针对项目投资规模、投资主体、投资方案、资源整合利用方案、工程技术方案、建设模式、设备选型、投融资方案、财务可行性方案、风险控制方案等进行系统分析研究。

## 三、项目投资决策的目标与原则

### （一）项目投资决策目标

项目投资决策的主要目标是预防和控制项目投资决策风险，以最小的投入获得最大的产出，以最节约的建设成本获得最大的经济效益、社会效益和生态效益。即降低风险、降低成本、提高效率，提高效益。

### （二）项目投资决策原则

在前述政策体系的指引下，项目投资决策由以领导主观意志为主的指令性决策，逐步转化和形成了项目投资决策的“三原则”。

**1. 依法决策原则**

固定资产投资尽管目前没有专门的独立法典，但有一系列管理条例、政策、文件和规章，这些不同法律位阶的行政规章，在不违背其上位法的情况下，也同样具有法律效力。因此，决策依据、决策程序、决策内容都要依法合规。

**2. 科学决策原则**

固定资产投资决策，是一项涉及政治、经济、文化、自然科学、工程、机械、现代科学技术、人工智能、互联网、大数据、云计算等数字化等多专业叠加、多领域跨界的系统工程。必须由专业领域的专家，经调查研究，开展一系列的科学研究和分析，以通过多轮专家论证评审后的项目前期研究成果报告为依据，进行科学决策。

**3. 民主决策原则**

决策过程应遵循科学和民主的原则，广泛听取各方意见，确保所有相关信息开放畅通，避免信息不对称导致的决策偏差，重要决策应通过集体讨论和投票的方式做出。许多地方政府成立决策咨询委员会，开展集体民主决策。

## 四、项目投资决策依据

①国家和地方的法律法规、政策和规章；②国家经济社会发展规划、区域规划、产业规划；③国家和地方财政、金融政策；④国家和地方的产业政策；⑤第三方专业机构提供的独立、公正、专业、科学的可行性研究成果报告；⑥专家评审意见；⑦政府固定资产投资主管部门的审核意见。

## 五、项目投资决策发展与问题

我国固定资产投资决策，相对于发达国家而言，起步较晚，在计划经济体制下，没有形成完整的决策体系和机制，更多的是“领导决策”机制，执行的是“指令性”决策。

2004年投资体制改革之后，尽管我国固定资产投资决策在一定程度上从领导主观意志的指令性决策转变到依法决策、科学决策和民主决策的轨道上，但一些地方和部门依然存在“领导决策”的固化思维，个别地方领导因为政绩等多种因素，强势要求项目“可行”，只做“可行性”分析研究，不做“不可行性”分析研究，有的甚至只要工程设计方案华丽、漂亮就可行。重建设轻营运，造成许多无效投资和失败投资。比如：

（1）一些“楼堂馆所”等公用设施的重复建设。一些地方不结合经济发展的实际，不切合人口和当地老百姓的需求，不顾自身财力，贪大求洋，通过负债等方式，建设超标准的体育运动设施、景观设施、办公楼、宾馆招待所、图书馆、展览馆等无效建设。

（2）一些“产业园区、开发新区”的无效投资。一些地方不通过专业系统的科学决策，盲目跟风，别人建什么，他就建什么，不顾资源匹配，不管市场需求，不做产业分析，以“别人能干的，我们为什么不能干?”为依据，造成一些“产业园区无产业，开发新区无新人”的现象。

（3）一些“半拉子工程”形成“烂尾投资”。由于前期投资决策失误，盲目圈地，冲动上马，造成一些投资者资金断裂，投资失败，形成“烂尾”现象，不仅给自己造成损失，也给国家和人民造成了损失。

## 六、项目投资决策机制的逐步形成

1978年党的十一届三中全会开始改革开放，引入了市场经济，固定资产投资项目决策开始走向科学化、专业化，为引进西方发达国家项目分析决策方法，1987年，由国家计委发布了《建设项目经评价方法与参数》（第一版），我国项目投资决策分析第一次有了统一的技术标准和方法；1993年结合我国工程经济实际和发展，修订发布了《建设项目经济评价方法与参数》（第二版）；2004年国家发布《国务院关于投资体制改革的决定》，投融资体制机制、决策机制发生了根本性的变化。2006年再次修订发布了《建设项目经济评价方法与参数》（第三版），初步形成了建设项目的决策分析方法体系和框架。

此外，党中央、国务院连续出台了《中共中央 国务院关于深化投融资体制改革的意见》等一系列文件，提出完善高效的投融资体制机制是优化投资结构、提高投资效率、保持投资合理增长的重要保障。“十四五”规划对我国投资领域的发展与改革做出了重要部署，强调要深化投融资体制改革，促进形成市场主导的投资内生增长机制。项目投资决策系列政策框架逐步形成，初步形成第三方专业机构对项目进行可行性分析论证、专家评审，投资者决策，投资主管部门审核通过备案、核准或立项批复的决策的项目投资决策框架（如图 4－1 所示）。

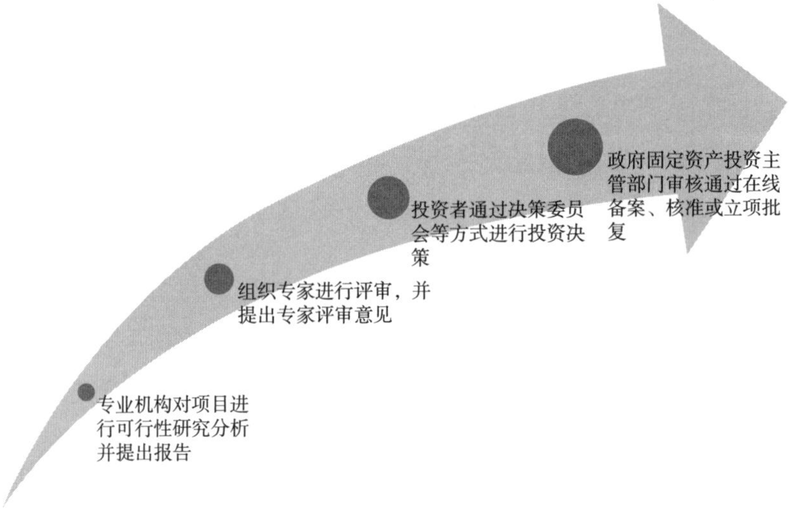


**图 4－1 我国项目投资决策框架**

为加强项目投资决策管理，《国家发展改革委关于进一步推进投资项目审批制度改革的若干意见》明确提出“加强投资项目决策管理，研究修订投资项目评价规范，完善投资决策咨询评估机制，切实把好项目‘准入关’”。

2023 年 3 月，国家发展改革委为着力推动高质量发展，巩固和深化投融资体制改革成果，进一步提升我国投资项目前期工作质量和水平，发布了《关于印发投资项目可行性研究报告编写大纲及说明的通知》（以下简称“可研新大纲”），内容包括《政府投资项目可行性研究报告编写通用大纲（2023 年版）》《企业投资项目可行性研究报告编写参考大纲（2023 年版）》和《关于投资项目可行性研究报告编写大纲的说明（2023 年版）》，自 2023 年 5 月 1 日起施行。

从此，我国固定资产投资项目前期研究决策，进一迈向了规范化、专业化、科学化和民主化的新阶段。

## 小结

本章重点对我国固定资产投资项目投资决策分析的概念、内容、现状、问题、目标、原则、依据以及决策体制机制等进行了介绍和分享。

项目前期分析研究的第三方专业机构的研究成果，是固定资产投资项目前期决策的重要参考依据，那么我国固定资产投资项目前期分析研究的第三方专业机构是谁呢？

# 第五章　固定资产投资项目前期专业研究机构指南

固定资产投资项目前期决策是一项复杂的系统工程，涉及多学科、多领域、跨专业的系统研究和分析，需要具备丰富知识、丰富经验和开放性思维的复合型人才和专业性机构以及科学协调的决策机制共同作用才能完成。我国固定资产投资项目前期分析研究的专业机构是中国工程咨询机构。

## 一、工程咨询的概念

工程咨询（Engineering Consulting），根据《工程咨询行业管理办法》定义，是遵循独立、公正、科学的原则，综合运用多学科知识、工程实践经验、现代科学和管理方法，在经济社会发展、境内外投资建设项目决策与实施活动中，为投资者和政府部门提供阶段性或全过程咨询和管理的智力服务。

## 二、中国工程咨询行业管理体制

### （一）国家层面

国家发展改革委负责指导和规范全国工程咨询行业发展，制定工程咨询单位从业规则和标准，组织开展对工程咨询单位及其人员执业行为的监督管理。

### （二）地方层面

地方各级发展改革部门负责指导和规范本行政区域内工程咨询行业发展，实施对工程咨询单位及其人员执业行为的监督管理。

### （三）行业层面

中国工程咨询协会依照国家法律法规、参照国际规则，对工程咨询单位进行行业自律和管理。工程咨询单位应通过全国投资项目在线审批监管平台实行告知性备案管理。

## 三、工程咨询单位

（一）概念

工程咨询单位是指在中国境内设立的从事工程咨询业务并具有独立法人资格的企业、事业单位。

（二）业务范围

**1. 规划咨询**

含总体规划、专项规划、区域规划及行业规划的编制。

**2. 项目咨询**

含项目投资机会研究、投融资策划，项目建议书（预可行性研究）、项目可行性研究报告、项目申请报告、资金申请报告的编制，政府和社会资本合作（PPP）项目咨询等。

**3. 评估咨询**

各级政府及有关部门委托的对规划、项目建议书、可行性研究报告、项目申请报告、资金申请报告、PPP 项目实施方案、初步设计的评估，规划和项目中期评价、后评价，项目概预决算审查，以及其他履行投资管理职能所需的专业技术服务。

**4. 全过程工程咨询**

采用多种服务方式组合，为项目决策、实施和运营持续提供局部或整体解决方案以及管理服务。有关工程设计、工程造价、工程监理等资格，由国务院有关主管部门认定。

（三）工程咨询业务专业领域划分

①农业、林业项目；②水利水电项目；③电力（含火电、水电、核电、新能源）项目；④煤炭项目；⑤石油天然气项目；⑥公路项目；⑦铁路、城市轨道交通项目；⑧民航项目；⑨水运（含港口河海工程）项目；⑩电子、信息工程（含通信、广电、信息化等）项目；⑪冶金（含钢铁、有色等）项目；⑫石化、化工、医药项目；⑬核工业类项目；⑭机械（含智能制造）类项目；⑮轻工、纺织类项目；⑯建材类项目；⑰建筑类项目；⑱市政公用工程项目；⑲生态建设和环境工程项目；⑳水文地质、工程测量、岩土工程类项目；㉑其他领域工程类项目。

### （四）资信评价与资信等级

工程咨询单位应当配备一定数量的咨询工程师（投资），取得咨询工程师（投资）职业资格证书的人员，表明其已具备从事工程咨询（投资）专业技术岗位工作的职业能力和水平。具体配备数量和等级，根据专业领域和资信等级要求相匹配。

工程咨询单位资信评价标准，由发展改革委制定，以一定时期内的合同业绩、守法信用记录和专业技术力量为主要指标，分为甲级和乙级两个级别。

## 四、咨询工程师（投资）执业注册制

国家设立工程咨询（投资）专业技术人员水平评价类职业资格制度。

取得咨询工程师（投资）职业资格证书的人员从事工程咨询工作的，应当选择且仅能同时选择一个工程咨询单位作为其执业单位，进行执业登记并取得登记证书。

国家发展改革委和人力资源社会保障部按职责分工负责工程咨询（投资）专业技术人员职业资格制度实施的指导、监督、检查工作。

中国工程咨询协会具体承担咨询工程师（投资）的管理工作，开展考试、执业登记、继续教育、执业检查等管理事务。

## 五、菲迪克与中国工程咨询协会

### （一）国际咨询工程师联合会

国际咨询工程师联合会的法文为 Fédération Internationale Des Ingénieurs Conseils，缩写为 FIDIC，中文翻译为“菲迪克”；英文为 International Federation of Consulting Engineer。于 1913 年由比利时、法国和瑞士发起成立。经过 110 多年的发展，如今，全球六十多个国家和地区加入，代表着全世界大多数的咨询工程师。其制定的许多建设项目管理规范与合同文本，已被联合国有关组织、世行、亚行及许多国家普遍承认和广泛采用。FIDIC 是国际上最权威的被世界银行认可的咨询工程师组织。我国于 1996 年加入该协会。

### （二）中国工程咨询协会

中国工程咨询协会，即 China National Association of Engineering Consultants，缩写为 CNAEC。成立于 1992 年，是由工程咨询单位、注册咨询工程师及在工程技术经济领域富有咨询和管理经验的专家和学者自愿组成的非营利性行业组织，是经民政部注册登记具有法人资格的全国性社会团体，是对外代表中国工程咨询业的行业协会。1996 年成为国际咨询工程师联合会（FIDIC）正式会员，是亚太地区工程技术咨询发展计划组织（TCDPAP）正式成员，现任该组织本届主席。

## 六、我国咨询机构发展历程

1978 年党的十一届三中全会改引入了市场经济，也引入了西方投资项目决策的思路、技术和方法。1982 年中国国际工程咨询公司成立，标志着我国工程咨询单位的诞生。1983 年原国家计委颁发《关于建设项目进行可行性研究的试行管理办法》。中国工程咨询行业发展阶段和历程如表 5 -1 所示。

**表 5 -1　我国工程咨询机构的发展历程**

| 时间 | 历程 |
|---|---|
| 萌芽时期（1950—1991 年） | 我国第一个五年计划正式拉开了固定资产投资项目序幕，主要参照苏联模式，实行高度集中的计划经济体制，统一由国家进行项目投资，行业主管部门作为建设单位负责项目建设过程中的设计、施工和运营维护等。1978 年党的十一届三中全会开始改革开放，引入了市场经济，固定资产投资项目决策开始走向科学化、专业化，1982 年中国国际工程咨询公司成立，1983 年原国家计委颁发《关于建设项目进行可行性研究的试行管理办法》。 |
| 形成初期（1992—2003 年） | 1992 年中国工程咨询协会成立，标志着我国固定资产投资决策正式向专业化、行业化发展。1994 年我国发布了《工程咨询业管理暂行办法》，明确规定了工程建设项目投资前期、建设准备、实施及生产等几个阶段的咨询内容。投资前期阶段：包括投资机会研究、项目建议书和可行性研究报告的编制或评估等；建设准备阶段：包括工程勘察、工程设计、招标投标咨询等；实施阶段：包括设备材料采购咨询、合同管理咨询、施工监理咨询、生产准备咨询、人员培训咨询、竣工验收咨询等；生产阶段：包括后评价等。 |
| 成长时期（2004—2016 年） | 2004 年，国务院发布《关于投资体制改革的决定》（国发〔2004〕20 号），投资体制机制发生了根本的变化，投资主体多元化、投资决策科学化民主化水平进一步提高。我国工程咨询服务业规模和从业企业数量均出现快速增长。<br>2010 年 2 月，2010 年国家发改委发布《关于印发工程咨询业 2010—2015 年发展规划纲要的通知》（发改投资〔2010〕264 号），进一步明确了工程咨询业发展的指导思想、原则、目标和主要任务。 |
| 规范时期（2017 年至今） | 2017 年 10 月 18 日，国家发改委根据《国务院关于取消一批行政许可事项的决定》，取消工程咨询单位资格认定，要求从事工程咨询业务的机构，自 2018 年 1 月 1 日起，按规定内容通过全国投资项目在线审批监管平台告知有关信息（备案）。<br>2019 年 6 月 14 日，国家发改委、民政部、中央组织部等十部委发布《关于全面推开行业协会商会与行政机关脱钩改革的实施意见》，中国工程咨询协会与国家发改委脱钩，由中国工程咨询协会进一步做好咨询工程师（投资）考试、执业登记、继续教育、执业检查工作，发挥好咨询工程师（投资）在工程咨询行业中的核心技术力量作用。项目投资决策进入法治化、科学化、民主化的规范时期。 |

## 七、我国固定资产投资项目前期研究行业现状与规模

我国工程咨询行业有四十余年的发展历史，特别是近十多年来，发展迅猛。

### （一）工程咨询机构数

据《中国工程咨询行业发展报告2023》和全国投资项目在线审批监管平台统计计算，截至2024年10月末，全国投资项目在线审批监管平台备案的工程咨询单位大约4.7万家，较2018年末增加3.57万家，增长315.16%；平均每年增加约5000家，年平均增长40%以上（如图5－1所示）。

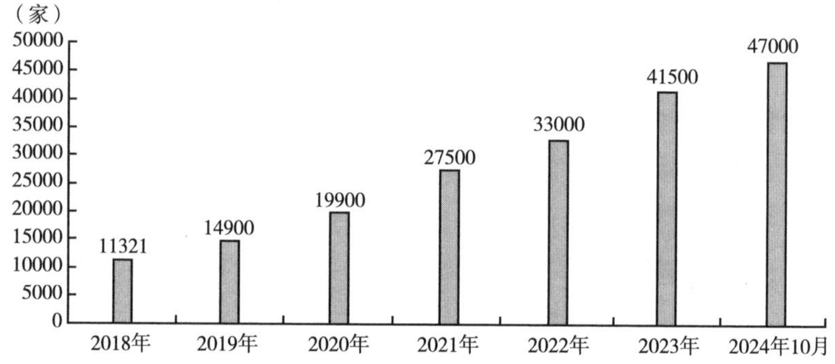


**图5－1　2018—2024年10月我国工程咨询机构备案数量**

资料来源：作者团队根据《中国工程咨询行业发展报告2023》和全国投资项目在线审批监管平台统计计算绘制。

### （二）工程咨询行业从业人员

截至2024年6月末，全国工程咨询行业从业人员达430余万人，较2018年增加200万人，年平均增长约29万人，增长86.96%，每年平均增长12.42%（如图5－2所示）。

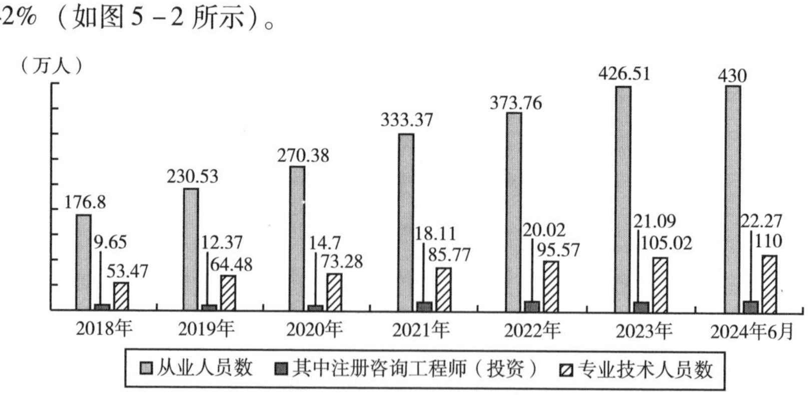


**图5－2　2018—2024年6月我国工程咨询行业从业人员数量**

资料来源：《中国工程咨询行业发展报告2023》、全国投资项目在线审批监管平台。

（三）工程咨询行业从业人员专业技术结构

从业人员中，工程咨询行业注册咨询工程师（投资）人数22.27万人，约占从业人数的5.16%。专业技术人员达110万人，约占从业人员数的25.51%；高级职称人数32.18万人，约占7.46%；中级职称人数42.91万人，约占9.95%。从业人员中有333.82万人约77.42%是没有职称的非专业技术人员（如图5-3所示）。

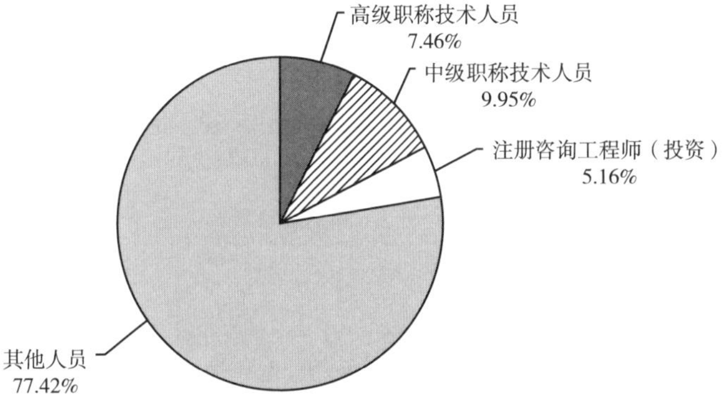


**图5-3　我国工程咨询行业从业人员专业技术结构**

资料来源：《中国工程咨询行业发展报告2023》、全国投资项目在线审批监管平台。

（四）行业资信评价

工程咨询行业资信评价，是对工程咨询单位专业技术力量、咨询成果业绩、守法信用记录为主要标准的综合能力的评价，根据《中国工程咨询行业发展报告2023》统计数据推算，具有甲级资信资质的有2003家（其中甲级综合资信94家，甲级专业资信1909家），占备案机构总数的4.45%；乙级资信资质单的有2149家，占备案机构总数的4.78%。

甲级、乙级工程咨询资信单位，是工程咨询行业的中坚力量，其地域分布是各地工程咨询行业发展水平的衡量标准之一（如图5-4所示）。

在工程咨询甲级资信机构中，2023年位于全国前十的依次是北京市（10.96%）、广东省（8.28%）、山东省（6.33%）、浙江省（6.27%）、河北省（5.84%）、上海市（4.99%）、四川省（4.87%）、江苏省（4.81%）、湖南省（3.35%）、河南省（3.29%）。

在工程咨询乙级资信机构中，2023年达100家以上的依次是浙江省（164）、四川省（128）、山东省（116）、广东省（111）、河北省（107）、江苏省（106）。

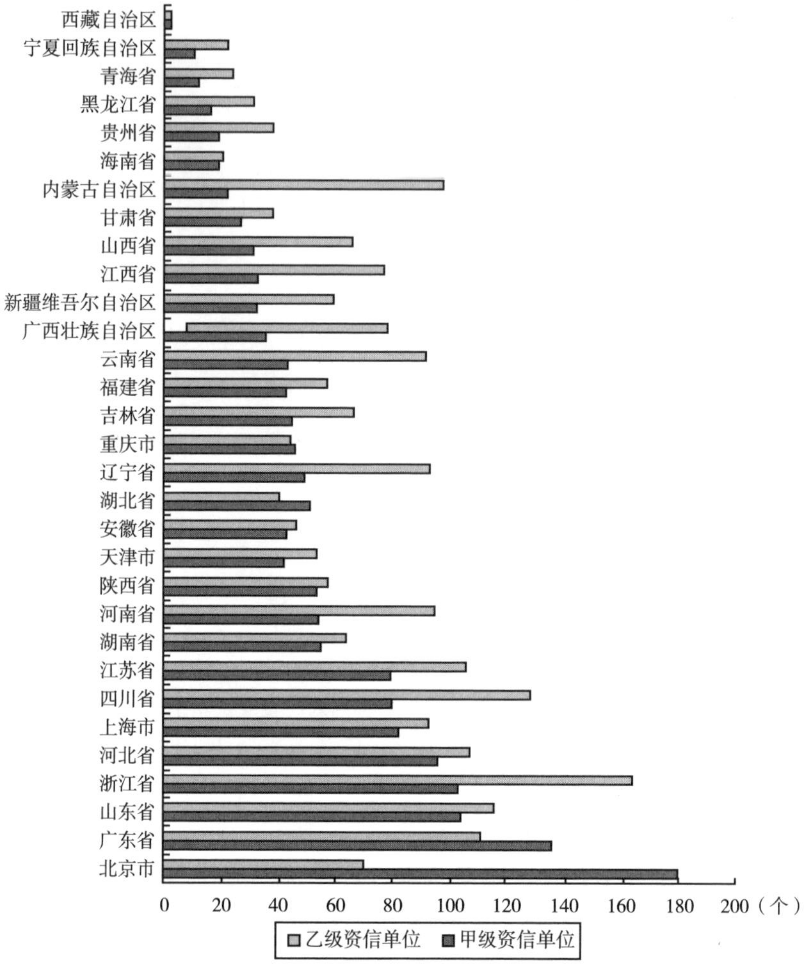


**图 5 –4　我国工程咨询机构甲乙级分布**

资料来源：《中国工程咨询行业发展报告 2023》、全国投资项目在线审批监管平台。

由此可见，咨询单位规模增长很快，但专业技术人员和有专业资信资质的机构却占比很小，远远不能够满足固定资产投资项目前期研究的高质量要求。

## 八、高质量发展需要高质量的工程咨询机构

### （一）新时代经济转型发展呼唤高质量工程咨询

“十三五”时期，在习近平新时代中国特色社会主义思想科学指引下，我国经济加快从速度规模型向质量效益型转变，需要朝着更高质量、更有效率、更加公平、更可持续、更为安全的方向发展，逐步“推动经济实现质的有效提

升和量的合理增长”。

（二）高质量发展需要高质量工程咨询

2017 年，中国共产党第十九次全国代表大会首次提出高质量发展，习近平总书记反复强调“高质量发展”意义重大。党的二十大报告指出：“高质量发展是全面建设社会主义现代化国家的首要任务。”党的二十届三中全会再次强调，高质量发展是全面建设社会主义现代化国家的首要任务，必须以新发展理念引领改革，立足新发展阶段，深化供给侧结构性改革，完善推动高质量发展激励约束机制，塑造发展新动能新优势。

（三）新发展理念与格局需要高质量工程咨询

2021 年政府工作报告指出，“十四五”时期是开启全面建设社会主义现代化国家新征程的第一个五年。我国发展仍然处于重要战略机遇期，但机遇和挑战都有新的发展变化。要准确把握新发展阶段，深入贯彻新发展理念，加快构建新发展格局，推动高质量发展，为全面建设社会主义现代化国家开好局起好步。

（四）高质量投资必须要有高质量的投资决策

我国固定资产投资是经济发展的重要组成部分，经济发展要实现“质的有效提升和量的合理增长”，高质量发展就必须要有高质量的固定资产投资，高质量的固定资产投资必须有高质量的投资决策，高质量的投资决策必须依赖于深入细致的调查研究，必须有高质量的工程咨询（如图 5 -5 所示）。

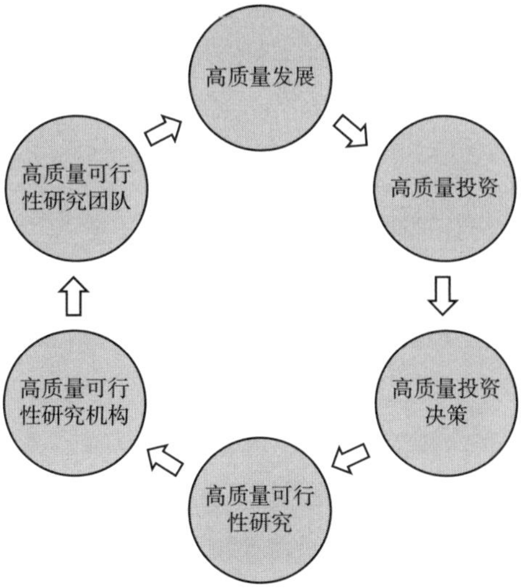


**图 5 -5 高质量的投资决策体制机制**

习近平总书记指出：“调查研究是正确决策的基本功，也是参政议政的基本功，做决策本身并不难，难的是对情况的准确把握。”因此高质量的投资决策，必须坚持科学决策、民主决策和依法决策的原则。

## 小结

本章重点介绍了固定资产投资项目前期分析研究的专业机构——中国工程咨询行业，下一章将带您走进固定资产投资项目前期研究的具体内容。

# 第六章　固定资产投资项目前期研究指南

本章将带您学习固定资产投资项目前期可行性研究的目标、原则、维度、成果的主要类型等内容。

为加强固定资产投资项目前期研究，《国家发展改革委关于进一步推进投资项目审批制度改革的若干意见》明确提出，“规范投资项目前期工作，修订印发投资项目可行性研究制度规范，落实遏制高耗能、高排放项目盲目发展、推进实现碳达峰碳中和目标要求，将用地用海和规划选址、节能、节水、环保等要求落实到项目可行性研究中；要立足我国国情，并体现投资高质量发展要求，研究借鉴将‘环境、社会和治理’（ESG）等国际先进理念融入可行性研究框架体系，从源头上提高投资项目前期工作质量。”

根据“可研新大纲”要求，固定资产投资项目前期可行性研究分析，必须规范化、专业化、科学化，高质量发展需要高质量的投资，高质量的投资需要高质量的投资决策，高质量的决策必须要进行高质量的项目前期研究。

## 一、固定资产投资项目前期研究原则

### （一）真实性原则

固定资产投资项目前期研究成果是投资决策的首要依据，是项目投资的源头和关口。因此，在项目前期工作中，无论调查研究、资料、信息采集、现场踏勘，还是研究、测算和分析，其全过程都必须遵循真实性原则，采取“广泛收集、去粗取精、去伪存真”的方法，保证项目前期研究成果的真实性。

### （二）客观性原则

指项目前期研究的机构和人员对收集的材料和项目研究对象，要采取实事求是的态度，尊重客观事实，既不能歪曲事实，也不能主观臆断。

（三）科学性原则

项目前期研究是对项目所涉及的政治、经济、产业、环境、市场、行业等内外部条件进行系统、科学的分析，过去现在和未来的判断预测，这些工作必须遵循科学的原则，通过科学的思维，不仅要采用有无对比、头脑风暴、逻辑框架、动态与静态、SWOT 等分析方法，还要利用 AI 人工智能、区块链、大数据、云计算、互联网等现代科技方法，对项目所涉及的新材料、新能源、新设备、新基建等进行全面科学的分析研究。

（四）完整性原则

固定资产投资项目前期研究，需要从项目的内涵和外延，从投资主体、建设内容、建设方案、造价成本估算、资金方案、要素保障、营运方案、投资回收期到投资回收，效益评估、风险控制等方面进行全面、完整、周密、闭环的分析论证。如果出现漏项、不完整等问题，轻者可能造成项目追加投资，重者出现风险，造成损失，甚至导致整个项目失败。

（五）系统性原则

固定资产投资项目前期研究，必须遵循系统性原则，注意处理好项目整体与局部、投入与产出、供应与需求、动力、能源、原材料供应与平衡，从全局的角度思考，确保各要素之间、各环节之间既相互联系，又相互制约，既相互作用，又协调一致，避免出现矛盾和冲突。

（六）操作性原则

固定资产投资项目前期研究的根本目的是在获得投资人同意和相关部门批准后，得到快速落地。因此，必须遵循具有操作性的原则，要考虑项目与区域发展规划、经济状况、资源禀赋、产业状况、行业发展、投资主体现状的适应性、项目区域各相关利益方的关系，建设方案、投融资方案都需要具备可操作性。

不具备操作性的研究成果，无论具有怎样的创新性，设计方案再新颖漂亮，也只能是“写写画画，墙上挂挂”。

## 二、固定资产投资项目前期研究的目标与维度

由于过去在固定资产投资项目前期研究的高度、深度方面的欠缺，对未来

的规划缺乏科学、系统的研究和分析，加之一些投资决策者不正确的政绩观，存在一些重复建设、无效投资、高耗能、高污染投资的现象。党的二十大提出：高质量发展是全面建设社会主义现代化国家的首要任务，经济社会发展由高速增长转变到既有经济质的有效提升，又有量的合理增长。在此背景下，国家发展和改革委员会在《关于进一步推进投资项目审批制度改革的若干意见》中提出“要立足我国国情，并体现投资高质量发展要求”，“从源头上提高投资项目前期工作质量”。

因此，固定资产投资项目前期研究应遵循“可研新大纲”相关要求，围绕以下“三大目标”及其相关“维度”（如图6－1所示）开展分析研究。

（一）固定资产投资项目的必要性目标

固定资产投资项目，必须是有效的、高质量的投资项目，必须符合和满足政治、经济、社会需求，满足国家安全、重大战略、国计民生需求，满足生态环保、高质量可持续发展需求。一切不能满足需求的投资与建设都是无效投资，都是资源、人力、物力、财力的浪费，都是对历史和时代的不负责任。因此，项目的必要性是投资项目前期研究的首要目标，需要围绕“三个性”从宏观、中观和微观层面展开分析和研究。

一是论证拟建设项目与经济社会发展的相关性。拟建项目与国家宏观战略、经济政策，经济社会发展政策之间的衔接，是否能提高效率、降低成本、促进技术创新，从哪些方面推动经济增长和社会发展，区域经济社会发展有什么必要进行本项目的建设。

二是论证拟建项目与规划的衔接性。从拟建项目与国家各层级国民经济和社会发展规划、区域规划、产业规划、专项规划、国土空间规划、行业规划和企业发展规划等方面的衔接性。

三是论证拟建项目投资的有效性。拟建项目需要准确把握市场需求和产业发展趋势，需要了解项目区域人群的数量、结构和需求特点，才能制定出符合实际的项目产出目标，以满足市场与国计民生的需求。从项目投资建设的经济效益、生态效益和社会效益等方面论证项目投资的有效性和必要性。

（二）固定资产投资项目方案的可行性目标

固定资产投资项目的可行性目标，重点聚焦“五个性”进行分析论证。

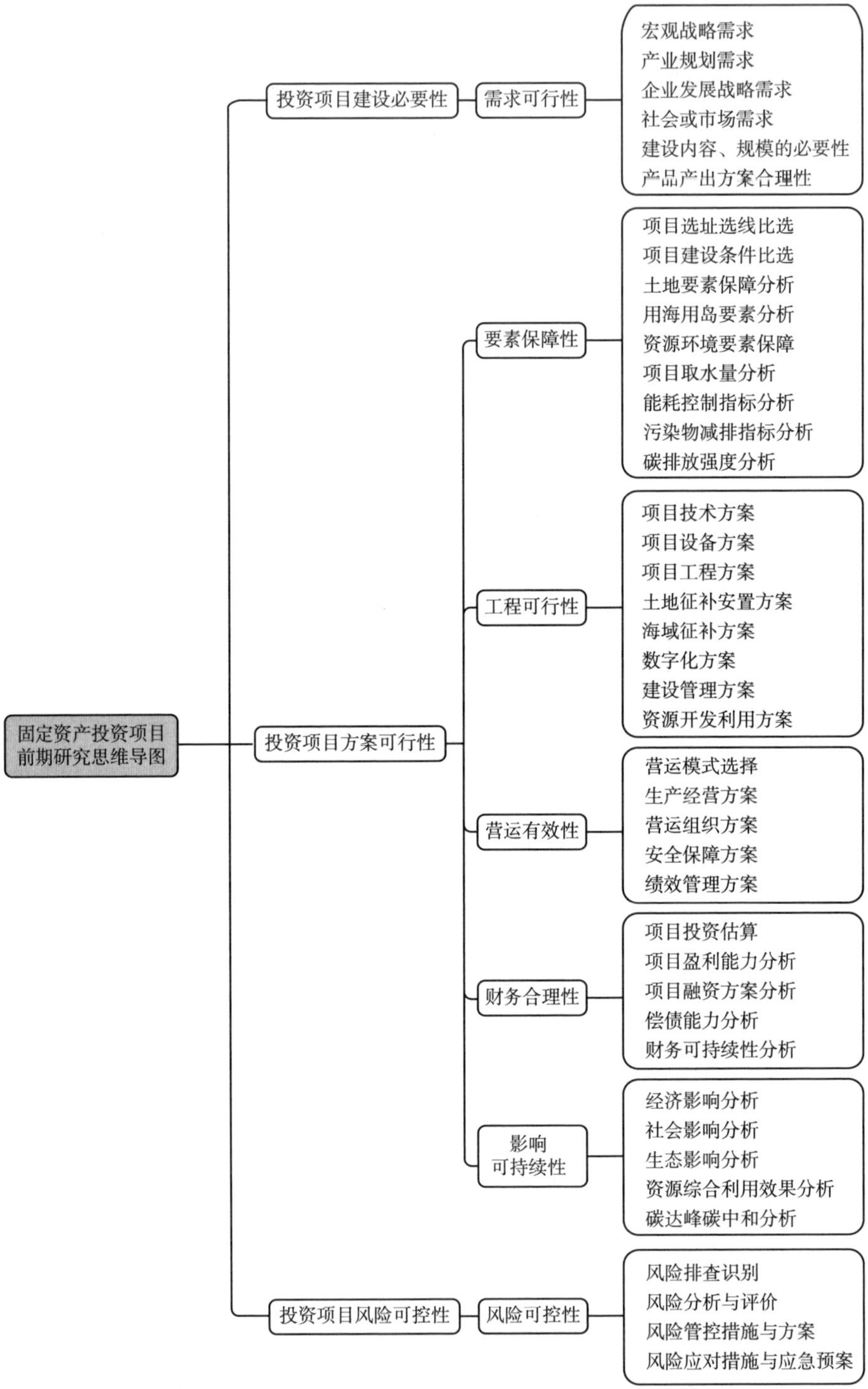


**图 6－1　固定资产投资项目前期研究重点思维导图**

**1. 要素的保障性**

包括项目选址选线、项目建设条件、项目用地、用海、用岛、资源环境、能耗、污染、碳排放、用水用电、人力资源等要素的供给保障分析与论证。

**2. 工程的可行性**

包括项目建设方案、工程方案、技术方案、设备方案、土地、海域、岛屿征拆补偿方案、资源开发利用方案、数字化方案、项目管理方案等工程可行性的分析论证。

**3. 营运的有效性**

项目营运有效性的前置研究分析，重点从项目营运模式选择、生产经营方案、营运组织方案、安全保障方案和绩效考核方案等进行分析论证。

**4. 财务的合理性**

包括项目投资估算、资金来源方案、投资回报方案、项目营利能力分析、项目融资方案、偿债能力、财务可持续性分析等。

**5. 影响的可持续性**

包括项目对经济发展影响、对人类社会发展影响、对生态环境影响、对资源综合利用效果影响以及碳中和碳达峰影响等分析。

（三）固定资产投资项目风险的可控性目标

针对固定资产投资项目周期长、风险大的特性，要充分识别和研判项目自身的投资风险、建设风险、质量安全风险、营运风险、财务等风险和项目外部的政策风险、法律风险、市场变化风险、竞争对手风险、环境、网络与数据安全、自然灾害等风险。因此，在项目前期研究分析风险的可控性目标时，重点从以下四个步骤进行。

第一步开展风险排查与识别；

第二步进行分析与评价；

第三步制定风险控制措施与方案；

第四步制定风险应对措施与应急预案。

通过上述步骤，对风险进行等级评估，根据风险等级制定风险防范、预警和控制措施，以减小和降低项目投资风险。风险可控是项目前期研究的基本目标。

## 三、固定资产投资项目前期研究的重点

固定资产投资项目前期研究除上述“三大目标”和相关维度之外，还要聚

焦以下几项重点进行分析和研究。

（一）项目要素保障分析

要素保障是项目方案可行的基础条件，如果关键要素不能保障，则项目不可行。因此，要素保障在项目前期研究中作为一个特定维度进行专业论证，除对项目选址或选线和项目建设条件进行分析外，重点聚焦项目建设所必需的土地、资源、环境等约束性要素指标，要求项目建设应先行落实土地、岸线、航道、水资源、能耗、碳排放强度和污染减排等要素保障条件，并从方案优化的视角进行指标分析，强调发挥市场机制在推进要素资源配置的基础性作用。

**1. 土地要素保障**

拟建项目用地，必须与国土空间规划、土地利用规划、建设用地控制指标等土地要素保障条件相衔接。一是根据国土空间规划“三区三线”（城镇空间、农业空间、生态空间区域及其对应的城镇开发边界、永久基本农田和生态保护三条控制红线）的分析拟建项目用地总体情况，包括地面付着物，地下构筑物、文物、矿产资源等，根据项目情况本着科学避让原则进行合理选址；二是涉及耕地、园地、林地、草地等农用地转为建设用地的，说明农用地转用指标的落实、转用审批手续办理安排及耕地占补平衡的落实情况；三是涉及占用永久基本农田的，说明永久基本农田占补落实情况；四是如果项目涉及用海用岛，应明确用海用岛的方式、具体位置和规模等内容。从项目前期准备的成熟度讲，项目投融资主体应根据项目前期准备资料获得《选址意见书》或《土地利用规划许可证》《土地使用权证》等行政许可证书。

**2. 资源环境要素保障**

分析拟建项目水资源、能耗、大气环境、生态等承载能力及其他资源保障条件。在我国，水资源包括地表水、地下水、非常规水都属于国家所有，国家对水资源实行取水许可和有偿使用制度，对用水实行总控制和定量管理。因此，一是要进行水资源论证，项目用水合理性，项目用水总量与当地可开发利用水资源、水资源开发利用程度，水资源对拟建项目保障能力和水平等；二是进行节约用水评价，主要包括用水总量、水资源总量、可利用量、开发利用程度、人均用水量、用水效率与效益评价、水生态与环境评价指标等。

分析说明是否存在环境敏感区和环境制约因素。对于涉及用海的项目，应分析利用港口岸线资源、航道资源的基本情况及其保障条件；对于需围填海的项目，应分析围填海基本情况及其保障条件。对于重大投资项目，应列示规划、用地、用水、用能、环境以及可能涉及的用海、用岛等要素保障指标，并综合分析提出要素保障方案。

**3. 资金要素保障**

资金是拟建项目的“血液”，项目前期谋划中，项目资金来源的闭环，是研究分析的重点。包括项目投资人是否具有充足的项目资本金、是否具有获得财政的预算内资金、项目补贴资金、项目专项债券资金、项目融资资金的可能性。在项目前期分析研究中，应该结合项目前期调查研究的具体情况提出资金要素的保障方案。

（二）项目数字化方案分析

在 AI 人工智能、区块链、大数据、云计算等高科技、互联网、信息化、数字化的时代，随着 AR/VR 等设备的迭代与更新，BIM 数字模型技术的不断更新，虚拟模型与现实设计和现实建造不断交融，对于项目前期研究，对有条件的项目提出数字化应用方案，包括技术、设备、工程、建设管理和运维、网络与数据安全保障等方面，提出以数字化交付为目的，实现设计—施工—运维全过程数字化应用方案。

（三）节能减排方案分析

对项目的产能消耗、相关环保排放指标进行计算分析。

**1. 节能方案分析**

能源消耗和强度实行“双控”是我国促进节能降耗的一项重要措施。根据《固定资产投资项目节能审查办法》规定，“年综合能源消费量 10000 吨标准煤及以上的固定资产投资项目，其节能审查由省级节能审查机关负责。其他固定资产投资项目，其节能审查管理权限由省级节能审查机关依据实际情况自行决定。

“年综合能源消费量不满 1000 吨标准煤且年电力消费量不满 500 万千瓦时的固定资产投资项目，涉及国家秘密的固定资产投资项目以及用能工艺简单、节能潜力小的行业的固定资产投资项目，可不单独编制节能报告。项目应按照相关节能标准、规范建设，项目可行性研究报告或项目申请报告应对项目能源利用、节能措施和能效水平等进行分析。节能审查机关对项目不再单独进行节能审查，不再出具节能审查意见。”

能源要素保障分析，重点是通过项目所在区域电力、市政热力、天然气、地热能、太阳能、风能、水能、生物能等能源种类可利用量及分布情况进行详细分析研究，分析拟建项目所在区域各种能源的承载能力和对项目的保障能力。

**2. 减排方案分析**

我国对污染物排放采取总量严格控制措施，把主要污染物排放指标作为拟建项目环境影响评价审批的前置条件，排放主要污染物（主要包括化学需氧量、氨氮、二氧化硫、氮氧化物等）的项目，在环境影响评价文件审批前，必须取得主要污染物排放总量指标。

污染物减排指标保障要素分析，主要包括污染物排放与评估，分析论证相关污染物排放指标支撑条件等对于高耗能、高排放项目，一方面分析项目能源资源利用情况，提出新能源利用、降低能耗等节能方案，另一方面预测并核算项目年度碳排放总量、主要产品碳排放强度，提出项目碳排放控制方案，明确拟采取减少碳排放的路径与方式，分析项目对所在地区碳达峰碳中和目标实现的影响。

（四）项目 ESG 影响分析

项目 ESG（环保—社会—治理），是指从项目绿色高质量发展角度开展的（环保—社会—治理）要求与评价研究。

项目 ESG 概念，是笔者研究团队积极倡导、参与研究并在国内率先提出的。2022 年 9 月 30 日，由中央财经大学政信研究院、中国工程咨询协会投融资专委会主办，建银工程咨询有限责任公司、北京圣华安咨询有限公司、北京财指南咨询有限公司、中投泽世（北京）国际咨询有限公司承办的“项目投融资与 ESG 评价”主题公益沙龙（第一期）在京成功举行，率先提出“项目 ESG”的概念，如图 6 – 2 所示。

**1. 项目环境（Environmental）影响分析**

（1）生态环境影响分析。通过分析拟建项目在污染物排放、地质灾害防治、防洪减灾、水土流失、土地复垦、生态保护、生物多样性和环境敏感区等方面的影响，提出生态环境影响减缓、生态修复和补偿等措施，以及污染物减排措施。

（2）资源和能源利用效果分析。通过研究拟建项目的矿产资源、森林资源、水资源（含非常规水源）、能源、再生资源、废物和污水资源化利用，提出资源节约、关键资源保障，以及供应链安全、节能等方面措施。

（3）碳达峰碳中和分析。通过预测并核算项目年度碳排放总量、主要产品

**图6-2　“项目投融资与ESG评价”主题公益沙龙（第一期）**

碳排放强度，提出项目碳排放控制方案，明确拟采取减少碳排放的路径与方式。

**2. 项目社会（Social）责任影响评价**

通过社会调查和公众参与，识别项目主要社会影响因素和主要利益相关者，分析不同目标群体的诉求及其对项目的支持程度，评价项目采取以工代赈等方式在带动当地就业、促进技能提升等方面的预期成效，以及促进员工发展、社区发展和社会发展等方面的社会责任，提出减缓负面社会影响的措施或方案。

**3. 项目治理（Governance）责任影响评价**

通过拟建项目政策、规划的符合性，项目需求、项目可行性和风险控制方案，并进行项目社会稳定风险评估，通过项目管理，保障项目安全、社会稳定和国家安全，提出治理责任方案。

## 四、固定资产投资项目前期谋划成果

固定资产投资项目前期研究，受托的研究机构和人员根据投融资主体或者其他委托人的要求，开展广泛深入的调查研究，获取详细的拟建项目所需的详细资料，针对项目建设必要性、可行性、风险可控性，围绕项目需求、要素保障、建设方案、资金方案、财务能力、营运方案等进行专业、科学、系统的分析研究，向委托人提供项目研究成果。

成果的主要类型，根据项目研究的深度、项目性质和类型以及委托人的要求，提供以下不同的成果报告：①项目投资机会研究报告；②项目建议书；③项目可行性研究报告；④资金申请报告；⑤项目申请报告；⑥项目实施方案；⑦项目策划方案；⑧项目融资方案；⑨项目营运方案；⑩拟建项目所需前期研究的其他所需成果。比如节能评估、环评、水资源论证、安全评估、ESG评估、财务评价等其他咨询成果报告。

## 小结

固定资产投资项目前期研究是投资决策的重要依据，本章就其前期研究的要点作了简要的介绍，在过去的项目前期研究中，往往把项目的建设方案作为关注的焦点，忽略对项目建设开发及营运模式的分析和研究。

那么接下来，我们将向您介绍固定资产投资项目工程建设模式的前期谋划。

# 第七章　固定资产投资项目工程建设模式前置谋划指南

工程建设是固定资产投资项目实施过程中的重要组成部分，其质量和进度直接影响到整个项目的成败。因此，将工程建设模式纳入项目前期研究，作前置分析，拟供投资决策者选择合适的工程建设模式对于确保项目按时按质完成至关重要。

## 一、项目工程建设模式的概念

项目工程建设管理模式，是指根据固定资产投资项目建设时序、环节和阶段，项目业主或者项目发起人与项目前期勘察设计、项目建设管理者之间采用不同的建设管理方式。

不同的项目有各自不同的实际情况，越复杂的项目涉及越多的项目相关方，为减少冲突，降低沟通成本，经济高效推动项目建设与管理，人们在漫长的项目建设中不断总结、探索、优化，逐步形成了一些常用的模式，以共同借鉴和采用。

## 二、常用的工程建设模式

（一）EPC（Engineering - Procurement - Construction）模式

EPC 模式也叫工程总承包模式，是将设计—采购—施工三大环节作为一个整体，只有一个有资质、专业技术力量和有丰富经验的承包商（或联合体），以减少冲突、提高效率、降低成本的一种工程项目实施模式。

（二）EPC + F（Engineering - Procurement - Construction + Finance）模式

EPC + F 模式也叫工程总承包 + 融资（或者 F + EPC 融资 + 工程总承包）模式，这种工程建设模式是把本应属于项目业主自身项目融资的责任加在工程承包商身上。此模式在项目推进中，如果是非政府投资的市场化项目，而工程承包商协助融资，融资债务归项目业主，或者工程承包商承担融资建设资金，融资债务是工程承包商自己，明确好与项目业主之间的权利义务和责任，是很好的项目建设合作推进模式。

但如果在政府投资项目、政府与社会资本合作（PPP）项目中采用EPC + F或者F + EPC，都是违反《政府投资条例》“政府投资项目不得由施工单位垫资建设”和涉嫌增加地方政府隐性债务风险的行为。

（三）ABO（Authorize - Build - Operate）模式

即政府直接授权—建设—运营模式。这种模式允许通过政府直接授权的方式，将城市建设的某个行业、某个片区或者某个重大项目的建设和运营工作交由本级政府下属的国有企业，并给予必要的资源、财政和融资支持，这种模式一是与市场化公平原则有冲突，二是涉嫌增加地方政府隐性债务风险。

《对十三届全国人大四次会议第9528号建议的答复》（财金函〔2021〕40号）公开回应指出“部分地方开始采用‘授权—建设—运营’（ABO）、‘融资 + 工程总承包’（F + EPC）等尚无制度规范的模式实施项目，存在一定地方政府隐性债务风险隐患”。具体见图7 - 1。

（四）DBB（Design - Bid - Build）模式

即设计—招标—建造模式。这是在国际上较为普遍采用的工程项目建设管理模式。世行、亚行贷款项目及以菲迪克合同条件为依据的项目多采用这种模式。最突出的特点是强调工程项目的实施必须按照设计—招标—建造的顺序方式进行，只有一个阶段结束后另一个阶段才能开始。

（五）CM（Construction - Management）模式

即建设—管理模式，又称阶段发包方式。指在进行施工时，从开始阶段就让具有施工经验的CM单位参与到建设工程实施过程中，这种模式改变了过去那种设计完成后才进行招标的传统模式，采取分阶段发包，由业主、CM单位和设计单位组成一个联合小组，共同负责组织和管理工程的规划、设计和施工，CM单位负责工程的监督、协调及管理工作，在施工阶段定期与承包商一同对成本、质量和进度进行监督，并预测和监控成本和进度的变化。

（六）PMC（Project - Management - Contractor）模式

即项目业主聘请专业的项目管理公司（或者联合体），代表业主对工程项目的组织实施进行全过程或若干阶段进行集成化管理。这种模式下，PMC承包商与业主签合同，并与业主咨询顾问进行密切合作，对工程进行计划、组织、协调和控制。

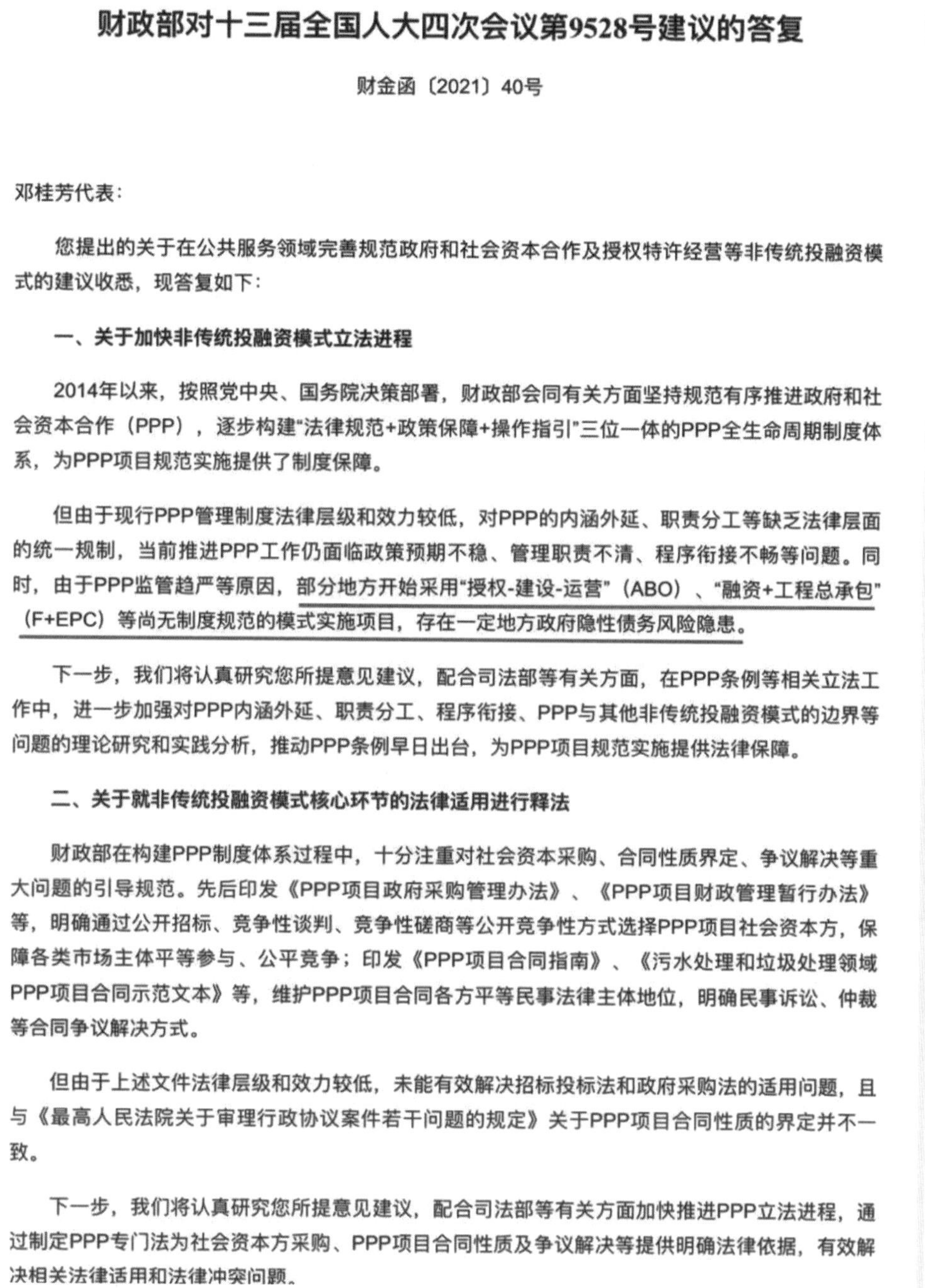

## 财政部对十三届全国人大四次会议第9528号建议的答复

财金函〔2021〕40号

邓桂芳代表：

您提出的关于在公共服务领域完善规范政府和社会资本合作及授权特许经营等非传统投融资模式的建议收悉，现答复如下：

**一、关于加快非传统投融资模式立法进程**

2014年以来，按照党中央、国务院决策部署，财政部会同有关方面坚持规范有序推进政府和社会资本合作（PPP），逐步构建"法律规范+政策保障+操作指引"三位一体的PPP全生命周期制度体系，为PPP项目规范实施提供了制度保障。

但由于现行PPP管理制度法律层级和效力较低，对PPP的内涵外延、职责分工等缺乏法律层面的统一规制，当前推进PPP工作仍面临政策预期不稳、管理职责不清、程序衔接不畅等问题。同时，由于PPP监管趋严等原因，部分地方开始采用"授权-建设-运营"（ABO）、"融资+工程总承包"（F+EPC）等尚无制度规范的模式实施项目，存在一定地方政府隐性债务风险隐患。

下一步，我们将认真研究您所提意见建议，配合司法部等有关方面，在PPP条例等相关立法工作中，进一步加强对PPP内涵外延、职责分工、程序衔接、PPP与其他非传统投融资模式的边界等问题的理论研究和实践分析，推动PPP条例早日出台，为PPP项目规范实施提供法律保障。

**二、关于就非传统投融资模式核心环节的法律适用进行释法**

财政部在构建PPP制度体系过程中，十分注重对社会资本采购、合同性质界定、争议解决等重大问题的引导规范。先后印发《PPP项目政府采购管理办法》、《PPP项目财政管理暂行办法》等，明确通过公开招标、竞争性谈判、竞争性磋商等公开竞争性方式选择PPP项目社会资本方，保障各类市场主体平等参与、公平竞争；印发《PPP项目合同指南》、《污水处理和垃圾处理领域PPP项目合同示范文本》等，维护PPP项目合同各方平等民事法律主体地位，明确民事诉讼、仲裁等合同争议解决方式。

但由于上述文件法律层级和效力较低，未能有效解决招标投标法和政府采购法的适用问题，且与《最高人民法院关于审理行政协议案件若干问题的规定》关于PPP项目合同性质的界定并不一致。

下一步，我们将认真研究您所提意见建议，配合司法部等有关方面加快推进PPP立法进程，通过制定PPP专门法为社会资本方采购、PPP项目合同性质及争议解决等提供明确法律依据，有效解决相关法律适用和法律冲突问题。

**图 7－1　《对十三届全国人大四次会议第 9528 号建议的答复》（财金函〔2021〕40 号）**

图片来源：财政部官网。

## 小结

本章通过对不同工程建设模式的对比分析，为您在投资决策中，对项目建设模式提供了科学选择的依据。但需要注意的是，上述固定资产投资项目建设管理模式，都不是融资模式，而是工程项目建设模式。

# 第八章 固定资产投资项目片区开发营运模式谋划指南

上一章向您介绍了常用的工程建设管理模式，以供您选择或为固定资产投资项目前期决策参考。

随着市场经济的发展和企业经营理念的变化，固定资产投资项目的开发营运模式也呈现出多样化趋势。不同的模式适用于不同类型和规模的项目，合理选择开发营运模式对于提高项目效率、降低成本、实现预期目标具有重要意义。本章向您介绍常用的片区开发营运模式。

固定资产投资项目投资目标是效益，包括经济效益、社会效益和生态效益等。要获得效益就必须对项目资源进行科学有效的配置，既要充分利用资源又不能浪费资源，既要坚持成本节约原则，又要贯彻项目效益最大化原则。这就必须对项目区内部资源、临近相关资源和项目辐射带动区资源禀赋进行充分梳理，科学、优化配置，最大限度实现片区资源平衡，形成各具特色的项目开发营运模式。

目前常用的主要有TOD、EOD、SOD、AOD和ROD五种片区开发营运模式（如图8-1所示），本书重点向您介绍和讲解TOD和EOD模式。

## 一、TOD模式：以公共交通为导向的片区综合开发营运模式（Transit-Oriented Development）

### （一）概念

指以公共交通为核心资源导向，以交通导入的人流为中心，在人流集中区域范围内植入人们衣食住行所需的居住、购物、工作、休闲、医疗、教育等产业，以满足人们物质文化生活需求，配置土地、交通、房屋、环境、水、电、气、光缆等配套基础设施，将有收益的和无收益的资源要素整合互补，通过项目建成后的营运收益，达到投资收益自求平衡的一种开发营运模式。

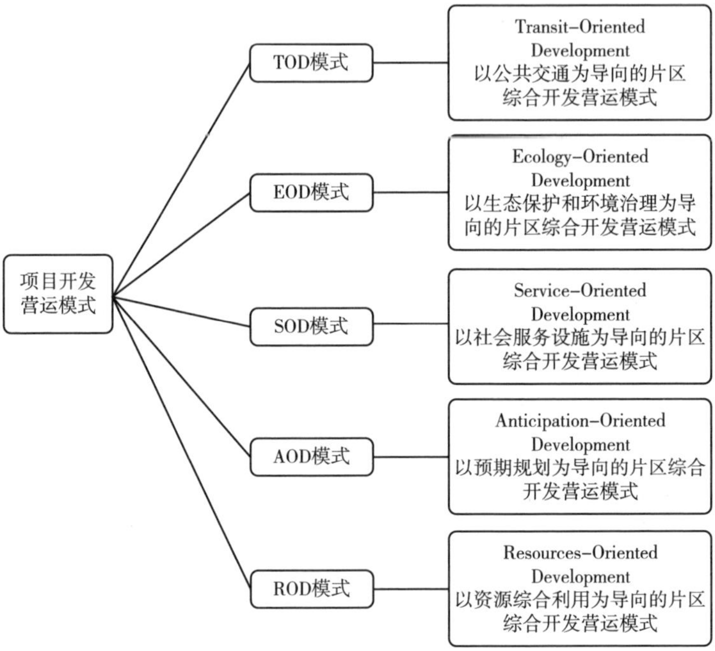


**图8-1 项目主要开发营运模式**

（二）起源

TOD模式最早起源于美国，20世纪50年代，由于美国过度依赖汽车，越来越多美国人搬离市区，购买郊区大宅，市中心空心化，交通拥挤，购物、办公、出行十分不便。在这样的背景下，俄勒冈州的波特兰（Portland）市以人为中心，在市中心有轨电车站点0.25英里（约400米）范围内，按照人的衣食住行需求进行资源分配，将工作、商业、文化、教育、居住等需求植入项目建设规划，进行项目营运模拟设计，这就是最初的TOD雏形。这个实践，使该区居民对小汽车的依赖降低了35%，实现了城市的有机更新。

1993年，美国城市及建筑设计师彼得·卡尔索普（Peter Calthorpe）总结了这种模式，在《下一代美国大都市区：生态、社区、美国梦》中首次提出TOD（Transit-Oriented Development）概念。

（三）发展

TOD模式起源于美国，发展于亚洲。日本、新加坡等国以及中国香港等地区的城市中心，都先后以有轨电车、地铁等轨道交通站点为轴心，进行了一系列的 TOD 项目建设。

（四）TOD 模式在我国普遍推行

我国人口众多，TOD 模式更容易在城市拥挤、轨道交通发达的我国生根发芽和开花结果。随着我国轨道交通突飞猛进和房地产的开发，TOD 模式项目已经在我国北京、上海、广州、深圳、成都、重庆、南京、武汉、郑州等一、二、三线城市普遍推行。

2014 年，由世界著名规划设计大师彼得·卡尔索普、中国城市规划设计研究院副院长杨保军等人编著的《TOD 在中国——面向低碳城市的土地使用与交通规划设计指南》一书在中国出版，对 TOD 项目标准、土地、环保等提出了相应的规范建议。

（五）我国 TOD 相关文件规范和支持政策

具体见表 8－1。

**表 8－1　　我国发布的一系列 TOD 模式相关政策文件**

| 文件出台时间 | 发文单位或城市 | 文件名称 | TOD 项目开发政策及范围 |
|---|---|---|---|
| 2012 年 | 国务院 | 《国务院关于城市优先发展公共交通的指导意见》（国发〔2012〕64 号） | 根据城市实际发展需要合理规划建设以公共汽（电）车为主体的地面公共交通系统，包括快速公共汽车、现代有轨电车等大容量地面公共交通系统，有条件的特大城市、大城市有序推进轨道交通系统建设。提高城市公共交通车辆的保有水平和公共汽（电）车平均运营时速，大城市要基本实现中心城区公共交通站点 500 米全覆盖，公共交通占机动化出行比例达到 60% 左右。<br>对新建公共交通设施用地的地上、地下空间，按照市场化原则实施土地综合开发。对现有公共交通设施用地，支持原土地使用者在符合规划且不改变用途的前提下进行立体开发。公共交通用地综合开发的收益用于公共交通基础设施建设和弥补运营亏损。 |

续表

| 文件出台时间 | 发文单位或城市 | 文件名称 | TOD 项目开发政策及范围 |
| --- | --- | --- | --- |
| 2018 年 | 国家发改委 | 《关于推进高铁站周边区域合理开发建设的指导意见》（发改基础〔2018〕514 号） | 大城市初期应重点开发新建高铁车站周边 2 公里以内区域，可适当控制预留远期发展空间，避免摊子铺得过大、粗放低效发展。中小城市不宜过高预估高铁带动作用，避免照搬照抄大城市开发经验，硬造特色、盲目造城。新建铁路站场实施土地综合开发的，应当严格执行土地综合开发的边界和规模要求，扣除站场用地后，同一铁路建设项目的综合开发用地总量按单个站场平均规模不超过 50 公顷控制，少数站场综合开发用地规模不超过 100 公顷。 |
| 2020 年 | 自然资源部 | 《自然资源部办公厅关于印发〈轨道交通地上地下空间综合开发利用节地模式推荐目录〉的通知》 | 各地轨道交通接地模式简介：（一）北京市五路车辆段上盖综合利用模式；（二）上海市莲花路地铁站复合利用模式；（三）广州万胜广场地上地下空间综合开发模式；（四）深圳市前海综合交通枢纽占城一体化开发模式；（五）杭州市七堡车辆段上盖综合体模式；（六）成都市崔家店停车场综合开发模式。 |
| 2016 年 | 上海 | 《上海市人民政府办公厅转发市发展改革委、市规划国土资源局〈关于推进本市轨道交通场站及周边土地综合开发利用的实施意见〉的通知》（沪府办〔2016〕79 号） | 要体现公共交通导向（TOD）模式，在确保轨道交通功能需求和运营安全的前提下，对轨道交通场站及周边土地实施立体开发。探索“综合用地”规划和土地复合利用方式，体现“功能混合、立体复合、生态宜居”的规划理念，与地区发展整体联动，进一步提高土地节约集约利用水平。 |
| 2015 年 | 南京 | 《市政府关于推进南京市轨道交通场站及周边土地综合开发利用的实施意见》 | 以轨道交通场站为核心，划定两个层次的规划设计范围，形成轨道交通场站及周边地区功能、用地、景观、交通、土地收益一体化的规划设计方案。原则上不小于轨道交通场站周边 500 米 ×500 米范围划定为“轨道交通场站综合开发特定规划区”（以下简称“规划区”），其中 200 米 × 200 米范围划定为“轨道交通场站综合开发核心区”。 |
| 2016 年 | 青岛 | 《青岛市轨道交通土地资源开发利用管理办法》 | 轨道交通规划线路两侧各 1000 米内的土地，轨道交通车辆基地、停车场、车站、区间及其用地红线外 200 米区域内为轨道交通土地资源开发利用核心区。 |
| 2019 年 | 合肥 | 《合肥市关于轨道交通场站综合开发的意见（试行）》 | 轨道交通场站周边实施综合开发的范围（原则上以轨道交通站点为中心，按照一般站点半径 500 米、换乘站点半径 800 米范围内确定）。 |

续表

| 文件出台时间 | 发文单位或城市 | 文件名称 | TOD 项目开发政策及范围 |
| --- | --- | --- | --- |
| 2019 年 | 天津 | 《市住房城乡建设委等七部门关于印发推进天津市轨道交通场站及周边土地综合开发利用实施意见（试行）的通知》 | 在保证公共交通功能的前提下，采取公共交通引导城市发展（TOD）的模式，推进轨道交通场站及周边土地综合开发利用，最大化发挥城市轨道交通综合效应。以城市轨道交通沿线各场站为中心、半径 800 米左右范围内、除轨道交通场站综合开发地块之外的其他可开发土地。 |
| 2020 年 | 重庆 | 关于印发《关于推进主城都市区城市轨道交通区域综合开发的实施意见（试行）》的通知 | 原则上以城市轨道交通站点为中心，按照站点半径 600 米；车辆基地按本体工程用地以及周边不低于本体工程用地规模 2 倍的开发用地确定为轨道交通综合开发用地范围。<br>城市轨道交通站场用地范围内实施综合开发的用地空间，可将规划条件、建设要求、设计方案一并纳入公开出让条件，采取“带方案”或“带条件”招标拍卖挂牌出让方式予以供应。 |

2020 年，中国城市公共交通协会和中国房地产业协会共同编制的《城市轨道 TOD 综合开发项目通用技术规范》发布，借鉴国内外相关经验，广泛征求各有关方面意见，从项目选址、功能布局、交通接驳、空间塑造、运营管理、信息科技与技术创新六个方面，提出了城市轨道 TOD 综合项目规划设计原则、系统控制指标、各要素技术指引。

在 TOD 模式的基础上，衍生出一系列片区资源综合利用开发营运的模式，主要包括 EOD、SOD 和 AOD。

## 二、EOD 模式：以生态保护和环境治理为导向的片区综合开发营运模式（Ecology – Oriented Development）

### （一）概念

EOD 模式，是中国在生态文明建设背景下，创新的模式之一。根据《关于印发〈生态环境导向的开发（EOD）项目实施导则（试行）〉的通知》官方定义，是“通过产业链延伸、组合开发、联合经营等方式，推动公益性较强的生态环境治理与收益较好的关联产业有效融合、增值反哺、统筹推进、市场化运作、一体化实施、可持续运营，以生态环境治理提升关联产业经营收益，以产业增值收益反哺生态环境治理投入，实现生态环境治理外部经济性内部化的创新性项目组织实施方式”。

（二）EOD 政策梳理

随着国家“十三五”生态环境保护规划的实施，中共中央、国务院发布了《加强生态环境保护坚决打好污染防治攻坚战的意见》，要求“创新环境治理模式”，生态环境部随即提出了“探索开展生态环境导向的（EOD）模式”，出台了一系列支持政策，具体见表 8－2。

表 8－2　当前 EOD 模式主要政策汇总

| 时间 | 发文机关 | 文件号及文件名 | 主要内容 |
|---|---|---|---|
| 2016 年 | 国务院 | 《关于印发“十三五”生态环境保护规划的通知》（国发〔2016〕65 号） | 探索以资源开发项目、资源综合利用等收益弥补污染防治项目投入和社会资本回报，探索环境治理项目与经营开发项目组合模式。 |
| 2018 年 | 中共中央、国务院 | 《关于全面加强生态环境保护 坚决打好污染防治攻坚战的意见》 | 深化生态环境保护体制机制改革。 |
| 2018 年 | 生态环境部 | 《关于生态环境领域进一步深化“放管服”改革，推动经济高质量发展的指导意见》（环规财〔2018〕86 号） | 推进环境治理模式创新，提升环保产业发展效果。探索开展生态环境导向的城市开发（EOD）模式，推进生态环境治理与生态旅游、城镇开发等产业融合发展，在不同领域打造标杆示范项目。 |
| 2019 年 | 生态环境部、全国工商联 | 《关于支持服务民营企业绿色发展的意见》（环综合〔2019〕6 号） | 探索生态环境导向的城市开发（EOD）模式和工业园区、小城镇环境综合治理托管服务模式。 |
| 2020 年 | 中共中央办公厅、国务院办公厅 | 《关于构建现代环境治理体系的指导意见》 | 鼓励采用“环境修复＋开发建设”模式。 |
| 2020 年 | 国家发展改革委等六部门 | 《关于营造更好发展环境 支持民营节能环保企业健康发展的实施意见》（发改环资〔2020〕790 号） | 积极推行按效付费机制，以环境治理效果为导向，推动环保企业服务水平提升。积极支持民营企业开展环境综合治理托管服务，参与生态环境导向开发模式创新。 |
| 2020 年 | 国家发展改革委等四部门 | 《关于扩大战略性新兴产业投资培育壮大新增长点增长极的指导意见》（发改高技〔2020〕1409 号） | 探索开展环境综合治理托管、生态环境导向的开发（EOD）模式等环境治理模式创新，提升环境治理服务水平，推动环保产业持续发展。 |

续表

| 时间 | 发文机关 | 文件号及文件名 | 主要内容 |
|---|---|---|---|
| 2020 年 | 生态环境部办公厅、发展改革委办公厅、国家开发银行办公厅 | 《关于推荐生态环境导向的开发模式试点项目的通知》（环办科财函〔2020〕489 号） | 向各地区征集生态环境导向的开发模式（Ecology – Oriented Development，EOD 模式）备选项目。 |
| 2021 年 | 中共中央办公厅、国务院办公厅 | 《关于深化生态保护补偿制度改革的意见》 | 探索多样化补偿方式。引导发展特色优势产业、扩大绿色产品生产。加快发展生态农业和循环农业。推进生态环境导向的开发模式项目试点。 |
| 2021 年 | 国务院办公厅 | 《关于鼓励和支持社会资本参与生态保护修复的意见》（国办发〔2021〕40 号） | 采取“生态保护修复 + 产业导入”方式，利用获得的自然资源资产使用权或特许经营权发展适宜产业；对投资形成的具有碳汇能力且符合相关要求的生态系统，申请核证碳汇增量并进行交易；通过经政府批准的资源综合利用获得收益等。 |
| 2021 年 | 生态环境部办公厅、发展改革委办公厅、国家开发银行办公厅 | 《关于推荐第二批生态环境导向的开发模式试点项目的通知》（环办科财函〔2021〕468 号） | 向各地征集第二批生态环境导向的开发模式（简称 EOD 模式）备选项目：地市级以上项目总投资不超过 50 亿元，县区级项目总投资不超过 30 亿元，各省市自治区每年入库原则上不超过 5 个。 |
| 2022 年 | 生态环境部办公厅 | 《关于印发〈生态环保金融支持项目储备库入库指南（试行）〉的通知》（环办科财〔2022〕6 号） | 明确了八个领域入库范围，四个主要申报条件，给出了申报资料清单和生态环境导向的开发（EOD）模式项目实施方案编制大纲。 |
| 2023 年 | 生态环境部办公厅、国家发展改革委办公厅、中国人民银行办公厅、金融监管总局办公厅 | 《关于印发〈生态环境导向的开发（EOD）项目实施导则（试行）〉的通知》（环办科财〔2023〕22 号） | 对 EOD 项目的定义、基本原则、核心要义、实施流程、实施主体、实施要点等问题进行了规范和明确。 |
| 2025 年 | 生态环境部 | 《关于进一步推进生态环境导向的开发（EOD）模式工作的通知》（环办科财函〔2025〕58 号） | 要求各地自主推动 EOD 模式创新与项目实践，继续扎实推进在建项目实施，按照有关要求，做好实施评估，加快项目落地见效；加强后续项目前期谋划，做实基础和要素保障，规范开展项目谋划、立项、实施和评估，提高质量，严控数量。 |

（三）EOD 项目主体与运作

项目主体分为组织主体和实施主体。市、县（区）人民政府或园区管委会作为项目组织主体；市场主体作为项目实施主体。项目实施主体要通过市场化竞争方式产生，市场主体可单独或组成联合体参与项目竞争。以联合体形式参与的，应成立 EOD 项目公司，两个主体的职责和分工如图 8－2 所示。

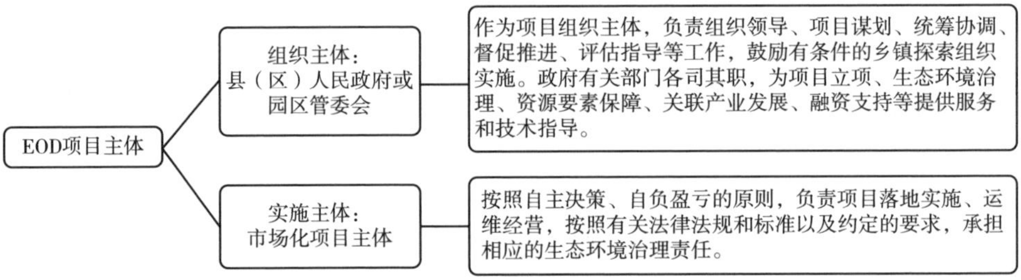


**图 8－2　EOD 项目组织和实施主体职责和分工**

EOD 项目运作模式：坚持政府引导、企业和社会各界参与、市场化运作，发挥有为政府和有效市场的作用。不得以任何形式增加地方政府隐性债务。

（四）EOD 项目应满足的基本条件

应满足“五个性”，具体如表 8－3 所示。

**表 8－3　EOD 项目应满足的基本条件**

| 条件 | 可纳入内容 | 不可纳入内容 |
|---|---|---|
| 公益性 | 属于政府事权范围内的生态环境治理内容。 | 企业责任范围内的矿山治理、土壤与地下水污染风险管控与修复，“三同时”环保设施等非公益性生态环境治理内容。 |
| 精准性 | 生态环境治理措施能够有效改善生态环境质量、提高生态环境品质。 | 仅以调水、水资源利用为目的水系连通，或仅为河道清淤、防洪堤坝、边坡维护、滑坡治理、景观绿化等，而无实质性生态环境治理内容。 |
| 关联性 | 生态环境治理的价值能够关联到具体的产业项目上，项目收益具有确定性，增强投资人和金融机构的投入意愿的内容。 | 没有关联或关联性不强的内容。 |

续表

| 条件 | 可纳入内容 | 不可纳入内容 |
| --- | --- | --- |
| 可行性 | 技术路线和工程措施科学合理，满足相关规范标准要求。 | 不符合宜林则林、宜灌则灌、宜草则草、宜湿则湿、宜荒则荒，宜沙则沙原则，违反自然规律，大量使用非乡土植物或引入外来入侵物种，错位修复，过度修复的。 |
| 确定性 | 组织实施具有明确的政策依据，短期能够落地实施。 | 片区综合开发、污染场地修复＋原位开发项目等实施规模大，周期长，不确定因素多，政策风险大；城镇生活污水，垃圾处理设施等；生态环境监测监管等能力建设，楼堂馆所，以及调查评估等。 |

（五）EOD 项目的关联产业要求

识别发展空间大、市场预期好、项目收益佳、反哺能力强的优势产业。分析生态环境治理对优势产业的价值提升作用，将价值提升空间较大的优势产业确定为关联产业，具体如表 8－4 所示。

**表 8－4　　　　EOD 项目的关联产业要求**

<table>
<tr><th>关联产业</th><th>不关联产业</th></tr>
<tr><td>生态农业、林下经济、经济作物种植、生态旅游、医疗康养、休闲娱乐、文化创意等生态环境依赖型产业。</td><td>不符合国家和地方市场准入要求及应对气候变化等相关政策要求的产业。</td></tr>
<tr><td>数字经济、洁净医药、精密仪器等生态环境敏感型产业。</td><td rowspan="3">“两高一低”项目。</td></tr>
<tr><td>高新技术创新创业等人才聚集型产业。</td></tr>
<tr><td>在沙漠、戈壁、荒漠等区域发展光伏、种植养殖与加工等复合型产业。</td></tr>
<tr><td>其他与生态环境治理关联性强、市场前景好的产业。</td><td>环境影响和风险较大的项目及产业园区建设。</td></tr>
</table>

（六）EOD 项目政策支持领域

政策支持大气污染防治、水生态环境保护、重点海域综合治理、土壤污染防治、农业农村污染治理、固废处理处置及资源综合利用、生态保护修复和其他环境治理八大领域，具体如表 8－5 所示。

表 8－5　EOD 项目政策支持领域

| 序号 | 领域 | 主要内容 |
| --- | --- | --- |
| 1 | 大气污染防治 | 包括北方地区冬季清洁取暖、挥发性有机物综合治理、工业企业深度治理、工业企业燃煤设施清洁能源替代、重点行业超低排放改造、重点行业清洁生产改造、锅炉综合治理、涉气产业园区和集群大气环境综合整治、高排放机动车淘汰换新、船及非道路移动源排放治理、典型行业恶臭治理、重污染天气应对能力建设等。 |
| 2 | 水生态环境保护 | 包括黑臭水体治理、污水处理设施与配套管网建设改造、污水处理厂污泥处理处置、污水再生及资源化利用、工矿企业和医疗机构水污染治理、工业园区水污染治理、船舶港口水污染治理、水体内源污染治理、流域水生态保护修复、流域水环境综合治理、河湖生态流量保障、重点湖库富营养化控制、河湖生态缓冲带修复、天然（人工）湿地生态系统保护与建设、水源涵养区保护、饮用水水源地保护、入河排污口整治及规范化建设等。 |
| 3 | 重点海域综合治理 | 以渤海、长江口－杭州湾、珠江口邻近海域为重点，包括海水养殖环境整治、入海排污口及直排海污染源整治、船舶港口污染防治、亲海岸滩环境整治、海洋生态系统保护修复、美丽海湾示范建设等。 |
| 4 | 土壤污染防治 | 包括建设用地土壤污染风险管控、建设用地土壤污染修复、农用地工矿污染源整治、工矿企业重金属治理、历史遗留重金属污染区域治理、化学品生产企业及工业集聚区地下水污染风险管控、矿山开采区及尾矿库地下水污染综合治理、危险废物处置场及垃圾填埋场地下水污染防治、依赖地下水的生态系统保护、地下水型饮用水水源地保护、重点污染源防渗改造、废弃井封井回填等。 |
| 5 | 农业农村污染治理 | 包括农村污水处理和资源化利用、农村垃圾治理、农村黑臭水体整治、废弃农膜回收利用、秸秆综合利用、畜禽与水产养殖污染治理和粪污资源化利用、种植业面源污染治理、农村生态环境综合整治等。 |
| 6 | 固废处理处置及资源综合利用 | 以“无废城市”建设项目为重点，包括城乡生活垃圾收集与处理处置、餐厨垃圾收集与资源化利用、危险废物及医疗废物收集与处理处置、矿产资源（含尾矿）综合利用、废旧资源再生利用、农业固体废物资源化利用、工业固体废物环境风险管控、工业固体废物无害化处理处置及综合利用、建筑垃圾和道路沥青资源化利用、包装废弃物回收处理等。 |
| 7 | 生态保护修复 | 重要生态系统保护和修复、山水林田湖草沙冰一体化保护和修复、矿区生态保护修复、采煤沉陷区综合治理、生物多样性保护及荒漠化、石漠化、水土流失综合治理等。 |
| 8 | 其他环境治理 | 生态环境风险防控、放射性污染防治、噪声与振动污染控制、生态环境监测与信息能力建设等。 |

## 三、SOD模式：以社会服务设施为导向的片区综合开发营运模式（Service – Oriented Development）

SOD模式是一种通过行政或其他城市服务功能的空间迁移，同步形成新开发地区的市政设施和社会设施，形成新的服务功能，以新区人流为核心，植入居住、购物、工作、休闲、医疗、教育所需的产业，以满足人们物质文化生活需求，配置土地、交通、房屋、环境、水、电、气、光缆等配套基础服务设施，形成新的资源要素整合互补，通过项目建成后的营运收益，达到投资收益自求平衡的一种开发营运模式。

在我国城镇化过程中，许多新区建设都采用了SOD模式。

## 四、AOD模式：以预期规划为导向的片区综合开发营运模式（Anticipation – Oriented Development）

AOD模式，是一种通过政府垄断规划信息预期作为导向，比如在国家战略“一带一路”规划，某些中大物流节点、某些区域规划，比如“长江经济带”“京津冀协同发展”“雄安新区”以及某些省、地、市新区规划导向，汇聚资金流、物流、人流，以规划区的人流为核心，导入居住、购物、工作、休闲、医疗、教育相关产业，配置土地、交通、房屋、环境等配套基础设施建设，形成新的资源要素整合互补，通过项目建成后的营运收益，达到片区投资收益自求平衡的一种开发营运模式。

## 五、ROD模式：以资源综合利用为导向的片区综合开发营运模式（Resources – Oriented Development）

ROD模式，是指“以资源为导向的片区开发”即ROD（Resources – Oriented Development）片区开发模式，它是以资源为导向，以特定的资源综合利用、科学配置为基础，以特色产业投资、建设和运营为链条，以片区为综合开发单元，采取以强补弱、以长补短的“余缺互补”的开发原则，通过“政府主导、市场化运作”的市场化模式，采用特许经营、EPC + 投资人等多种投资开发营运方式，实现投资收益自求平衡的片区开发模式。

以上五种模式，都是根据项目区域资源禀赋，采用一种主要核心资源位导向，以人为本，激活、牵引相关联的资源要素，通过科学的资源配置，优化整合，产业导入，实现资源互补，片区投资收益不能自求平衡，资源效用最大化、项目效益最大化和满足需求最大化。

# 第九章　固定资产投资项目营运方案前置谋划指南

为促进有效投资，彻底转变重建设轻营运的状况，“可研新大纲”要求把项目营运方案前置分析研究，并对研究内容进行了明确。分析研究的主要内容，包括项目营运模式、营运组织机构设置、人力资源配置、销售服务策略、员工培训计划方案和措施等。

## 一、项目营运模式选择方案谋划

固定资产投资项目营运和服务模式主要有：自主经营模式、合作经营模式、委托经营模式和特许经营四种模式。如图 9－1 所示。

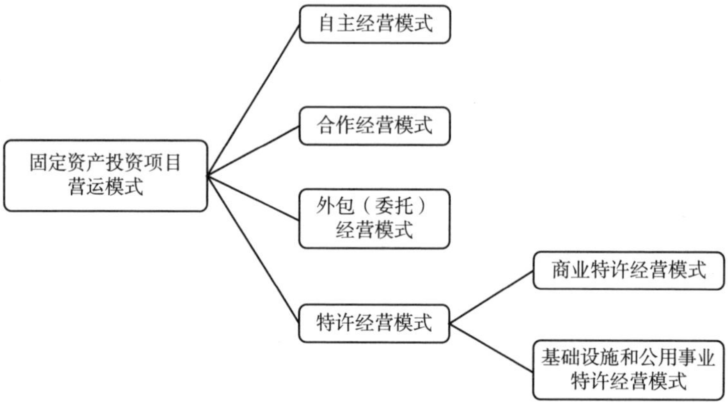


**图 9－1　固定资产投资项目主要营运模式**

### （一）项目自主经营模式

固定资产投资项目自主经营模式，是指投资人（投资主体）对自己投资开发的项目，建成后，自己组建营运服务团队，自主进行项目的运营、管理和运维服务，项目从投资、建设到营运全部过程由企业自主掌控，以获得项目完全独立的控制权、收益权和风险担当权。

项目自主经营模式，虽然可以获得项目全部的收益，但对投资者综合营运能力要求高，包括运维团队、营运经验、运维创新能力、应对市场变化能力、风险处置与控制能力等。

在实际运营过程中，需要进行全面的市场调研，根据项目的定位和目标，制定出相应的营运策略和方案。

自主经营模式的优点：一是可以获得项目的全部收益；二是具有全部的主动权和控制权；三是与投资人（投资主体）本就是一家，易于沟通与协调。

自主经营模式的缺点：一是需要自行承担各种风险，包括市场风险、技术风险、财务风险等；二是缺乏外部优质资源的支持与援助，不利于创新、优化和效率低提高；三是自主经营模式，容易受到投资人（投资主体）的主观制约，不利于发挥营运团队的自主性和主观能动性。

（二）合作经营模式

指固定资产项目投资人（投资主体）将项目建成后，通过与其他企业或专业营运服务团队组织合资组建营运公司、股权合作、利润分配等各种模式进行合作营运与维护服务。

合作经营模式的优点：一是可以吸引外部优质营运资源和专业团队进行合作，弥补自身的不足；二是可以分担一定风险，降低和减小项目风险；三是可以在一定程度上减小投资人（投资主体）的主观约束，通过更加专业、优质、高效的营运服务获得更好的效益。

合作经营模式的缺点：一是项目投资人（投资主体）之间沟通交流有可能出现分歧和问题；二是存在合作者之间的利益博弈分歧而导致营运风险；三是可能出现市场规模的限制而导致项目规模收入的摊薄，从而影响项目利润率。

这种模式需要有良好的合作理念、利益相关方都要有宽容大度的心胸，共同建立一种合适的合作体制机制。

（三）外包（委托）经营模式

指投资人（投资主体）将项目建成后的运营、维护和服务委托给专业的运营管理服务机构进行经营。

外包（委托）经营模式的优点：一是可以使投资人（投资主体）更加聚焦自身的核心业务，开辟新的投资领域获得更大的投资收益；二是减少项目营运人力、物力和财力的投入，降低自身的运营压力，依靠外部专业运营获得更高效率和更好效果；三是可以通过专业的营运方获得更好的市场信息，有利于产品的优化和改进。

外包（委托）经营模式的缺点：一是可能产生营运受托方的独立营运而导致投资人（投资主体）部分失控或失控的风险，必须要加强监督和设立法律制约措施；二是有可能发生商业机密泄露，需增加防范措施；三是受托经营方自身风险导致投资人（投资主体）形成项目风险，因此在选择合作伙伴时应对受托方进行信用、资质、财务实力、营运能力等进行全面尽调，同时必须进行全流程监督。

（四）特许经营模式

特许经营有两种类型，一种是商业特许经营，另一种是基础设施和公用事业特许经营。

**1. 商业特许经营**

指项目建成后，项目投资人（投资主体）将自己的品牌、商标、专利、专有技术、数字资产等知识产权（经营资源），以商业特许经营方式将其授予特许经营者，特许经营者按照合同约定在统一的经营模式下开展经营，并向特许人支付特许经营费用的一种模式。

商业特许经营，须遵循《商业特许经营管理条例》和中华人民共和国商务部2023年第3号令决定修改后的《商业特许经营备案管理办法》进行备案。

**2. 基础设施和公用事业特许经营**

在我国交通运输、市政工程、生态保护、环境治理、水利、能源、体育、旅游等基础设施和公用事业领域的固定资产投资项目中，政府采用公开竞争方式依法选择中华人民共和国境内外的法人或者其他组织作为特许经营者，通过协议明确权利义务和风险分担，约定其在一定期限和范围内投资、建设、运营基础设施和公用事业并获得收益，提供公共产品或者公共服务的模式。

此特许经营须遵循最新《基础设施和公用事业特许经营管理办法》（以下简称“新管理办法”），具体可参阅本书第十章：固定资产投资项目PPP与特许经营合作模式。

## 二、营运组织机构设置方案谋划

根据项目具体情况和所选择的营运模式，设立不同的内外部营运组织机构。包括内部组织机构、外部组织机构；线上网络机构、线下网络机构。营运组织机构的设置方案，其主要框架如图 9 – 2 所示。

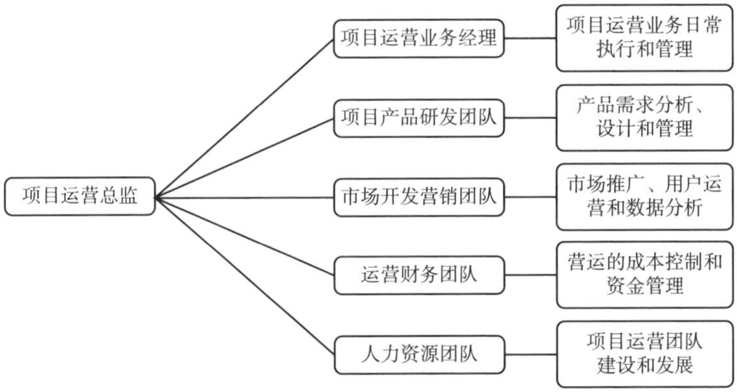


**图 9 – 2　项目营运组织机构设置方案框架示意**

（1）项目营运总监：全面负责整个项目营运的战略规划、目标设定和整体管理。包括制定项目营运目标和管理计划，监督项目营运进度和质量，管理项目营运团队，沟通、交流、协调与内外部相关利益方合作伙伴的关系。

（2）项目营运业务经理：负责项目运营业务日常执行和管理。包括制定详细的项目运营业务计划、分配任务、监督项目运营进度、解决项目运营中的问题，处置和控制各种风险并负责上传下达营运业务情况，沟通和协调上下关系。

（3）项目产品研发团队：负责产品需求分析、设计和管理工作。主要职责包括收集和分析用户需求、制定产品需求文档、协调产品开发和测试工作、收集用户反馈并对产品进行持续优化和迭代等。

（4）市场开发营销团队：负责市场推广、用户运营和数据分析。主要职责包括制定运营策略、提升项目知名度和用户量、进行数据分析和评估项目的运营效果和用户满意度。

（5）营运财务团队：负责项目营运的成本控制和资金管理。主要职责包括制定项目运营预算、进行成本控制、项目财务分析和风险管理等。

（6）人力资源团队：负责项目运营团队的建设和发展。

## 三、营运人力资源配置方案谋划

项目人力资源的合理配置，是项目营运目标完成的关键因素，是完成项目运营任务的根本保障。运营人力资源配置方案的主要内容可参照以下内容，结合项目实际情况提出。

（1）确定项目营运所需人员数量和类型。根据项目需求和目标，分析并确定所需人员的数量、技能和经验等要求。

（2）制订人力资源计划并实施。根据项目运营目标计划，制订详细的人力资源计划，包括人员招聘、培训、调配和离职等安排并实施。

①把好用人标准关。根据机构设置和岗位职责，配置德才兼备、有知识、懂技术、肯钻研、有担当，具有新质生产力要素的新型劳动者。

②把好进人关。制订招聘计划，明确招聘岗位、人数、任职要求和招聘流程；选择合适的招聘渠道，如校园招聘、社会招聘、内部推荐；实施面试、笔试、背景调查等选拔程序，确保选拔出符合项目运营需求的人员。

③把好用人关。根据项目需求和人员能力差别，分析并制定详细的培训计划；设计针对性的培训课程并组织并实施培训活动，包括技能培训、团队建设、沟通技巧等，以提高项目人员的专业技能和综合素质。

（3）预测人力资源需求变化。根据项目进展情况，预测未来人力资源需求的变化，并提前做好准备和调整。

（4）组建高效的团队。根据项目运营需求和目标，组建具备相关技能和经验的团队，确保团队成员能够互补、协作，共同推进项目运营进展。

（5）明确职责分工。为每个团队成员分配明确的角色和职责，确保各自承担的任务与项目目标相契合，提高工作效率和责任感。

（6）建立沟通协调机制。促进不同部门之间的沟通与协作，打破部门壁垒，实现资源共享和优势互补，提高团队成员的沟通技巧和协作意识，减少沟通障碍和误解，促进部门间顺畅合作。

（7）建立激励机制。通过设立奖金、提成、股票期权等物质奖励，激发团队成员的工作积极性和创造力，提高工作绩效；给予团队成员肯定、表扬、晋升机会等精神层面的激励，增强他们的归属感和成就感。

（8）制定员工关怀措施。为员工提供培训、学习、发展机会，帮助他们提升技能和能力，实现个人职业发展，通过工会、党、团组织建设，关怀员工身心健康；创造舒适、安全、和谐的工作环境，关心员工的生活和工作平衡，提高员工的工作满意度和忠诚度。

## 四、营运服务销售策略谋划

根据项目不同的产品和服务，制定品牌策略、产品策略、价格策略、营销策略、渠道策略和客户策略，在具体的项目营运中，根据项目不同的具体情况，谋划不同的营运服务策略。主要包括以下几个方面的谋划。

（一）制定目标客户定位策略

一种方式是根据项目产品特性，或者公共服务特性，对目标客户群进行调研，确定目标客户的定位，即“以产品确定客户”；另一种方式是对目标客户进行调研，根据目标客户的需求确定项目产品的优化、调整和升级转型。

（二）制定产品价格策略

产品的定价策略：产品的定价策略直接影响到企业的营利能力和市场地位，它是一个需要深入理解市场需求、成本、竞争态势以及消费者心理的综合过程。

第一，以客户对项目产品的认知价值为基础制定价格策略。产品的定价依赖于对客户价值的判断。价值是客户对产品性能、品质、服务等各方面因素的综合评价，它直接决定了客户是否愿意为产品或服务付费的行为。

第二，以市场供求关系为制定价格策略。当市场需求大于供应时，产品价格往往会上升；反之，当供应大于需求时，价格则会下降。企业需要时刻关注市场动态，根据供求关系的变化及时调整价格策略。

第三，以竞争对手的定价策略为参照物制定价格策略。通过充分的市场调查了解竞争对手的产品性能、品质和服务，并对其价格水平进行评估。在这个基础上，可以选择采取价格跟随策略，还是通过提供差异化的产品价值来获取更高的价格。

第四，以产品或服务的成本基数为基础依据定价策略。根据企业的长期发展战略，以薄利多销，追求市场份额的快速扩张，以低价吸引客户。

第五，其他价格策略。产品的定价策略是一个复杂的过程，需要在深入理解消费者价值、市场需求、竞争态势等多个因素的基础上进行决策。只有制定出科学合理的定价策略，企业才能在市场竞争中立于不败之地，因此，不同的项目产品和服务，需要制定不同的价格策略。

（三）制定品牌策略

不同的项目产品和服务，可以提出不同的产品品牌策略与方案，可参考以下思路：

第一，自创统一品牌策略。根据企业项目自身产品或服务的特点，无中生有，有中选优，优中选精的自创属于自有知识产权、量身定做的品牌名称。这种策略在企业的品牌已经赢得良好市场信誉的情况下，可以顺利推出新产品，显示企业实力，有助于塑造企业形象。

第二，组合品牌策略。一个新产品通过支付一定费用在已经成熟或著名品牌下冠名，这种策略可兼收个别品牌和统一品牌的优点。

第三，多品牌策略。企业同时为一种产品设计两种或两种以上互相竞争的品牌。这种策略适宜更多的分销商渠道，提高市场占有率。

这些策略的选择和实施需要根据企业的具体情况和市场环境来决定，以达到最佳的市场效果。

（四）制定营销媒介和网络策略

营销媒介和网络渠道策略在现代营销中占据重要地位，主要分为线上和线下两种策略。根据具体项目产品与服务的具体情况，可以选择不同的策略方案。

第一，线上营销媒介与网络营销渠道。根据产品与服务具体情况，可制定线上营销与网络营销策略。包括企业网站、微信、抖音、短视频、网红带货、文化故事短剧等可视听媒介进行网络营销，并通过网络渠道实现销售和提供服务。

第二，线下体验与口碑营销渠道。可根据谋划项目的自身特点，提出线下设置体验场景，通过用户体验进行口碑相传，以达到跟从、模仿他人的行为和决策的“羊群效应”，实现线下网络营销。

第三，组合营销策略。根据项目特点和产品服务具体情况，提出采取线上线下相结合的组合营销策略谋划方案。

（五）制定产品忠诚度策略

根据项目产品和服务特点，可提出以下谋划策略。

第一，提供卓越的客户体验策略。客户体验是影响品牌忠诚度的重要因素之一。一个优质的客户体验应该体现在产品的各个方面，包括产品本身、客户服务以及售后支持。定期收集客户反馈，根据这些反馈不断优化产品和服务，以确保用户体验始终处于行业领先水平。

第二，建立情感连接策略。通过深入了解客户心理，企业可以制定相应的情感营销策略。例如，通过故事讲述、个性化营销等形式，增加客户与品牌之间的情感互动。营造品牌故事、展示品牌价值观等方式，让消费者在购买时不仅考虑产品价值，更加关注品牌所传递的情感，增加对品牌的认同。

第三，提供个性化服务策略。利用数据分析工具，对客户进行精准画像，从而推送符合其需求的产品和服务。例如，根据消费者的购买历史和浏览行为，为其推荐相应商品。这种基于人工智能和大数据分析的个性化推荐，不仅提高了销售效率，也增强了客户与品牌之间的联系。

第四，其他培养客户忠诚度策略。根据项目具体情况，提出其他思路的项目产品和服务的客户忠诚度谋划方案。

## 五、项目营运绩效管理方案谋划

根据“可研新大纲”要求，绩效管理方案要“研究制定项目全生命周期关键绩效指标和绩效管理机制”。

项目全生命周期关键绩效管理方案研究分析，需针对各阶段不同的特点，制定绩效管理方案。绩效管理方案的主要内容。

### （一）制定绩效目标

第一，制定明确、具体、可量化的目标，包括经济目标、市场目标、管理目标等。

第二，将制定目标逐级分解为部门目标、个人目标。确保每个员工都能理解并参与到目标的实施过程中。

### （二）建立绩效评估制度

第一，建立指标体系：包括考核指标、权重分配、评估方法等。

第二，建立绩效考核机制：制定绩效评估制度，定期对各级员工的绩效进行考核和评估，并及时反馈评估结果，为绩效管理提供依据和参考。

### （三）制定绩效奖惩措施

第一，制定奖励措施：根据绩效评估结果，给予高绩效员工适当的奖励，激励员工为实现组织目标作出更大贡献。

第二，制定惩罚措施：对低绩效员工进行相应的惩罚措施，如降薪、降职等，以激励他们改进工作绩效，提高工作效率。

（四）建立绩效沟通机制

第一，建立绩效反馈沟通机制：及时向员工反馈其工作绩效评估结果，指出绩效差距，提出改进建议。

第二，建立绩效提升辅导培训机制：通过绩效提升辅导和培训，帮助员工理解绩效评估的标准和要求，提升工作能力和绩效水平。

（五）制定绩效优化措施

第一，建立绩效方案实施效果评估制：定期评估绩效管理方案实施效果的有效性进行评估，及时发现问题和不足，并进行及时的调整和改进。

第二，建立绩效评估的引导机制。针对绩效考核结果，树立标兵，抓典型，进行正向引导，树立正气，促进员工之间的经验交流和学习，提高整个组织的绩效管理水平。

第三，建立绩效管理体系可持续优化机制：不断优化绩效管理体系，提高项目管理的效率和效果（如图9-3所示）。

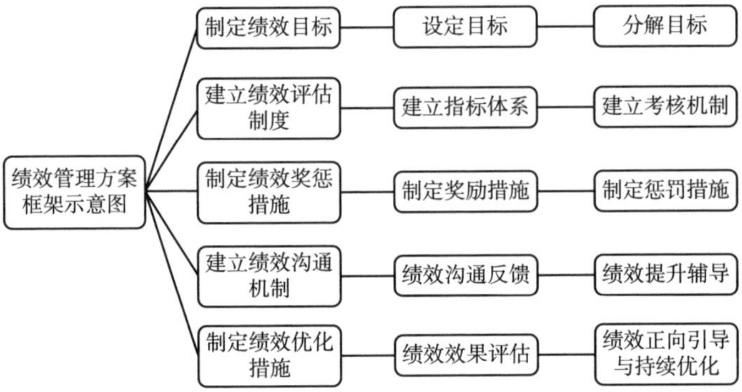


**图9-3　项目绩效管理方案框架示意**

## 小结

本章按照“新可研大纲”要求，对固定资产投资项目营运方案前置分析研究、对营运模式选择、运营组织设置、人力资源、产品服务营销策略、绩效方案等谋划思路进行了分享。

# 第十章　固定资产投资项目 PPP 与特许经营合作模式

前面两章分别介绍项目建设模式、项目运营模式。本章将向您介绍 PPP 与特许经营模式。

## 一、PPP 的起源与概念

PPP（Public－Private Partnership）模式，通译为公共与私有部门的合作模式。起源于20世纪80年代初期的英国，由于此模式一方面解决了政府资金短缺有需要向社会提供公共产品和服务的困境，另一方面又为私人投资者找到了投资渠道，很快被许多市场化国家采用。

为帮助读者系统了解国内外通行的公共部门与私人部门的合作，我国政府与社会资本合作（PPP）新机制、“新管理办法”中所涉及的主要模式，现介绍如下。

## 二、PPP 在中国发展状况与问题

### （一）PPP 在我国大致分为三个阶段

第一阶段为探索阶段（20世纪80年代中期—2014年）。20世纪80年代中期，当时中国正处于改革开放初期，吸引了大量境外资金进入基础设施领域，政府部门尝试与外商开展公共与私人部门的合作模式，比如深圳沙角B电厂BOT项目、广西来宾B电厂BOT项目等，该时期主要以特许经营模式，签订特许经营协议实施。

第二阶段为PPP迅猛发展阶段（2014—2017年）。2014年，国务院发布《关于加强地方政府性债务管理的意见》提出：“推广使用政府与社会资本合作模式。鼓励社会资本通过特许经营等方式，参与城市基础设施等有一定收益的公益性事业投资和运营。”明确推广使用 PPP 模式，开启了 PPP 模式在中国的推广热潮。

2014 年 5 月，财政部成立 PPP 工作领导小组。

2014 年 9 月，《财政部关于推广运用政府和社会资本合作模式有关问题的通知》发布。

2014 年 11 月确定了 30 个 PPP 示范项目。

2014 年 12 月成立 PPP 中心。

2014 年 12 月，《国家发展改革委关于开展政府和社会资本合作的指导意见》发布。

2015 年 4 月，发改委、财政部联合其他部委制定了《基础设施和公用事业特许经营管理办法》。

2016 年 7 月 7 日召开的国务院常务会议，协调确定了两个部委的分管领域即国家发展改革委负责传统基础设施领域，财政部负责公共服务领域。

于是，该时期是通过建立“PPP 双库”（国家发展改革委 PPP 库和财政部 PPP 库）推进时期。

此后，PPP 模式在中国飞速发展，不断创新。截至 2017 年 12 月末，全国 PPP 综合信息平台项目库共有 PPP 项目 14424 个，总投资额 18.2 万亿元；其中，处于准备、采购、执行和移交阶段项目共 7137 个，投资额 10.8 万亿元，覆盖 31 个省（自治区、直辖市）及新疆生产建设兵团和 19 个行业领域。国家示范项目 697 个。

第三阶段为规范发展阶段（2018—2023 年）。在 PPP 飞速发展的同时，PPP 相关问题也不断出现，地方政府隐性债务上升，财政部、发改委等出台的一系列 PPP 项目规范政策文件，使得 PPP 发展的速度逐渐放缓降温。

2017 年 11 月，财政部出台《关于推进政府和社会资本合作规范发展的实施意见》。

2019 年 3 月，《关于规范政府和社会资本合作（PPP）综合信息平台项目库管理的通知》发布。

2019 年 7 月，《国家发展改革委关于依法依规加强 PPP 项目投资和建设管理的通知》发布。

2020 年 3 月，财政部发布《关于印发〈政府和社会资本（PPP）项目绩效管理操作指引〉的通知》。

2022 年 11 月，财政部发布《关于进一步推动政府和社会资本合作（PPP）规范发展、阳光运行的通知》。

2023 年 2 月，全面叫停全国 PPP 项目，财政部 PPP 库关闭、停止项目入库。

第四阶段为 PPP 新机制阶段（2023 年至今）。2023 年 11 月，为解决 PPP 项目出现的问题，《国务院办公厅转发国家发展改革委、财政部〈关于规范实施政府和社会资本合作新机制的指导意见〉的通知》（国办函〔2023〕115 号，以下简称“PPP 新机制指导意见”），从 PPP 管理机制、付费机制、适用范围、特许经营期限、鼓励社会资本措施等重新进行了规范，并进行了“2023 年 2 月政府和社会资本合作项目清理核查前未完成招标采购程序的项目，以及后续新实施的政府和社会资本合作项目，均应按照本指导意见规定的新机制执行，不再执行 2015 年 5 月印发的《国务院办公厅转发财政部发展改革委人民银行关于在公共服务领域推广政府和社会资本合作模式指导意见的通知》”的新旧划断。自此进入“PPP 新机制”时期，并将新旧时间划断为“2023 年 2 月”。

（二）PPP 发展中出现的主要问题

**1. PPP 在国际上出现的负面信息**

（1）《PPP 全球行动宣言》呼吁：“制止推广高成本、高风险的 PPP 的危险冲动。”

2017 年 10 月，由欧洲债务与发展网络（European Network on Debt and Development，Eurodad）发起，来自 45 个国家的 152 个非政府组织（NGO）签署了《PPP 全球行动宣言》（PPP Global Campaign Manifesto）。在当年世界银行和 IMF 华盛顿年会期间发布，要求制止高成本、高风险的 PPP 的危险冲动，要求西方国家政府、世行和其他开发银行停止将 PPP 置于传统的公共借贷之上，为社会经济基础设施和服务融资。

民间组织指出：PPP 的成本从长远看往往高于传统的公共资金，使各国政府面临金融和公共财政风险，对妇女儿童产生负面影响，并破坏民主问责制、人权和环境。

（2）民间社会组织和工会致信呼吁：“世界银行应停止贷款支持 PPP。”

2018 年 4 月，90 个民间社会组织和工会再次在 Eurodad 网站上发布公开信：呼吁世界银行不应继续忽视全球 PPP 失败的证据，呼吁应停止资助和促进公私伙伴关系，直到对其有效性进行审查。公开信认为：综合证据表明 PPP 的经验是负面的，只有少数 PPP 为公众利益提供了成果。

（3）PPP 成本过高。

英国国家审计署 2018 年 1 月的报告对一组 PPP 教育项目进行了分析：结果显示 PPP 模式其成本比政府借款项目的成本高出 40%左右。

**2. PPP 在我国发展中出现的主要问题**

2023 年，国家审计署对全国 PPP 项目进行审计发现大量的问题，主要包括以下四个方面：

（1）PPP 项目适用范围被扩大。大量非经营性基础设施项目通过包装、化装为 PPP 项目，借机纷纷上马，导致地方财政压力增大。

（2）部分 PPP 项目财政预算缺口性补助占比过高，突破 10%红线，超过财政承受能力。部分 PPP 项目通过夸大预期收入、调减财政支出责任等方式虚假包装入库，部分 PPP 项目存在政府部门虚构财政财务数据的现象。

（3）部分 PPP 项目政府给予社会资本固定回报，违背 PPP 合作风险共担原则，导致项目营运期收益与风险不匹配，不当承担了应由社会资本方承担的风险。

（4）2023 年 6 月 26 日公布的《国务院关于 2022 年度中央预算执行和其他财政收支的审计工作报告》，披露了 2022 年 PPP 项目审计情况，对重点抽查的 18 省市本级及 187 个地区计划总投资 1.53 万亿元的 408 个项目，发入库环节审核不严、履约环节不尽诚信、建设运营环节不当推责揽责等三个方面问题。

2023 年 6 月 28 日，第十四届全国人民代表大会财政经济委员会关于 2022 年中央决算草案审查结果的报告中要求“严格规范政府与社会资本合作项目（PPP）”。

财政部 PPP 中心项目库暂停入库，中国 PPP 进入规范调整期。

## 三、“PPP 新机制”与基础设施和公用事业特许经营

2023 年 11 月 8 日，“PPP 新机制指导意见”正式对外公开，这是我国 PPP 发展史的重要里程碑，标志着 PPP 模式自 2023 年 2 月清理核查以来的再出发，开启高质量发展的新征程。

（一）“PPP 新机制” 新在哪里?

根据十年 PPP 阶段性发展中出现的偏离问题，以“问题导向”，“回归 PPP 本质”，从管理体制机制、统一特许经营模式、聚焦使用者付费机制、鼓励民营企业参与、调整特许经营期限等七个方面的措施，规范 PPP 模式，形成“PPP 新机制”，以激发民间投资活力，为经济建设发挥作用。笔者将其归纳为“七个新”，如图 10－1 所示。

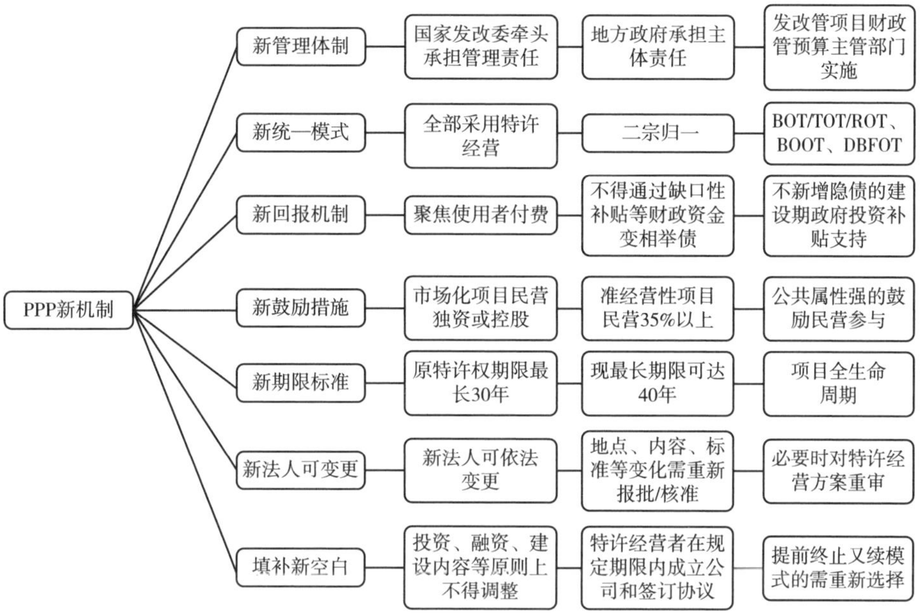


**图 10－1 “PPP 新机制”的“七个新”**

（二）与新机制配套的基础设施和公用事业特许经营

2024 年 1 月 31 日，“新管理办法”修订发布，自 2024 年 5 月 1 日起施行。原《基础设施和公用事业特许经营管理办法》（国家发展改革委等 6 部委 2015 年第 25 号令）同时废止。

（三）PPP 新机制与“新管理办法”的关键要点

**1. 聚焦重点领域，适用领域扩大**

根据“新管理办法”，特许经营领域扩大到“交通运输、市政工程、生态保护、环境治理、水利、能源、体育、旅游等基础设施和公用事业领域”，适用范围由原来的“能源、交通运输、水利、环境保护、市政工程”五大领域新增加了“体育、旅游”，并将原来的“环境保护”分解为“生态保护”和“环境治理”，扩大到了“八大领域”。根据“PPP 新机制指导意见”，重点聚焦以下八个领域的项目。

（1）交通领域：公路、铁路、民航基础设施和交通枢纽等项目。

（2）物流领域：物流枢纽、物流园区项目。

（3）市政领域：城镇供水、供气、供热、停车场等市政项目。

（4）生态保护和环境保护领域：城镇污水、垃圾收集处理、资源化利用等治理项目。

（5）水利领域：具有发电功能的水利项目。

（6）公共服务领域：体育、旅游公共服务等社会项目。

（7）新型基础设施建设领域：智慧城市、智慧交通、智慧农业等项目。

（8）盘活存量和改扩建有机结合的领域：城市更新、综合交通枢纽改造等。

**2. 聚焦社会资本，回归初衷与本源**

（1）市场化程度较高、公共属性较弱的项目，应由民营企业独资或控股。

（2）关系国计民生、公共属性较强的项目，民营企业股权占比原则上不低于 35%。

（3）少数涉及国家安全、公共属性强且具有自然垄断属性的项目，应积极创造条件、支持民营企业参与。

（4）除作为政府出资人代表参与地方政府通过资本金注入方式给予投资支持的项目外，地方本级国有独资或国有控股企业（含其独资或控股的子公司）不得以任何方式作为本级政府和社会资本合作新建（含改扩建）项目的投标方、联合投标方或项目公司股东；作为政府出资人代表时，原则上不得在项目公司中控股。

**3. 聚焦使用者付费，禁止变相举债**

不因采用政府和社会资本合作模式额外新增地方财政未来支出责任；政府付费只能补贴运用，不能补贴建设成本；不允许变相举债。

## 四、PPP、基础设施和公用事业特许经营模式

（一）BOT（Build－Operate－Transfer）模式

即建造—运营—移交模式，是指政府部门因某基础设施或公共服务项目与私人部门（项目公司）通过特许经营协议，授权特许经营者承担该项目的投资、融资、建设和维护，按照项目目标提供给公共产品或服务，特许经营者按照协议获取合理利润，特许期满，将该项目无偿移交给政府部门。

（二）BOOT（Build－Own－Operate－Transfer）模式

即建设—拥有—经营—移交模式。这是BOT的一种衍生模式，其不同的是在特许经营期内，特许经营者可以拥有该项目固定资产的所有权（Own），允许特许经营者在特许经营协议约定的范围内融资而将项目资产抵押给资金方，特许经营者按照协议获取合理利润，特许期满，将该项目无偿移交给政府部门。

（三）DBFOT（Design－Build－Finance－Operate－Transfer）模式

即设计—建设—融资—经营—移交模式。这也是BOT衍生模式，政府部门通过特许经营协议授权，特许经营者通过设计、施工建设、融资和项目经营，按照协议获取合理利润，特许期满，将该项目无偿移交给政府部门。

（四）BOO（Building－Owning－Operation）模式

即建设—拥有—经营模式，BOT模式的衍生模式之一。与BOT项目不同的是BOO项目中，特许经营者有项目固定资产的所有权和经营权，特许经营期限满，特许经营者可以不将该项目移交给政府。

（五）ROT（Rehabilitate－Operate－Transfer）模式

即改建—经营—移交模式，BOT模式的衍生模式之一。与BOT项目不同的是，此模式是针对基础设施和公用事业项存量固定资产项目重建、改建、扩建升级，特许经营者通过改扩建后的项目经营获得回报，特许经营期满，将该项目无偿移交给政府部门。

（六）TOT（Transfer－Operate－Transfer）模式

即移交—经营—移交模式，BOT模式的衍生模式之一。此模式是特许经营者通过有偿购买基础设施和公用事业项存量固定资产项目，然后对项目进行开发和建设和经营，在特许经营期内，通过项目经营取得合理的回报。特许期结

束后，将该项目所无偿移交给政府部门。

## 五、PPP 是一种合作模式而非融资模式

PPP 是一种合作模式而非融资模式。根据《关于推广运用政府和社会资本合作模式有关问题的通知》（财金〔2014〕76 号）定义：“政府和社会资本合作模式政府和社会资本合作模式（Public – Private Partnership，PPP）是在基础设施及公共服务领域建立的一种长期合作关系”。

由于一些人把 PPP 模式错误地认为是一种融资模式，因此，一些地方政府、投资者把 PPP 模式当“摇钱树”，趋之若鹜，不管项目是否适合 PPP 模式，都千方百计通过各种手段包装为 PPP 项目，以至于造成 PPP 模式发生了偏离的后果。

## 六、PPP 行业发展报告与《PPP 蓝皮书》

为推动 PPP 模式在中国的发展，中央财经大学政信研究院成立了 PPP 研究中心，建立了 PPP 专家智库，开展了 PPP 课题、学术研究，研创出版了《中国 PPP 蓝皮书》。该书是国内出版的第一部行业 PPP 全景式回顾和建议性专著，专注于中国行业 PPP 创新发展领域研究的、具有公允性的综合研究报告。先后出版了《中国 PPP 行业发展报告（2018～2019）》《中国 PPP 行业发展报告（2020）》《中国 PPP 行业发展报告（2021）》《中国 PPP 行业发展报告（2022）》《中国 PPP 新机制行业发展报告（2023）》，具体见图 10－2 至图 10－4。

图 10－2 《中国 PPP 行业发展报告（2018～2019）》

图 10－3 《中国 PPP 行业发展报告（2023）》

图 10－4 该书部分作者与专家在新书发布会合影

## 小结

本章介绍了 PPP 和基础设施和公用事业特许经营在我国的简要发展情况及其重点政策，重点内容和正确认识，介绍了现存的全国唯一的 PPP 专家智库、PPP 蓝皮书《中国 PPP 新机制行业发展报告》等学术研究情况。

# 第十一章　固定资产投资项目申报指南

了解并遵守项目申报流程是确保固定资产投资项目获得审批的重要前提。不同类型的项目有不同的审批要求和流程。为高效、准确地进行项目申报，避免因流程不熟悉或报送资料不符合要求而导致的延误，本章将详细介绍固定资产投资项目的申报程序及相关要求，为读者提供详细的指南。

## 一、固定资产投资项目申报管理

2017 年 5 月 25 日，国家发展改革委等 18 部门第 3 号令公布了《全国投资项目在线审批监管平台运行管理暂行办法》，至此，结束了中国项目申报审批不统一、不透明和不规范的时代。

在线审批监管平台（https：//new. tzxm. gov. cn/，以下简称“在线平台”）是固定资产投资项目申报的唯一入口。除涉密项目外，全国投资项目都必须通过在线平台实现项目网上申报、并联审批、信息公开、协同监管，包括行政许可、政府内部审批、备案、评估评审、技术审查，项目实施情况监测，以及政策法规、规划咨询服务等。

在线平台由中央平台和地方平台组成。中央平台负责管理由国务院及其相关部门审批、核准和备案的项目（以下简称“中央项目”）。地方平台负责管理地方各级政府及其相关部门审批、核准和备案的项目（以下简称“地方项目”）。

## 二、固定资产投资项目申报的三种形式

按照固定资产投资项目行政管理权限划分为立项审批类项目、核准类项目和备案类项目。

### （一）立项审批类项目

政府投资项目，实行立项审批。政府投资是指全部或部分使用财政预算内

资金，政府采取直接投资、资本金注入、投资补助、贴息等投资方式，进行社会公益事业、公共基础设施和国家机关建设，改善农村生产生活条件，保护和改善生态环境，调整和优化产业结构，促进科技进步和高新技术产业化等领域的政府投资项目。

1. 根据《政府投资条例》，政府采取直接投资、资本金注入方式投资的项目，项目单位应当编制项目建议书、可行性研究报告、初步设计，按照政府投资管理权限和规定的程序，报投资主管部门或者其他有关部门审批。除涉及国家秘密的项目外，投资主管部门和其他有关部门应当通过在线平台，使用在线平台生成的项目代码办理政府投资项目审批手续。

2. 审批制重点审批五个环节：项目建议书、可行性研究报告、初步设计、资金申请、竣工验收。

3. 企业投资项目不再实行审批制。根据《企业投资项目核准和备案管理办法》，企业投资项目是指企业在中国境内投资建设的固定资产投资项目，包括企业使用自己筹措资金的项目，以及使用自己筹措的资金并申请使用政府投资补助或贷款贴息等的项目。

（二）核准制类项目

企业投资的固定资产投资项目，涉及重大和限制类固定资产投资的，对关系国家安全、涉及全国重大生产力布局、战略性资源开发和重大公共利益的项目，均要采取核准制进行申报。

实行核准管理的具体项目范围以及核准机关、核准权限，由国务院颁布的《政府核准的投资项目目录》（以下简称《核准目录》）确定。法律、行政法规和国务院对项目核准的范围、权限有专门规定的，从其规定。《核准目录》所称国务院投资主管部门是指国家发展和改革委员会；《核准目录》规定由省级政府、地方政府核准的项目，其具体项目核准机关由省级政府确定。

（三）备案制类项目

指企事业单位自主决策，企业自主投资非敏感类项目，在开工建设前通过在线平台将相关信息告知项目备案机关，依法履行投资项目信息告知义务，并遵循诚信和规范原则的项目。如图 11－1 所示。

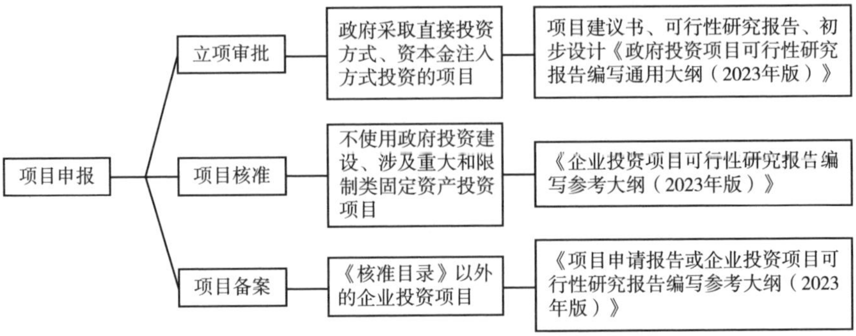


**图 11 –1　立项审批类项目、核准类项目和备案类项目**

## 三、固定资产投资项目在线填报指引

### （一）非涉密项目申报

除涉密项目以及涉密审批事项外，在线平台适用于实行审批制管理的政府投资项目、实行核准制或者备案制管理的企业投资项目，以及与之相关的从项目立项到项目竣工涉及的所有审批监管事项。凡涉密项目，均不得通过平台办理。非涉密项目在线审批过程所涉及的涉密文件（图件），均不得在线提交、传送。

### （二）中央项目申报

由国务院和国务院相关部门审批、核准和备案的项目属于中央项目。登录在线平台首页，在“全国固定资产投资项目申报入口”的“您要申报”处，点击下拉框，选择“中央项目”后，点击“确定进入”即可进入中央平台。点击下载“中央平台申报操作指南”。

### （三）地方项目申报

由省、市、县投资主管部门和行业主管部门审批、核准和备案的项目属于地方项目。登录在线平台首页，在“全国固定资产投资项目申报入口”的“您要申报”处，点击下拉框，选择相应的地方后，点击“确定进入”即可进入相应的地方平台。地方平台申报操作指南可参考各地方平台网站。

在线申报具体流程可参考图 11 –2。

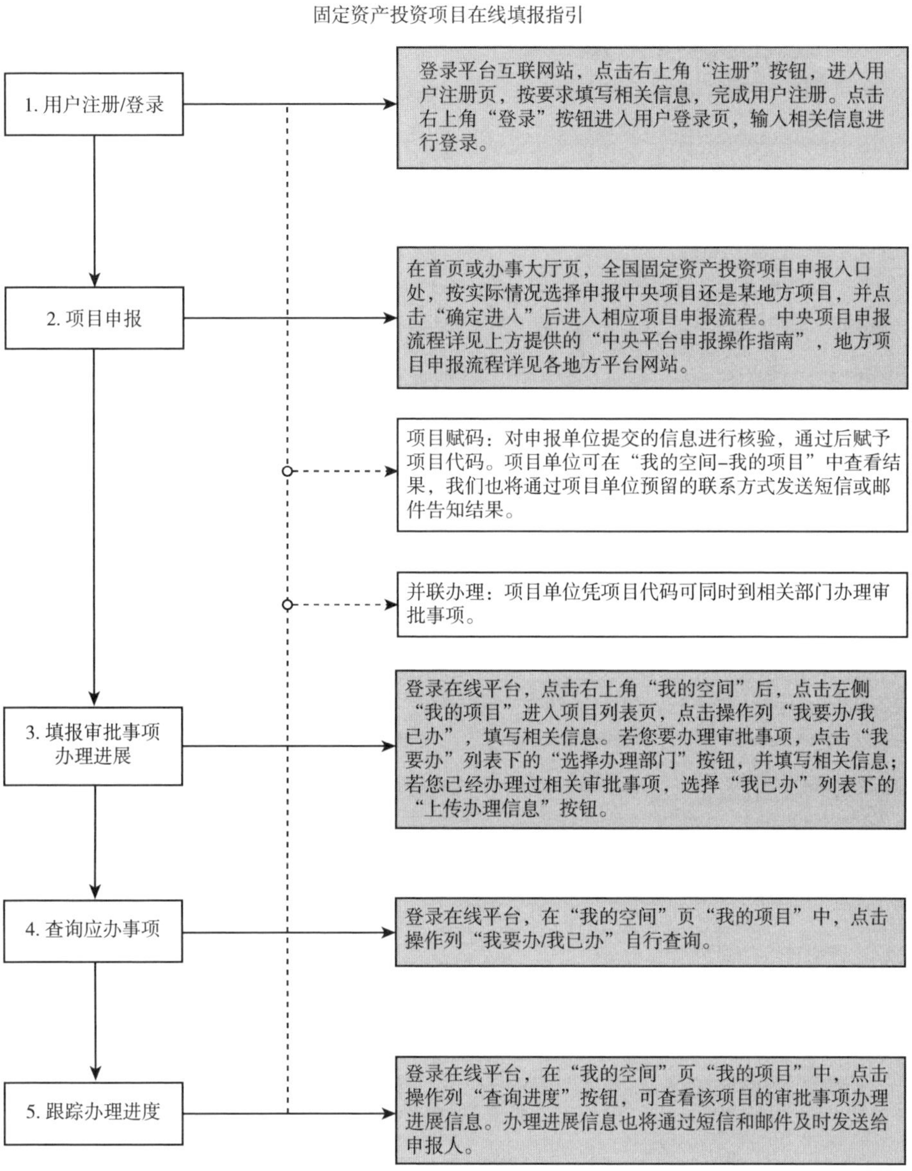


**图 11－2　固定资产投资项目在线填报指引流程参考示意**

# 第二部分

# 固定资产项目投融资操作实务

# 第十二章　融资环境与政策体系

## 一、融资环境

融资环境，是指企业或项目获得融资的难易度，宽松、约束的政策支持条件等金融生态系统。

（一）广义与狭义的融资环境

从广义上讲，融资环境是一个庞大的金融生态系统。在这个系统中，企业、个人、政府及国际组织等作为融资主体，与银行、金融机构、投资者等资金供应者相互交织，形成了融资环境的多元复杂体系。

而狭义的融资环境则更聚焦于企业间的融资活动。它关注的是企业在特定融资形式下如何获取资金支持，以实现其经营目标和发展战略。在这一环境中，企业需要综合考虑资金成本、风险承受能力等因素，选择最适合自己的融资方式，并与金融机构、投资者建立稳固的合作关系。

（二）影响融资环境的主要因素

融资环境受到众多因素的影响，这些因素相互交织、相互作用，共同塑造了融资市场的动态格局。

**1. 宏观经济政策是影响融资环境的关键因素**

宏观经济政策就像融资环境的指挥棒，通过调节经济总量和结构，直接影响着市场利率、资金供应和融资成本。紧缩政策可能会增加融资成本，而宽松政策则有助于降低融资成本，刺激融资活动。

**2. 金融市场状况是影响融资环境的重要因素**

一个成熟、多元且规范的金融市场为融资活动提供广阔的舞台。企业可以通过发行股票、债券等方式筹集资金，项目可以通过项目贷款进行融资，而政府则可以通过国债、地方债等渠道进行融资。金融市场的流动性和创新性也为融资活动带来了更多可能性。

**3. 法律法规体系是影响融资环境的保障因素**

完善的法律法规体系为融资活动提供了坚实的保障。它规范了市场行为，降低了法律风险，为投资者和债权人提供了有力的权益保障。合规的融资活动不仅有助于树立企业的市场形象，还能增强投资者信心。

**4. 信用体系是影响融资环境的基本因素**

信用体系是融资市场的重要组成部分。一个健全的信用体系有助于降低信息不对称，提升企业和政府的信用评级，进而降低融资成本。同时，它也有助于规范市场行为，维护融资市场的稳定和健康发展。

**5. 国际政治经济环境是融资环境的关联传导因素**

全球化时代，国际政治经济环境的变化对国内融资环境产生着深远影响。汇率波动、贸易政策调整等因素都可能对企业和政府的融资活动产生直接影响。因此，关注国际政治经济环境的变化，及时调整融资策略，是企业和政府必须面对的挑战。

（三）我国宏观政策体系

**1. 政策体系的多层级**

政策，作为我国融资环境的重要支撑，正不断释放出新的活力。我国宏观经济政策，由财政、货币政策与产业、科技、民生等政策组成，相互影响，相互协调，相互作用，共同发力，动态调整。

**2. 金融市场的多元化**

多层次的宏观政策，支持多元化资本市场体系的建立，直接融资的股票市场，包括主板市场到创业板、新三板，再到区域性股权交易市场，间接融资市场、银行贷款、银行间债券市场等多元化市场，为企业提供了不同发展阶段的融资需求。

**3. 金融科技的助力**

金融科技的快速发展，更是为我国融资环境注入了新的活力。大数据、云计算、人工智能等技术的应用，不仅提高了金融服务的创新能力和效率，更为企业融资带来了极大的便利。线上融资平台的兴起，让融资信息更加透明、融资流程更加便捷，大大降低了企业的融资成本和时间。

## 二、相关政策法规

固定资产投资作为国家经济体系中的基石，其每一步的发展都离不开一套健全且系统的法律法规作为支撑。这些政策法规不仅为投资者提供了明确的指导，更是确保项目合规、降低风险的坚实基础。

对于每一位涉足固定资产投资的决策者而言，深入了解和掌握相关的政策法规是不可或缺的。政策法规不仅是项目合规性的基石，更是确保项目顺利推进、降低投资风险的关键所在。它们为投资者提供了清晰的指导，帮助投资者在复杂的投资环境中找到方向。

关于固定资产投资主要政策法规，从项目审批的“入门指南”《国务院关于投资体制改革的决定》及其配套政策，到资金筹措的“融资宝典”，这些政策为投资者描绘了一条清晰的路径。它们明确了项目审批的基本流程、标准和要求，确保项目能够符合国家产业政策和区域发展规划。同时，也为投资者提供了多元化的融资渠道，降低了资金筹措的难度。

当项目进入建设实施阶段，我们同样需要遵循一系列政策法规的指引。例如，《建设工程质量管理条例》等法规对项目的建设标准、质量安全和环境保护等方面提出了明确要求。这些规定不仅确保了项目的质量和效益，也为投资者提供了法律保障。

此外，还有一些与固定资产投资密切相关的政策法规值得我们关注。如优化投资环境、简化审批程序等政策，它们为投资者提供了更加公平、透明和便利的投资环境，进一步激发了市场的活力。

然而，政策法规并非一成不变。它们会根据国家经济形势的发展需要进行修订和完善。因此，投资者在关注当前政策的同时，也要保持对最新政策动态的敏感性。只有这样，投资者才能及时调整自己的投资策略，抓住市场机遇，实现投资目标。

因此，了解和掌握固定资产投资相关的政策法规对于投资者而言至关重要。它们不仅为投资者提供了明确的指导，更是确保项目合规、降低风险的关键所在。希望本书中的政策法规导航能够帮助您更好地把握投资机遇，实现投资目标。

固定资产投资相关政策法规具体可参考表 12－1。

**表 12－1**　　**固定资产投资相关政策法规汇总**

| 序号 | 政策名称 | 颁布机构 | 文号/令号 | 颁布日期 | 主要内容 | 适用范围 |
|---|---|---|---|---|---|---|
| 1 | 《国务院关于固定资产投资项目试行资本金制度的通知》 | 国务院 | 国发〔1996〕35 号 | 1996 年 8 月 23 日 | 对各种经营性投资项目包括国有单位的基本建设、技术改造、房地产开发项目和集体投资项目等试行资本金制度，要求投资项目必须首先落实资本金才能进行建设，明确资本金是非债务性资金，项目法人不承担这部分资金的任何利息和债务。 | 各种经营性投资项目包括国有单位的基本建设、技术改造、房地产开发项目和集体投资项目等。 |
| 2 | 《国务院关于调整部分行业固定资产投资项目资本金比例的通知》 | 国务院 | 国发〔2004〕13 号 | 2004 年 4 月 26 日 | 对《国务院关于固定资产投资项目试行资本金制度的通知》（国发〔1996〕35 号）有关钢铁、电解铝、水泥、房地产开发行业建设项目资本金比例进行调整。 | 有关钢铁、电解铝、水泥、房地产开发行业建设项目。 |
| 3 | 《国务院关于投资体制改革的决定》 | 国务院 | 国发〔2004〕20 号 | 2004 年 7 月 16 日 | 包括深化投资体制改革的指导思想和目标、转变政府管理职能，确立企业的投资主体地位、完善政府投资体制，规范政府投资行为、加强和改善投资的宏观调控、加强和改善投资的监督管理等五部分内容。 | 全国范围内的投资活动和投资管理。 |
| 4 | 《关于印发国家发展改革委核报国务院核准或审批的固定资产投资项目目录（试行）的通知》 | 国家发展改革委 | 发改投资〔2004〕1927 号 | 2004 年 9 月 6 日 | 对列入国务院批准的发展建设规划的企业投资项目，由国家发展改革委核准后报国务院备案；规定需报国务院审批的政府投资项目，原则上由国务院审批可行性研究报告。 | 《国家发展改革委核报国务院核准或审批的固定资产投资项目目录（试行）》中的固定资产投资项目。 |

续表

| 序号 | 政策名称 | 颁布机构 | 文号/令号 | 颁布日期 | 主要内容 | 适用范围 |
| --- | --- | --- | --- | --- | --- | --- |
| 5 | 《企业投资项目核准暂行办法》 | 国家发展改革委 | 中华人民共和国国家发展和改革委员会第 19 号令 | 2004 年 9 月 15 日 | 企业投资建设实行核准制的项目，应按国家有关要求编制项目申请报告，报送项目核准机关。项目核准机关应依法进行核准，并加强监督管理。 | 企业投资项目。 |
| 6 | 《国家发展改革委关于印发〈国家发展改革委委托投资咨询评估管理办法〉的通知》 | 国家发展改革委 | 发改投资〔2004〕1973 号 | 2004 年 9 月 15 日 | 明确了国家发展改革委委托投资咨询评估的适用范围、条件、规则和程序等相关内容。 | 国家发展改革委审批或核报国务院审批的政府投资项目的项目建议书、可行性研究报告；国家发展改革委核准或核报国务院核准的企业投资项目的项目申请报告；国家发展改革委审批或核报国务院审批的重要领域的发展建设规划；国家发展改革委委托的其他事项。 |
| 7 | 《境外投资项目核准暂行管理办法》 | 国家发展改革委 | 中华人民共和国国家发展和改革委员会第 21 号令 | 2004 年 10 月 9 日 | 规范对境外投资项目的核准管理，明确了核准机关及权限、核准程序、项目申请报告、核准条件及效力、附则等内容。 | 适用于中华人民共和国境内各类法人（以下称“投资主体”），及其通过在境外控股的企业或机构，在境外进行的投资（含新建、购并、参股、增资、再投资）项目的核准。投资主体在香港特别行政区、澳门特别行政区和台湾地区进行的投资项目的核准，适用本办法。 |

续表

| 序号 | 政策名称 | 颁布机构 | 文号/令号 | 颁布日期 | 主要内容 | 适用范围 |
|---|---|---|---|---|---|---|
| 8 | 《外商投资项目核准暂行管理办法》 | 国家发展改革委 | 中华人民共和国国家发展和改革委员会第22号令 | 2004年10月9日 | 规范对外商投资项目的核准管理，明确了核准机关及权限、项目申请报告、核准程序、核准条件及效力、变更及其核准、附则等内容。 | 适用于中外合资、中外合作、外商独资、外商购并境内企业、外商投资企业增资等各类外商投资项目的核准。 |
| 9 | 《建设项目用地预审管理办法》 | 国土资源部 | 中华人民共和国国土资源部第27号令 | 2004年11月1日 | 明确了国土资源管理部门在建设项目审批、核准、备案阶段，依法对建设项目涉及的土地利用事项进行的审查相关内容。 | 中国境内建设的固定资产投资项目。 |
| 10 | 《国家发展改革委关于实行企业投资项目备案制指导意见的通知》 | 国家发展改革委 | 发改投资〔2004〕2656号 | 2004年11月25日 | 要求对企业投资项目实行备案制。省级人民政府应当在备案制办法中对备案内容作出明确规定。除不符合法律法规、产业政策禁止发展、需报政府核准或审批的项目外，应当予以备案；对于不予备案的项目，应当向提交备案的企业说明法规政策依据。 | 企业投资项目。 |

续表

| 序号 | 政策名称 | 颁布机构 | 文号/令号 | 颁布日期 | 主要内容 | 适用范围 |
|---|---|---|---|---|---|---|
| 11 | 《国家环保总局、国家发展改革委关于加强建设项目环境影响评价分级审批的通知》 | 国家环保总局、国家发展改革委 | 环发〔2004〕164 号 | 2004 年 12 月 2 日 | 建设对环境有影响的项目，不论投资主体、资金来源、项目性质和投资规模，应当依照《环境影响评价法》和《建设项目环境保护管理条例》的规定，进行环境影响评价，向有审批权的环境保护行政主管部门报批环境影响评价文件。实行审批制的建设项目，建设单位应当在报送可行性研究报告前完成环境影响评价文件报批手续；实行核准制的建设项目，建设单位应当在提交项目申请报告前完成环境影响评价文件报批手续；实行备案制的建设项目，建设单位应当在办理备案手续后和项目开工前完成环境影响评价文件报批手续。由国务院投资主管部门核准或审批的建设项目，或由国务院投资主管部门核报国务院核准或审批的建设项目，其环境影响评价文件原则上由国家环境保护总局审批。 | 中国境内建设的固定资产投资项目。 |
| 12 | 《国家发展改革委关于改进和完善报请国务院审批或核准的投资项目管理办法》 | 国家发展改革委 | 发改投资〔2005〕76 号 | 2005 年 7 月 14 日 | 主要内容包括规范审批流程和明确职责分工，通过明确和简化审批流程、创新和优化审批程序、规范和严格审批活动，为企业提供了更加清晰的指导和便利条件，有助于加快项目审批效率，促进投资活动的健康发展。 | 《国家发展改革委核报国务院核准或审批的固定资产投资项目目录（试行）》内符合按照国家有关规定批准的行业和专项发展建设规划以及产业政策要求的项目。 |

续表

| 序号 | 政策名称 | 颁布机构 | 文号/令号 | 颁布日期 | 主要内容 | 适用范围 |
|---|---|---|---|---|---|---|
| 13 | 《国务院关于调整固定资产投资项目资本金比例的通知》 | 国务院 | 国发〔2009〕27 号 | 2009 年 5 月 27 日 | 适当调整各行业固定资产投资项目的最低资本金比例。 | 固定资产投资项目。 |
| 14 | 《银监会关于印发〈项目融资业务指引〉的通知》 | 银监会 | 银监发〔2009〕71 号 | 2009 年 7 月 18 日 | 明确项目融资的定义、贷款人和项目准入条件、风险管理、操作要求等，以促进银行业金融机构项目融资业务健康发展，有效管理项目融资风险。 | 用于建造一个或一组大型生产装置、基础设施、房地产项目或其他项目。 |
| 15 | 《固定资产投资项目节能评估和审查暂行办法》 | 国家发展改革委 | 中华人民共和国国家发展和改革委员会第 6 号令 | 2010 年 9 月 17 日 | 主要内容包括对固定资产投资项目进行节能评估和审查的相关规定，旨在加强节能管理和提高能源利用效率。有助于推动固定资产投资项目在设计、建设和运营过程中充分考虑节能问题，促进节能减排和可持续发展。对于建设单位而言，这意味着必须在项目规划阶段就考虑节能措施，确保项目符合国家节能政策和标准。 | 中国境内建设的固定资产投资项目。 |
| 16 | 《国家发展改革委重大固定资产投资项目社会稳定风险评估暂行办法》 | 国家发展改革委 | 发改投资〔2012〕2492 号 | 2012 年 8 月 16 日 | 对需要开展社会稳定风险评估的重大固定资产投资项目范围作了规定。 | 国家发展改革委审批、核准或者报国务院审批核准的中华人民共和国境内的实施的固定资产投资项目。 |

续表

| 序号 | 政策名称 | 颁布机构 | 文号/令号 | 颁布日期 | 主要内容 | 适用范围 |
|---|---|---|---|---|---|---|
| 17 | 《国家发展改革委办公厅关于印发重大固定资产　投资项目社会稳定风险分析篇章和评估报告 编制大纲（试行）的通知》 | 国家发展改革委 | 发改办投资〔2013〕428号 | 2013年2月17日 | 规范和指导重大固定资产投资项目社会稳定风险分析和评估工作。 | 供有关方面在编制工程项目可行性研究报告（项目申请报告）和开展评估工作中参考。 |
| 18 | 《政府核准投资项目管理办法》 | 国家发展改革委 | 中华人民共和国国家发展和改革委员会第11号令 | 2014年5月14日 | 规范政府对企业投资项目的核准行为，明确项目申请报告的内容及编制、核准程序、核准内容及效力、监督管理和法律责任。 | 企业投资建设实行核准制的项目。 |
| 19 | 《财政部关于推广运用政府和社会资本合作模式有关问题的通知》 | 财政部 | 财金〔2014〕76号 | 2014年9月23日 | 推广运用PPP模式，拓宽城镇化建设融资渠道，促进政府职能转变，完善财政投入及管理方式，明确项目类型、采购程序、融资管理等事宜，做好项目示范工作，切实有效履行财政管理职能。 | 政府和社会资本合作模式。 |
| 20 | 《国务院关于加强地方政府性债务管理的意见》 | 国务院 | 国发〔2014〕43号 | 2014年10月2日 | 建立“借、用、还”相统一的地方政府性债务管理机制，规范地方政府举债融资，实行债务规模控制和预算管理，明确偿债责任，防范化解财政金融风险，促进经济健康发展。 | 地方政府性债务。 |

续表

| 序号 | 政策名称 | 颁布机构 | 文号/令号 | 颁布日期 | 主要内容 | 适用范围 |
|---|---|---|---|---|---|---|
| 21 | 《国务院关于创新重点领域投融资机制鼓励社会投资的指导意见》 | 国务院 | 国发〔2014〕60号 | 2014年11月16日 | 旨在激发市场主体活力和发展潜力，稳定有效投资，打破行业垄断和市场壁垒，切实降低准入门槛，建立公平开放透明的市场规则，营造权利平等、机会平等、规则平等的投资环境，进一步鼓励社会投资特别是民间投资，盘活存量、用好增量，调结构、补短板，服务国家生产力布局，促进重点领域建设，增加公共产品有效供给。 | 公共服务、资源环境、生态建设、基础设施等经济社会发展的薄弱环节。 |
| 22 | 《国家发展改革委关于开展政府和社会资本合作的指导意见》 | 国家发展改革委 | 发改投资〔2014〕2724号 | 2014年12月2日 | 明确PPP模式的适用范围、操作模式、工作机制及政策保障等，鼓励和引导社会资本参与公共服务、基础设施项目建设，规范项目实施，创新投融资机制，增强公共产品供给能力。 | 政府和社会资本合作。 |
| 23 | 《国务院关于调整和完善固定资产投资项目资本金制度的通知》 | 国务院 | 国发〔2015〕51号 | 2015年9月14日 | 对固定资产投资项目资本金制度进行调整和完善。 | 固定资产投资项目。 |
| 24 | 《中共中央国务院关于深化投融资体制改革的意见》 | 国务院 | 中发〔2016〕18号 | 2016年7月18日 | 我国历史上第一份由党中央国务院印发实施的投融资体制改革文件，明确了投融资体制改革的顶层设计，主要内容涉及推进简政放权、优化政府职能、确立企业投资主体地位、创新政府投资管理及服务等方面。 | 全国的投融资活动及其管理。 |

续表

| 序号 | 政策名称 | 颁布机构 | 文号/令号 | 颁布日期 | 主要内容 | 适用范围 |
|---|---|---|---|---|---|---|
| 25 | 《国际金融组织和外国政府贷款赠款管理办法》 | 财政部 | 中华人民共和国财政部第 85 号令 | 2016 年 10 月 11 日 | 规范国际金融组织和外国政府贷款、赠款管理，防范政府债务风险，提高资金使用效益，明确财政部作为政府外债的统一管理部门，负责全国贷款、赠款的统一管理工作，地方财政部门负责本地区相关管理工作，贷款、赠款的使用应符合国民经济和社会发展战略，遵循中期财政规划，体现公共财政职能，促进可持续发展。 | 财政部经国务院批准代表国家统一筹借并形成政府外债的贷款，以及与上述贷款搭配使用的联合融资；财政部或者经国务院批准由财政部代表国家作为受赠方接受的、不以与贷款搭配使用为前提条件的国际赠款。 |
| 26 | 《国务院关于发布政府核准的投资项目目录（2016 年本）的通知》 | 国务院 | 国发〔2016〕72 号 | 2016 年 12 月 12 日 | 进一步加大简政放权、放管结合、优化服务改革力度，确立企业投资主体地位，激发市场主体活力，明确了各级政府对不同领域固定资产投资项目的核准权限和范围。 | 全国固定资产投资项目。 |
| 27 | 《企业投资项目核准和备案管理条例》 | 国务院 | 中华人民共和国国务院第 673 号令 | 2016 年 12 月 14 日 | 旨在简化和明确企业投资项目的审批流程，同时保障国家在关键领域和重大项目的投资安全，赋予地方政府一定的灵活性以适应不同地区的实际情况，主要内容包含了规范政府对企业投资项目的核准和备案行为，转变政府的投资管理职能，并落实企业投资自主权。 | 中国境内的企业所投资建设的固定资产投资项目。 |

续表

| 序号 | 政策名称 | 颁布机构 | 文号/令号 | 颁布日期 | 主要内容 | 适用范围 |
|---|---|---|---|---|---|---|
| 28 | 《关于进一步加强财政部门和预算单位资金存放管理的指导意见》 | 财政部 | 财库〔2017〕76 号 | 2017 年 4 月 12 日 | 规范财政部门和预算单位的资金存放行为，建立健全科学规范、公正透明的资金存放管理机制，防范资金存放安全风险和廉政风险，提高资金存放综合效益。 | 财政部门和预算单位资金存放行为。 |
| 29 | 《全国投资项目在线审批监管平台运行管理暂行办法》 | 国家发展改革委、工业和信息化部、国土资源部、环境保护部、住房城乡建设部、交通运输部、水利部、卫生计生委、国家安全监管总局、国家统计局、中国地震局、中国气象局、国家国防科工局、国家烟草局、国家海洋局、中国民航局、国家文物局、国家能源局 | 中华人民共和国国家发展和改革委员会等 18 个部门 2017 年第 3 号令 | 2017 年 5 月 25 日 | 旨在加强全国投资项目在线审批监管平台的建设、应用和管理，以提高效率和透明度，促进更加规范和便捷的投资环境，主要内容包括在线平台适用于各类项目建设实施全过程的审批、监管和服务，确保在线平台逐步完善、稳定运行并发挥作用。 | 中国各类投资项目。 |

续表

| 序号 | 政策名称 | 颁布机构 | 文号/令号 | 颁布日期 | 主要内容 | 适用范围 |
|---|---|---|---|---|---|---|
| 30 | 《国务院办公厅关于进一步激发民间有效投资活力促进经济持续健康发展的指导意见》 | 国务院办公厅 | 国办发〔2017〕79号 | 2017年9月1日 | 提出充分发挥全国投资项目在线审批监管平台的作用，实现项目网上申报、并联审批、信息公开、协同监管。同时，对民间投资项目报建审批情况进行清理核查，提高审批服务水平，从而激发民间投资的活力，促进经济的持续健康发展。其主要内容涉及深入推进“放管服”改革和开展民间投资项目报建审批情况清理核查。 | 中国境内的所有民间投资项目。 |
| 31 | 《工程咨询行业管理办法》 | 国家发展改革委 | 中华人民共和国国家发展和改革委员会2017年第9号令 | 2017年11月14日 | 规范工程咨询行业管理，明确工程咨询单位及从业人员的从业规则、质量责任、合同管理等，建立资信评价体系，促进工程咨询服务质量提升，保障投资科学决策和规范实施。 | 工程咨询行业。 |
| 32 | 《国家发展改革委关于印发〈不单独进行节能审查的行业目录〉的通知》 | 国家发展改革委 | 发改环资规〔2017〕1975号 | 2017年11月15日 | 旨在深化“放管服”改革，简化行政程序，同时确保节能管理的效率和实效性，主要内容包括对于特定行业内的项目，建设单位无须编制独立的节能报告；并且节能审查机关不会对这些项目进行单独的节能审查。 | 包括风电站、光伏电站、生物质能、地热能、核电站等在内的多个节能减排行业。 |

续表

| 序号 | 政策名称 | 颁布机构 | 文号/令号 | 颁布日期 | 主要内容 | 适用范围 |
|---|---|---|---|---|---|---|
| 33 | 《财政部印发通知规范政府和社会资本合作（PPP）综合信息平台项目库管理》 | 财政部 | 财办金〔2017〕92号 | 2017年11月16日 | 提出规范项目库管理的三大举措：一是实行分类管理，将项目库按阶段分为储备清单和项目管理库；二是统一新项目入库标准，明确不适宜采用PPP模式实施、前期准备工作不到位、未建立按效付费机制的项目不得入库；三是组织开展已入库项目集中清理，将操作不规范、实施条件不具备、信息不完善的项目清理出库。 | 政府和社会资本合作（PPP）项目。 |
| 34 | 《财政部关于推进政府和社会资本合作规范发展的实施意见》 | 财政部 | 财金〔2019〕10号 | 2019年3月7日 | 规范PPP项目运行，明确正负面清单，严格项目入库和财政支出责任监测，防止新增地方政府隐性债务，同时优化发展环境，鼓励民资外资参与，加大融资支持，推动PPP项目规范健康发展。 | 公共服务领域。 |
| 35 | 《政府投资条例》 | 国务院 | 中华人民共和国国务院第712号令 | 2019年4月14日 | 明确了政府投资的资金来源、适用范围和管理原则，旨在提高政府投资效益，规范政府投资行为，激发社会投资活力，并推动经济社会发展与财政收支状况相适应。同时，还强调了政府投资应当符合国家宏观调控政策和财政事权划分改革的要求，以实现更加合理和高效的资源配置。 | 规定了在中国境内使用预算安排的资金进行固定资产投资建设活动的适用范围，这包括新建、扩建、改建和技术改造等各种形式的投资建设活动。 |

续表

| 序号 | 政策名称 | 颁布机构 | 文号/令号 | 颁布日期 | 主要内容 | 适用范围 |
|---|---|---|---|---|---|---|
| 36 | 《关于做好地方政府专项债券发行及项目配套融资工作的通知》 | 中办、国办 | 厅字〔2019〕33号 | 2019年5月30日 | 明确提出支持做好专项债券项目融资工作、进一步完善专项债券管理及配套措施、依法合规推进重大项目融资。 | 地方政府专项债券。 |
| 37 | 《关于进一步落实国家在贫困地区安排的公益性建设项目取消县级和西部连片特困地区地市级配套资金政策的通知》 | 国家发展改革委 | 发改投资〔2019〕1067号 | 2019年6月17日 | 旨在落实国家在贫困地区安排的公益性建设项目，取消县级和西部连片特困地区地市级配套资金政策，以加快贫困地区基础设施建设，确保脱贫攻坚任务的顺利完成。强调要加强扶贫项目的统筹规划，适当提高中央补助标准，增加省级政府的投入力度，积极引导社会资本参与扶贫项目建设，并加强对扶贫项目和资金的监督管理。具体措施包括提高中央预算内投资补助标准、优化政府支出结构、创新投融资机制等。 | 涉及国家在贫困地区安排的公益性建设项目，特别是纳入《“十三五”脱贫攻坚规划》的基础设施和基本公共服务领域项目。 |
| 38 | 《国家发展改革委关于依法依规加强PPP项目投资和建设管理的通知》 | 国家发展改革委 | 发改投资规〔2019〕1098号 | 2019年7月1日 | 加强PPP项目投资和建设管理，提高投资决策科学性，规范项目可行性论证和审查，严格项目审批、核准、备案程序，确保实施方案审核和社会资本遴选依法依规进行，防止过度举债融资，严控地方政府隐性债务风险，并将所有PPP项目纳入全国投资项目在线审批监管平台统一管理。 | PPP项目。 |

续表

| 序号 | 政策名称 | 颁布机构 | 文号/令号 | 颁布日期 | 主要内容 | 适用范围 |
|---|---|---|---|---|---|---|
| 39 | 《国务院关于加强固定资产投资项目资本金管理的通知》 | 国务院 | 国发〔2019〕26 号 | 2019 年 11 月 27 日 | 主要内容包括完善投资项目资本金制度、明确适用范围和性质、分类实施投资项目资本金核算管理等内容，有助于规范固定资产投资项目的资本金管理，提高投资效益，同时防范和控制投资风险，促进经济健康稳定发展。 | 中国境内的企业投资项目和政府投资的经营性项目。 |
| 40 | 《财政部关于印发〈政府和社会资本（PPP）项目绩效管理操作指引〉的通知》 | 财政部 | 财金〔2020〕13 号 | 2020 年 3 月 16 日 | 规范 PPP 项目全生命周期绩效管理，明确绩效目标和指标管理、绩效监控、绩效评价及结果应用等要求，旨在提高公共服务供给质量和效率，保障合作各方合法权益。 | PPP 项目。 |
| 41 | 《国家发展改革委关于规范中央预算内投资资金安排方式及项目管理的通知》 | 国家发展改革委 | 发改投资规〔2020〕518 号 | 2020 年 4 月 1 日 | 明确中央预算内投资资金安排方式的内涵、中央预算内投资资金安排方式的条件、中央预算内投资资金安排方式的要求。 | 使用中央预算内投资资金建设的工程项目。 |
| 42 | 《关于加快地方政府专项债券发行使用有关工作的通知》 | 财政部 | 财预〔2020〕94 号 | 2020 年 7 月 27 日 | 要求合理把握专项债券发行节奏，优化资金投向，依法合规调整用途，严格负面清单管理，加快资金使用进度，加大信息公开力度，健全监督机制，以提高资金使用效益，支持稳投资、稳增长，落实“六稳”“六保”任务。 | 地方政府专项债券。 |

续表

| 序号 | 政策名称 | 颁布机构 | 文号/令号 | 颁布日期 | 主要内容 | 适用范围 |
|---|---|---|---|---|---|---|
| 43 | 《关于印发〈固定资产投资项目代码管理规范〉的通知》 | 国家发展改革委、工业和信息化部、安全部、自然资源部、生态环境部、住房城乡建设部、交通运输部、水利部、国家卫生健康委、应急部、统计局、气象局、能源局、国防科工局、烟草局、林草局、民航局、文物局 | 发改投资〔2020〕1439号 | 2020年9月17日 | 主要内容包括为每个投资项目分配一个全国统一编码，即项目代码，并明确了代码的构成、使用及管理的原则和方法，有助于标准化和规范化我国投资项目的管理流程，提高跨部门的信息共享和协同工作效率，促进投资管理的透明度和便利性。 | 中国境内的全部固定资产投资项目。 |
| 44 | 《财政部关于进一步做好地方政府债券发行工作的意见》 | 财政部 | 财库〔2020〕36号 | 2020年11月4日 | 完善地方政府债券发行机制，提升发行市场化水平，科学设计发行计划，优化债券期限结构，加强项目评估与风险防控，完善信息披露和信用评级，推进地方债券柜台发行，规范发行现场管理，并加强资金拨付和使用管理。 | 地方政府专项债券。 |
| 45 | 《关于印发〈地方政府债券发行管理办法〉的通知》 | 财政部 | 财库〔2020〕43号 | 2020年12月9日 | 规定了地方政府债券的发行管理机制，明确了债券发行的原则、程序、信息披露要求及风险管理措施，旨在规范地方政府债券市场，提高债券资金使用效益和透明度。该办法为地方政府依法合规开展债券融资提供了制度保障。 | 地方政府专项债券。 |

续表

| 序号 | 政策名称 | 颁布机构 | 文号/令号 | 颁布日期 | 主要内容 | 适用范围 |
|---|---|---|---|---|---|---|
| 46 | 《全国固定资产投资项目代码编码规范》 | 国家发展改革委、国家市场监督管理总局、国家标准化管理委员会 | GB/T 40058－2021 | 2021 年 4 月 30 日 | 该国家标准进一步规范政府对企业投资项目的核准和备案行为，为固定资产投资项目提供了统一的代码制度，便于汇集审批、建设、监管等项目信息，实现信息共享和公开，提高透明度。 | 全国固定资产投资项目。 |
| 47 | 《保障性租赁住房中央预算内投资专项管理暂行办法》 | 国家发展改革委 | 发改投资规〔2021〕696 号 | 2021 年 5 月 20 日 | 旨在推动扩大保障性租赁住房供给，规范中央预算内投资支持保障性租赁住房建设的项目管理，并提高资金使用效益。 | 涉及中央预算内投资支持的保障性租赁住房建设项目的管理。 |
| 48 | 《关于印发〈地方政府专项债券用途调整操作指引〉的通知》 | 财政部 | 财预〔2021〕110 号 | 2021 年 9 月 8 日 | 规范地方政府专项债券用途调整的条件、程序和管理要求，明确在特定情形下可调整专项债券资金用途，并要求严格履行审批程序，确保资金使用绩效和债务风险防控。 | 地方政府专项债券。 |
| 49 | 《国家发展改革委关于印发〈应急救援中心及安全生产监管监察能力建设中央预算内投资专项管理暂行办法〉的通知》 | 国家发展改革委 | 发改投资规〔2021〕1223 号 | 2021 年 12 月 10 日 | 为加强对中央预算内投资项目的监督管理，规范项目实施和资金使用，保障和提高中央预算内投资综合效益。 | 由国家发展改革委安排中央预算内投资支持的固定资产投资项目。 |

续表

| 序号 | 政策名称 | 颁布机构 | 文号/令号 | 颁布日期 | 主要内容 | 适用范围 |
|---|---|---|---|---|---|---|
| 50 | 《国家发展改革委关于进一步推进投资项目审批制度改革的若干意见》 | 国家发展改革委 | 发改投资〔2021〕1813 号 | 2021 年 12 月 15 日 | 从明确和简化投资审核管理、创新和优化投资审批程序、规范和严格投资审批活动、加强和改进投资监督管理四方面提出 12 项任务，旨在推进投资项目审批制度改革，提升投资建设全流程的科学化、规范化、便利化水平。 | 投资项目审批制度。 |
| 51 | 《国家发展改革委关于做好基础设施领域不动产投资信托基金（REITs）新购入项目申报推荐有关工作的通知》 | 国家发展改革委 | 发改投资〔2023〕236 号 | 2022 年 8 月 12 日 | 针对基础设施领域不动产投资信托基金（REITs）的新购入项目申报推荐相关工作进行通知。 | 基础设施领域的不动产投资信托基金（REITs）项目。 |
| 52 | 《国家发展改革委办公厅关于做好盘活存量资产扩大有效投资有关工作的通知》 | 国家发展改革委 | 发改办投资〔2022〕561 号 | 2022 年 8 月 12 日 | 旨在通过建立协调机制、灵活运用多种方式和加快资金使用，推动各地盘活存量资产，以扩大有效投资和促进经济增长。 | 该通知适用于各省、自治区、直辖市及计划单列市、新疆生产建设兵团发展改革委。涉及的存量资产包括基础设施、老旧厂房、文化体育场馆、闲置土地等。 |
| 53 | 《关于进一步推动政府和社会资本合作（PPP）规范发展、阳光运行的通知》 | 财政部 | 财金〔2022〕119 号 | 2022 年 11 月 11 日 | 围绕高质量发展目标，从做好项目前期论证、推动项目规范运作、严防隐性债务风险、保障项目阳光运行四方面进一步规范 PPP 发展路径。 | 政府和社会资本合作（PPP）项目。 |

续表

| 序号 | 政策名称 | 颁布机构 | 文号/令号 | 颁布日期 | 主要内容 | 适用范围 |
| --- | --- | --- | --- | --- | --- | --- |
| 54 | 《重大水利工程等农林水气项目前期工作中央预算内投资专项管理办法》 | 国家发展改革委 | 发改投资规〔2023〕183号 | 2023年2月20日 | 旨在充分发挥中央预算内投资的引导带动作用，规范重大水利工程等农林水气项目的前期工作和中央预算内投资管理。 | 涉及重大水利工程等农林水气项目的前期工作和中央预算内投资的管理。 |
| 55 | 《国家发展改革委关于印发投资项目可行性研究报告编写大纲及说明的通知》 | 国家发展改革委 | 发改投资规〔2023〕304号 | 2023年4月11日 | 可研大纲立足新发展阶段，贯彻新发展理念，在2002年《投资项目可行性研究指南（试用版）》基础上，坚持以着力推动投资高质量发展为主线，按照政府投资项目和企业投资项目分类管理的总体思路，围绕项目建设必要性、方案可行性及风险可控性等三大目标，更加注重发挥重大战略、重大规划和产业政策的引领作用，更加注重从项目全生命周期出发统筹拟定项目投融资和建设实施方案，更加注重经济、社会、环境等新评价理念的应用，更加注重可行性研究重点内容的前后逻辑和统筹协调，将扩大内需、碳达峰碳中和、自主创新，以及投资建设数字化等新要求有机融入可行性研究制度规范。 | 适用于我国境内各行业各类投资项目的可行性研究工作。 |

续表

| 序号 | 政策名称 | 颁布机构 | 文号/令号 | 颁布日期 | 主要内容 | 适用范围 |
|---|---|---|---|---|---|---|
| 56 | 《固定资产投资项目节能审查办法》 | 国家发展改革委 | 中华人民共和国国家发展和改革委员会2023年第2号令 | 2023年3月28日 | 旨在通过节能审查，确保固定资产投资项目在设计、建设和运营过程中高效合理地使用能源，防止能源浪费，并推动实现碳达峰和碳中和目标，主要内容包括完善能源消耗总量和强度调控、促进科学合理利用能源、加强用能管理等。 | 适用于各级人民政府投资主管部门管理的在我国境内建设的固定资产投资项目。 |
| 57 | 《财政部关于印发〈国际金融组织和外国政府贷款项目全生命周期管理暂行办法〉的通知》 | 财政部 | 财国合〔2023〕22号 | 2023年10月30日 | 规范国际金融组织和外国政府贷款项目的全生命周期管理，从项目征集、申报、备选项目规划编制，到项目准备、对外磋商与谈判、签约与生效、实施、完工、绩效评价与审计、贷款偿还以及监督检查等各环节进行全流程管理，提升项目管理效率和质量。 | 国际金融组织和外国政府贷款项目。 |
| 58 | 《国务院办公厅转发国家发展改革委、财政部〈关于规范实施政府和社会资本合作新机制的指导意见〉的通知》 | 国家发展改革委、财政部 | 国办函〔2023〕115号 | 2023年11月9日 | 从准确把握新机制的总体要求、规范推进建设实施、切实加强运营监管、加大政策保障力度等四方面提出十八条具体意见。 | 政府和社会资本合作项目。 |

续表

| 序号 | 政策名称 | 颁布机构 | 文号/令号 | 颁布日期 | 主要内容 | 适用范围 |
|---|---|---|---|---|---|---|
| 59 | 《关于印发〈生态环境导向的开发（EOD）项目实施导则（试行）〉的通知》 | 生态环境部办公厅、国家发展改革委办公厅、中国人民银行办公厅、金融监管总局办公厅 | 环办科财〔2023〕22 号 | 2023 年 12 月 22 日 | 规范 EOD 项目全过程管理，包括项目谋划、设计、实施、评估、监督等环节，推动生态环境治理与关联产业有效融合、增值反哺，实现生态环境治理外部经济性内部化，践行绿水青山就是金山银山理念。 | 采用 EOD 模式实施的项目。 |
| 60 | 《中央预算内投资项目监督管理办法》 | 国家发展改革委 | 中华人民共和国国家发展和改革委员会第 10 号令 | 2023 年 12 月 29 日 | 旨在加强对中央预算内投资项目的监督管理，规范项目实施和资金使用，保障和提高中央预算内投资综合效益。 | 国家发展改革委安排中央预算内投资支持的固定资产投资项目。 |
| 61 | 《固定资产贷款管理办法》 | 国家金融监督管理总局 | 国家金融监督管理总局令（2024 年第 1 号） | 2024 年 1 月 30 日 | 规定了固定资产投资项目的合法管理程序，包括符合国家产业、土地、环保等相关政策的要求，规范了银行业金融机构固定资产贷款业务经营行为，加强固定资产贷款审慎经营管理，促进固定资产贷款业务健康发展。 | 符合国家相关政策的固定资产投资项目。 |
| 62 | 《基础设施和公用事业特许经营管理办法》 | 国家发展改革委、财政部、住房城乡建设部、交通运输部、水利部、中国人民银行 | 中华人民共和国国家发展和改革委员会、中华人民共和国财政部、中华人民共和国住房和城乡建设部、中华人民共和国交通运输部、中华人民共和国水利部、中国人民银行令第 17 号 | 2024 年 3 月 28 日 | 规范基础设施和公用事业特许经营活动，明确特许经营的定义、方式、原则等，鼓励和引导社会资本参与，保护特许经营者合法权益，激发民间投资活力，保障社会公共利益和公共安全，促进经济社会持续健康发展。 | 中华人民共和国境内的交通运输、市政工程、生态保护、环境治理、水利、能源、体育、旅游等基础设施和公用事业领域的特许经营活动。 |

续表

| 序号 | 政策名称 | 颁布机构 | 文号/令号 | 颁布日期 | 主要内容 | 适用范围 |
|---|---|---|---|---|---|---|
| 63 | 《国家发展改革委关于全面推动基础设施领域不动产投资信托基金（REITs）项目常态化发行的通知》 | 国家发展改革委 | 发改投资〔2024〕1014 号 | 2024 年 7 月 6 日 | 构建常态化发行机制，以市场化、法治化为遵循，以制度化、标准化、规范化为原则，全面改进申报推荐制度，进一步明确审核内容，优化政策空间，简化推荐程序，压实各方责任。 | 基础设施领域不动产投资信托基金（REITs）项目。 |
| 64 | 《国家发展改革委办公厅关于进一步做好政府和社会资本合作新机制项目规范实施工作的通知》 | 国家发展改革委 | 发改办投资〔2024〕1013 号 | 2024 年 12 月 24 日 | 提出以下八方面工作：（一）高度重视 PPP 新机制规范实施；（二）严格聚焦使用者付费项目；（三）合理使用特许经营模式；（四）优先选择民营企业参与；（五）规范盘活存量资产；（六）加强特许经营方案把关；（七）做好信息填报和审核把关；（八）强化事中事后监管。 | PPP 新机制项目。 |
| 65 | 《国务院办公厅关于优化完善地方政府专项债券管理机制的意见》 | 国务院办公厅 | 国办发〔2024〕52 号 | 2024 年 12 月 25 日 | 《意见》从扩大专项债券投向领域和用作项目资本金范围、完善专项债券项目预算平衡、优化专项债券项目审核和管理机制、加快专项债券发行使用、强化专项债券全流程管理、加强专项债券监督问责、强化保障措施等七方面提出十七条措施。 | 地方政府专项债券。 |

## 三、新形势下固定资产投资的重要意义

在新时代的浪潮中，固定资产投资承载着推动国家经济社会全面发展的重要使命。它不仅是经济增长的强劲引擎，更是转型升级的助推器，优化资源配置的桥梁，以及改善民生、增强国家竞争力的关键力量。

### （一）引领经济增长与转型升级

固定资产投资，作为推动经济增长的“主力军”，通过加大对基础设施、产业升级、科技创新等领域的投入，持续释放内需潜力，扩大就业市场，为经济增长注入源源不断的动力。同时，它也是推动经济转型升级的“催化剂”，引导资本流向新兴产业、绿色经济和智能制造等前沿领域，助力产业结构优化升级，为经济高质量发展铺就坚实道路。

### （二）优化资源配置与提升效率

固定资产投资在优化资源配置、提升经济运行效率方面发挥着不可替代的作用。通过投资建设基础设施和公共服务设施，改善投资环境，降低物流成本，提高资源配置效率。同时，固定资产投资还能推动技术进步和制度创新，激发市场活力，提升生产效率和经济效益。通过优化投资结构，引导资本流向更高效、更环保的领域，实现可持续发展。

### （三）筑牢社会稳定与民生福祉

固定资产投资在维护社会稳定和改善民生方面发挥着至关重要的作用。它加大对教育、医疗、文化、社保等领域的投入，提升公共服务水平，满足人民群众的基本需求，增强社会福祉。同时，固定资产投资还能创造大量就业机会，提高居民收入，缓解社会矛盾和压力。通过改善基础设施和公共服务设施，提升城市的宜居性和吸引力，让人民群众在发展中拥有更多获得感和幸福感。

### （四）彰显国家竞争力与国际影响力

固定资产投资在提升国家竞争力和国际影响力方面发挥着举足轻重的作用。它加大对关键领域和核心技术的投资，推动科技创新和产业升级，提升国家的产业竞争力和国际地位。同时，固定资产投资还能改善国家的投资环境和营商环境，吸引更多的外资和国际合作，推动开放型经济发展。通过投资建设重大项目和标志性工程，展示国家的综合实力和国际形象，增强国家的国际话

语权和影响力。

在新形势下，固定资产投资的多重意义愈发凸显。我们应深刻认识其重要性，加大投入力度，优化投资结构，提升投资效益，让固定资产投资成为推动我国经济社会持续健康发展的强大动力。

# 第十三章　固定资产投资项目融资

## 一、项目融资的概念与性质

### （一）固定资产投资项目融资的概念

本书所指固定资产投资项目融资（Fixed Asset Project Financing），是指项目法人（融资主体）为建设、购置、改造固定资产，并依赖其经营收入为主要还款来源对外进行项目资金筹措的一种负债行为。

### （二）固定资产投资项目融资的性质

固定资产投资项目融资与公司流动资金贷款及其他短期资金拆借有着严格的区别。

第一，固定资产投资项目融资有事先确定的专门用途。只能用于事先明确的建造、购置、改建、扩建或者更新改造的特定项目。

第二，固定资产投资项目融资有与项目投资回收期相匹配的融资期限。一般固定资产贷款期限 10 年，重大水利、交通等基础设施项目融资期限可达 40 年。

第三，固定资产投资项目融资有明确的主要还款来源。主要依赖该项目产生的销售收入、补贴收入或其他收入。

在固定资产投资项目中，资金如同“粮草”，是项目的“血液”，是成功的关键。本章重点阐述固定资产投资项目的资金来源、融资渠道。

## 二、固定资产投资项目资金来源

### （一）固定资产项目总投资

项目总投资包括建设投资、建设期利息和流动资金。

### （二）项目资金来源

项目资金来源有自有资金全额投资、自有资金 + 项目融资等形式。项目资金除项目投资人投资外，其不足部分通过申请财政资金、金融机构固定资产项目贷款及其他借款作为补充来源。如图 13－1 所示。

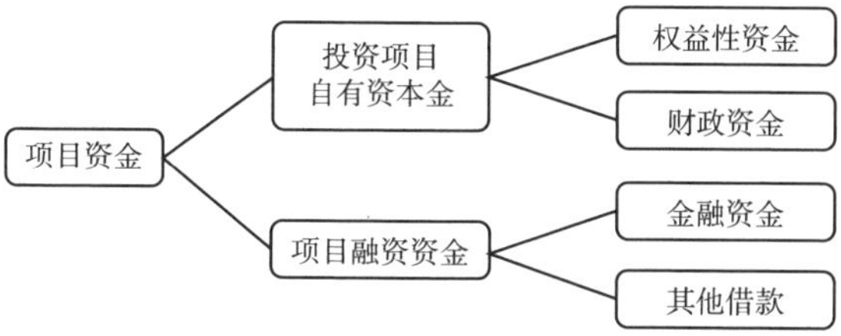


**图 13－1　项目资金来源示意**

## 三、固定资产投资项目融资渠道与模式

2016 年 7 月，中共中央、国务院发布了《关于深化投融资体制改革的意见》，要求“创新机制，畅通渠道。打通投融资渠道，拓宽投资项目资金来源，充分挖掘社会资金潜力，让更多储蓄转化为有效投资，有效缓解投资项目融资难融资贵问题。”依托多层次资本市场体系，拓宽投资项目融资渠道，我国固定资产投资项目资金来源渠道得到了进一步拓宽，逐步形成了“金融融资资金”“民间社会资本资金”“财政资金”三大渠道，如图 13－2 所示。

### （一）金融融资渠道

该主渠道分为政策性银行、商业性银行的固定资产项目贷款和资本市场的融资融券。

#### 1. 政策性金融渠道

国家开发银行、中国农业发展银行、中国进出口银行为我国三大政策性金融机构。要求充分发挥政策性、开发性金融机构积极作用，根据宏观调控需要，加强对政策性、开发性的国家战略、国家安全、生态环保、平急两用、城中村、城乡基础设施、科技创新、乡村振兴等重大项目和工程的资金支持力度。

#### 2. 商业性金融渠道

主要有工商银行、农业银行、中国银行、建设银行、交通银行、邮储银行等六大国有商业银行，招商银行、中信银行、光大银行等十二大股份制商业银行以及 4600 多家商业银行机构。重点支持既有经济效益又有社会效益的固定

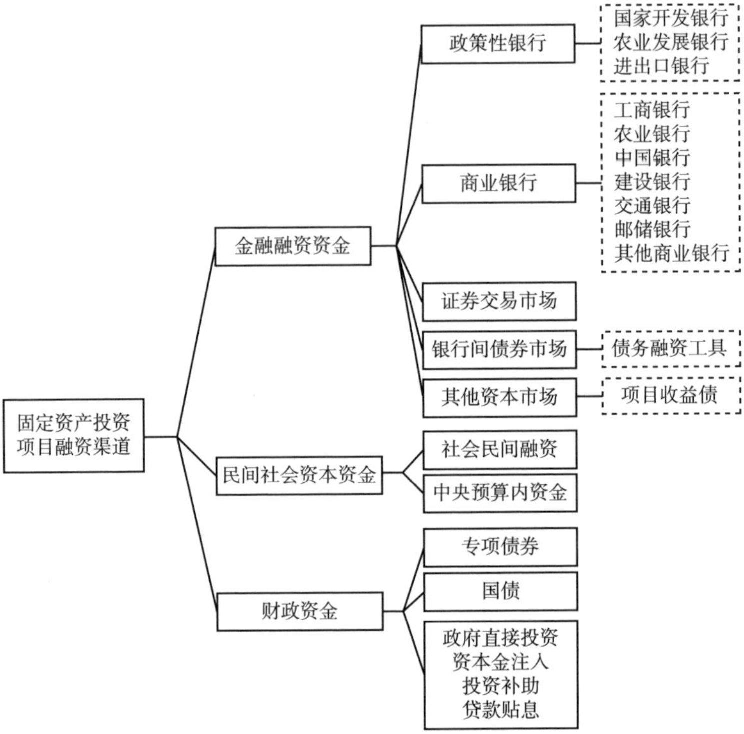


**图 13－2　固定资产投资项目融资渠道示意**

资产投资项目。

政策性金融和商业性金融渠道主要是项目融资，即固定资产贷款模式。

**3. 银行固定资产项目贷款**

我国固定资产投资项目第一大资金来源是银行，银行固定资产贷款是我国固定资产投资项目融资的主要模式。截至 2024 年 7 月末，全国金融机构国内中长期贷款余额达 167.96 万亿元，占国内各项贷款总额的 66.89%。

为加强规范我国固定资产贷款管理规范，国家金融监督管理总局签发了 2024 年 1 号令，重新修订发布了《固定资产贷款管理办法》，于 2024 年 7 月 1 日起实施。

根据此办法，有以下八个要点和重要内容必须重点把握和关注。

（1）固定资产贷款含义：是指发放给借款人用于固定资产投资的贷款。

（2）固定资产投资：是指借款人在经营过程中对于固定资产的建设、购置、改造等行为。

（3）贷款用途：用于建造一个或一组大型生产装置、基础设施、房地产项目或其他项目，包括对在建或已建项目的再融资。

（4）借款主体：为建设、经营该项目或为该项目融资而专门组建的企事业法人，包括既有企事业法人或新设法人。

（5）还款来源：主要依赖该项目产生的销售收入、补贴收入或其他收入，一般不具备其他还款来源。

（6）集团客户统一授信：对借款人及借款人所在集团客户的统一授信管理，建立风险限额管理制度。

（7）贷款期限：固定资产贷款期限一般不超过十年。确需超过十年贷款的，应上报由总行负责审批。

（8）开立项目专用账户，对项目全生命周期资金使用和项目收益来源进行监控，贷款发放和支付应通过该账户办理，要求所有项目收入进入约定账户，并按照事先约定的条件和方式对外支付。贷款人应当对项目收入账户进行动态监测。

**4. 资本市场融资**

主要包括证券市场、银行间债券市场和其他资本市场。大力发展直接融资，支持有真实经济活动支撑的资产证券化，盘活存量资产，优化金融资源配置，更好地服务投资兴业。结合国有企业改革和混合所有制机制创新，优化能源、交通等领域投资项目的直接融资。包括基金、信托、REITs 等。根据我国固定资产投资基础设施项目特点，本书重点介绍 REITs。

**5. 基础设施领域不动产投资信托基金（REITs）**

（1）REITs 概念：基础设施领域不动产投资信托基金简称 REITs，是指将存量基础设施资产中有持续、稳定收益的项目，在证券交易所公开发行，通过证券化方式将其转化为流动性较强的、可上市交易的标准化、权益型、强制分红的封闭式公募基金。

（2）REITs 行业领域：根据国家发改委 2024 年 7 月 26 日印发的《关于全面推动基础设施领域不动产投资信托基金（REITs）项目常态化发行的通知》，有交通、能源、市政等十三大行业领域的项目可以申报，如表 13 – 1 所示。

**表 13 -1　　REITs 支持行业领域**

| 序号 | 行业领域 | 项目及内容 |
|---|---|---|
| 1 | 交通基础设施 | 收费公路、铁路、机场、港口项目。 |
| 2 | 能源基础设施 | 风电、太阳能发电、水力发电、天然气发电、生物质发电、核电等清洁能源项目；储能设施项目；清洁低碳、灵活高效的燃煤发电（含热电联产煤电）项目；特高压输电项目，增量配电网、微电网、充电基础设施项目。其中，燃煤发电项目应具备以下一项或多项条件：纯凝工况最小发电出力在 30% 额定负荷及以下；掺烧生物质、氢、氨等低碳燃料，掺烧热量比例不低于 10%；配备大规模碳捕集利用与封存（CCUS）设备。 |
| 3 | 市政基础设施 | 城镇供水、供气、供热项目，以及停车场项目。 |
| 4 | 生态环保基础设施 | 城镇污水垃圾处理及资源化利用环境基础设施、固废危废医废处理环境基础设施、大宗固体废弃物综合利用基础设施项目。 |
| 5 | 仓储物流基础设施 | 面向社会提供物品储存服务并收取费用的仓库，包括通用仓库项目以及冷库等专业仓库项目。 |
| 6 | 园区基础设施 | 位于自由贸易试验区、国家级新区、国家级与省级开发区、战略性新兴产业集群的研发平台、工业厂房、创业孵化器、产业加速器、产业发展服务平台等园区基础设施项目。 |
| 7 | 新型基础设施 | 包括数据中心类、人工智能基础设施项目，5G、通信铁塔、物联网、工业互联网、宽带网络项目，智能交通、智慧能源、智慧城市项目。 |
| 8 | 租赁住房 | 包括各直辖市及人口净流入大城市的保障性租赁住房项目、公共租赁住房项目，由专业机构自持、不分拆单独出售且长期用于出租的市场化租赁住房项目，以及专门为园区入驻企业提供配套服务的租赁住房项目（园区范围与“6. 园区基础设施”的范围要求一致）。 |
| 9 | 水利设施 | 具有供水、发电等功能的水利设施项目。 |
| 10 | 文化旅游基础设施 | 包括自然文化遗产、国家 AAAAA 级和 AAAA 级旅游景区项目。在景区规划范围内、产权上归属于同一发起人（原始权益人）的配套旅游酒店可纳入项目底层资产。 |
| 11 | 消费基础设施 | 包括百货商场、购物中心、商业街区、商业综合体、农贸市场等城乡商业网点项目，家居、建材、纺织等各类专业市场项目，以及保障基本民生的社区商业项目。与消费基础设施物理上不可分割、产权上归属于同一发起人（原始权益人）的酒店和商业办公用房，可纳入项目底层资产，其建筑面积占底层资产总建筑面积比例合计原则上不得超过 30%，特殊情况下最高不得超过 50%。 |
| 12 | 养老设施 | 依法登记并在民政部门备案的养老项目。 |
| 13 | 其他 | 符合国家重大战略、发展规划、产业政策等要求的其他基础设施项目。 |

（3）REITs 项目申报的条件要求：申报项目应当权属清晰、资产完整、运营稳定、收益良好，资产规模应满足要求，相关参与方应信用状况良好，具体

见表13－2。

表13－2 REITs项目申报的条件要求

| 序号 | 申报条件 | 具体要求 |
|---|---|---|
| 1 | 项目权属清晰 | 项目应权属清晰、资产范围明确，发起人（原始权益人）依法合规直接或间接拥有项目所有权、经营收益权（含特许经营权，下同），不存在重大经济或法律纠纷。项目公司依法完全持有拟发行基础设施REITs的底层资产。 |
| 2 | 底层资产完整 | 项目原则上应将实现资产功能作用所必需的、不可分割的各组成部分完整纳入底层资产范围；特殊情况下无法全部纳入底层资产的，应采取有力举措保障底层资产运营管理的稳定性。 |
| 3 | 运营收益良好 | 项目运营时间原则上不低于3年，不存在可能对未来长期稳定运营产生重大影响的风险因素。项目收益来源合理分散，直接或穿透后应来源于多个现金流提供方。项目现金流投资回报良好，近3年经营性净现金流均为正。 |
| 4 | 资产规模符合要求 | 对于首次发行基础设施REITs项目，当期目标不动产评估净值原则上不低于10亿元（租赁住房项目和养老设施项目不低于8亿元）。对于因行业共性原因导致确实缺乏其他可扩募资产的项目，以及首次发行规模超50亿元的项目，可适当放宽可扩募资产规模要求。 |
| 5 | 参与方经营状况良好 | 发起人（原始权益人）、项目公司、运营管理机构近3年在投资建设、生产运营、市场监管、税务等方面无重大违法违规记录，未发生重大安全生产事故。发起人（原始权益人）、运营管理机构财务状况良好、经营稳健。 |
| 6 | 中介机构符合执业要求 | 为项目提供服务的律师事务所、会计师事务所、资产评估机构、税务咨询机构以及担任财务顾问的证券公司等中介机构，向国家发展改革委报送时不在严重失信主体名单内，不在被行业主管部门要求暂停执业期间，不在被有关监管机构要求暂停开展。 |

（4）REITs项目合规性要求。应符合国家重大战略、宏观调控政策、产业政策、固定资产投资管理法规制度等要求，从法律法规、投资管理角度具备可转让性，如图13－3所示。

①符合宏观管理政策要求。项目不得与国家重大战略、国家宏观调控政策、国民经济和社会发展总体规划、有关专项规划和区域规划（实施方案）、《产业结构调整指导目录》和相关行业政策规定相违背。外商投资项目还应符合外商投资准入负面清单等有关政策要求。

②投资管理手续齐备。项目应依法依规取得各项固定资产投资管理手续，包括项目审批、核准或备案手续，规划、用地、环评、施工许可、竣工验收以

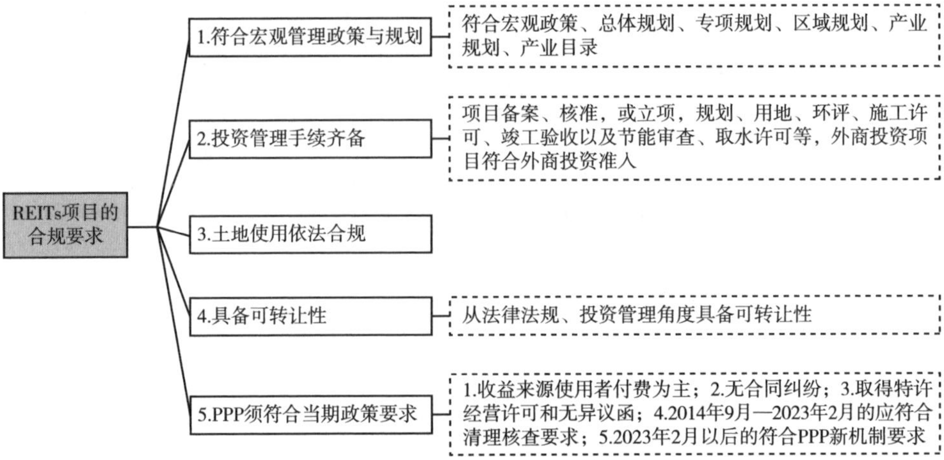


**图 13－3　REITs 项目合规性要求示意**

及节能审查、取水许可等依据相关法律法规应办理的其他重要手续，符合生态保护红线管理的相关规定。外商投资项目应取得国家利用外资有关手续。

③土地使用依法合规。

④从法律法规、政策规定、投资管理等角度具备可转让性。

（5）REITs 项目申报流程（见图 13－4）。

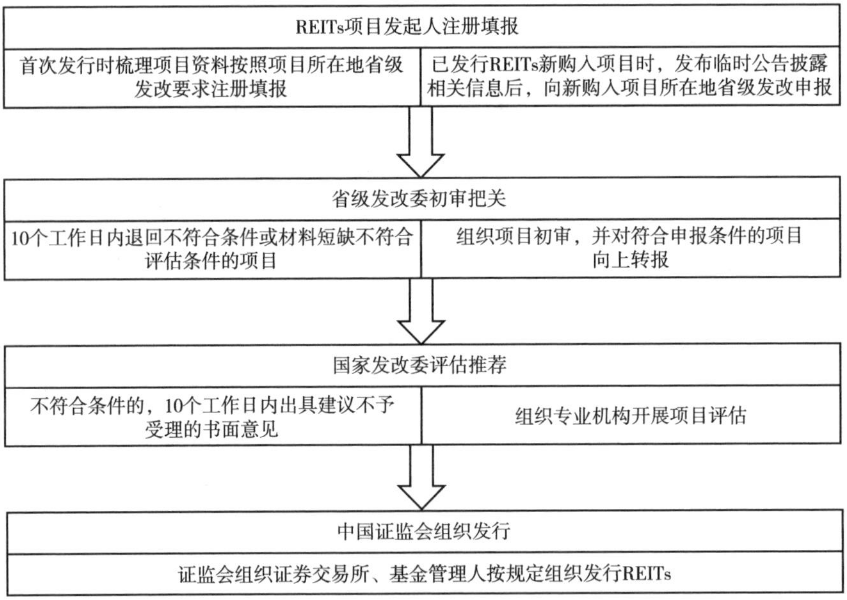


**图 13－4　REITs 项目申报流程示意**

**6. 项目资产证券化融资**

指将经营性和准经营性的固定资产投资项目作为基础资产，以未来收益为支持进行资产证券化融资。如供水、供电、供热、供气、收费公路、可租赁房产等项目，通过发行 ABS、ABN、REITs 等产品实现融资。

（1）资产支持债券（Asset - Backed Security，ABS）。以基础资产所产生的现金流作为收益支持，采用结构化方式，在证券市场发行的证券化融资模式。

（2）资产支持票据（Asset - Backed Medium - term Notes，ABN）。在银行间债券市场发行的，由基础资产所产生的现金流作为还款支持的，约定在一定期限内还本付息的债务融资工具。

**7. 国际金融机构贷款**

国际金融机构贷款主要是世界银行（World Bank）、亚洲开发银行（Asian Development Bank，ADB）等提供的固定资产投资项目贷款，其主要特点是时间长、利率低、手续复杂、审批缓慢。

（1）世界银行（World Bank）贷款：是世界银行以促进发展中国家经济发展和社会进步为目标，对其成员国提供的贷款，其支持重点有能源、交通基础设施、农业、生态环保、教育卫生等社会事业发展领域的项目。

（2）亚洲开发银行（Asian Development Bank，ADB）贷款：以帮助亚太地区发展中成员消除贫困，促进亚太地区的经济和社会发展为目标，向其成员在基础设施、能源、环保、教育和卫生等领域项目通过提供贷款、担保、技术援助，支持经济社会发展。

（二）财政资金渠道

我国固定资产投资项目第二大资金来源是财政。通过中央财政预算内投资、地方政府专项债券、特别国债等模式，筹集固定资产投资建设项目资金（详细参阅第十八章：《政府投资条例》及政府投资项目资金来源指南）。

# 第十四章　固定资产投资项目自有资本金制度

随着经济改革开放，我国固定资产投资由单一政府投资逐步转变为包括内资、外资企业、中外合资企业和个人等多元化投资，没有制定投资者出资要求，没有约束机制，有的用项目“空手套白狼”，全额借款和融资，给借款人和其他相关利益方带来风险。

1996年，为了深化投资体制改革，建立投资风险约束机制，有效地控制投资规模，提高投资效益，促进国民经济持续、快速、健康发展，我国建立了第一个项目资本金制度，其核心是规定项目资本金的比例。国家会根据宏观经济的情况，以及国民经济结构，根据鼓励类项目、限制类项目等需要，动态调整项目资本金的比例。

1996年至今，已发布过5个有关投资项目资本金的规定，分别为《国务院关于固定资产投资项目试行资本金制度的通知》《国务院关于调整部分行业固定资产投资项目资本金比例的通知》《国务院关于调整固定资产投资项目资本金比例的通知》《国务院关于调整和完善固定资产投资项目资本金制度的通知》《国务院关于加强固定资产投资项目资本金管理的通知》。本章关于投资项目资本金的讨论皆以以上5个文件为基础。

## 一、概念

《国务院关于加强固定资产投资项目资本金管理的通知》规定：投资项目资本金作为项目总投资中由投资者认缴的出资额，对投资项目来说必须是非债务性资金，项目法人不承担这部分资金的任何债务和利息；投资者可按其出资比例依法享有所有者权益，也可转让其出资，但不得以任何方式抽回。党中央、国务院另有规定的除外。

## 二、适用范围

《国务院关于加强固定资产投资项目资本金管理的通知》规定："该制度适用于我国境内的企业投资项目和政府投资的经营性项目。"

从该条款可以看出：企业投资的所有项目和政府投资的经营性项目，适用于项目资本金制度；而政府投资的非经营性项目（纯公益性项目），不适用于项目资本金制度（但并未要求不得按照项目资本金制度执行）。

我国政府投资的非经营项目，多数为政府直接投资，项目的全部建设资金由政府通过一般公共预算或地方政府一般债券予以安排，这类项目不存在项目资本金的问题。当然，政府投资的非经营性项目，若通过一定的模式，开展市场化运作后，进行市场化融资，则应按照项目资本金制度执行。

## 三、项目资本金出资方式及来源

第一，投资项目资本金可以用货币出资，也可以用实物、工业产权、非专利技术、土地使用权作价出资。对作为资本金的实物、工业产权、非专利技术、土地使用权，必须经过有资格的资产评估机构依照法律、法规评估作价，不得超过投资项目资本金总额的20%，国家对采用高新技术成果有特别规定的除外。

投资项目资本金一次认缴，根据批准的建设进度按比例逐年到位。

第二，投资者以货币方式认缴的资本金，其资金来源有：

（1）各级人民政府的财政预算内资金、上级补助资金、国家批准的各项专项建设基金、"拨改贷"和经营性基本建设基金回收的本息、土地批租收入、国有企业产权转让收入、地方人民政府按国家有关规定收取的各种规费及其他预算外资金。

（2）国家授权的投资机构及企业法人的所有者权益（包括资本金、资本公积金、盈余公积金和未分配利润、股票上市收益资金等）以及投资者按照国家规定从资金市场上筹措的资金。

（3）社会个人合法所有的资金。

（4）国家规定的其他可以用作投资项目资本金的资金。如《国务院关于加强固定资产投资项目资本金管理的通知》规定："对基础设施领域和国家鼓励发展的行业，鼓励项目法人和项目投资方通过发行权益型、股权类金融工具，多渠道规范筹措投资项目资本金。”

项目借贷资金和不符合国家规定的股东借款、“名股实债”等资金，不得作为投资项目资本金。筹措投资项目资本金，不得违规增加地方政府隐性债务，不得违反国家关于国有企业资产负债率相关要求。

## 四、经批准符合条件的专项债券可作项目资本金

为缓解经济发展压力，从2019年发布的《关于做好地方政府专项债券发行及项目配套融资工作的通知》，首次提出“专项债用作资本金”开始，专项债券做资本金的领域到2024年末已经达到22个行业领域（详细参阅第二十章：地方政府专项债券申报指南）。

## 五、固定资产投资项目资本金比例动态调整情况

笔者根据1996年以来国家对固定资产投资项目资本金比例调整文件，整理出固定资产投资项目资本金比例调整情况表，见表14－1。

表14－1　　中国固定资产投资项目资本金比例调整情况

| 行业 | 1996年 | 2004年 | 2009年 | 2015年 | 2019年 |
|---|---|---|---|---|---|
| 交通运输 | 35%及以上 | | | | |
| 铁路 | | | 25%及以上 | 20%及以上 | 20%及以上 |
| 公路 | | | 25%及以上 | 20%及以上 | 20%及以上 |
| 城市轨道交通 | | | 25%及以上 | 20%及以上 | 20%及以上 |
| 煤炭 | 35%及以上 | | 30%及以上 | 30%及以上 | |
| 钢铁 | 25%及以上 | 40%及以上 | 40%及以上 | 40%及以上 | |
| 邮电 | 25%及以上 | | | | |
| 化肥 | 25%及以上 | | 25%及以上（钾肥除外） | 25%及以上（钾肥除外） | |
| 电力 | 20%及以上 | | | 20%及以上 | |
| 机电 | 20%及以上 | | | | |
| 建材 | 20%及以上 | | | | |
| 化工 | 20%及以上 | | | | |
| 石油加工 | 20%及以上 | | | | |
| 有色 | 20%及以上 | | | | |

续表

| 行业 | 1996 年 | 2004 年 | 2009 年 | 2015 年 | 2019 年 |
|---|---|---|---|---|---|
| 轻工 | 20% 及以上 | | | | |
| 纺织 | 20% 及以上 | | | | |
| 商贸 | 20% 及以上 | | | | |
| 水泥 | 20% 及以上 | 35% 及以上 | 35% 及以上 | 35% 及以上 | |
| 电解铝 | 20% 及以上 | 35% 及以上 | 40% 及以上 | 40% 及以上 | |
| 房地产 | 20% 及以上（不含经济适用房项目） | 35% 及以上 | 30% 及以上 | 25% 及以上 | |
| 保障性住房 | | | 20% 及以上 | 20% 及以上 | |
| 普通商品住房 | | | 20% 及以上 | 20% 及以上 | |
| 电石 | | | 30% 及以上 | 30% 及以上 | |
| 铁合金 | | | 30% 及以上 | 30% 及以上 | |
| 烧碱 | | | 30% 及以上 | 30% 及以上 | |
| 焦炭 | | | 30% 及以上 | 30% 及以上 | |
| 黄磷 | | | 30% 及以上 | 30% 及以上 | |
| 多晶硅 | | | 30% 及以上 | 30% 及以上 | |
| 玉米深加工 | | | 30% 及以上 | 20% 及以上 | |
| 机场 | | | 30% 及以上 | 25% 及以上 | 25% 及以上 |
| 港口 | | | 30% 及以上 | 25% 及以上 | 20% 及以上 |
| 沿海及内河航运 | | | 30% 及以上 | 25% 及以上 | 20% 及以上 |
| 其他 | 20% 及以上 | | 20% 及以上 | 20% 及以上 | |

表 14－1 中项目资本金比例为最低比例要求。在项目实际融资时，融资机构视项目的风险情况，对项目资本金比例向上浮动。

## 六、资本金投资额的计算

计算资本金基数的总投资，是投资项目的资产投资与铺底流动资金之和，具体核定时以经批准的动态概算为依据。关于铺底流动资金是否属于项目资本金其实存在争议，根据《国务院关于固定资产投资项目试行资本金制度的通知》，项目铺底流动资金是项目总投资的一部分，一般是全额流动资金的 30%。

项目资本金＝项目总投资×资本金比例

## 七、金融机构对项目资本金的核查

第一，《固定资产贷款办法》第十二条明确“固定资产贷款申请应符合国家有关投资项目资本金制度的规定”。其相关条款要求“落实具体的责任部门和岗位，履行尽职调查并形成书面报告。尽职调查的主要内容包括：项目资本金等建设资金的来源和可靠性”。

第二，第五十五条规定：“有与贷款同比例的项目资本金到位前发放贷款”情形的，金融监管理部门对其采取相关监管措施或进行处罚。

第三，银行对于资本金审查的底线有两点：

（1）项目资本金不能接来源于借款，而应该是投资者权益性资金，而非债务资金（地方政府专项债券明确许可的除外）。

（2）既有法人企业投入的项目资本金的金额原则上不能超过股东所有者权益。

第四，关于项目资本金认定，需要注意几点：

（1）项目股东投入项目公司的资金，应该先投入项目公司账户，确认为股东投入的资本金，然后再用于项目建设的支出。如果直接从股东账户向项目建设相关方支出，将难以判断股东资金的性质是借款还是本资金。

（2）一些投资规模较大的项目，如电力、地铁等项目，由于投资规模大，股东的资金前期可能大部分体现在项目公司的其他应付款中。对于此类资金，应有充足的证据证明其未来会转为所有者权益，否则不能算作项目资本金。

（3）项目股东有各种债务性资金是正常的，但股东投入项目上的资本金，不能与股东的某笔债务资金直接对应，不能明显反映为来自某笔借款。这一点对于国企借款人和 PPP 项目尤其应注意。

第五，银行对于项目资本金的认定，主要通过分析和评估出资方、出资方式、资本金来源、数额和资本金认缴进度，审核各出资者承诺出资的文件、材料以及资产评估的证明文件及材料等方式进行：

（1）对以货币方式投入的资本金，主要审核项目验资报告、资金到位证明（如银行入账凭证等）、设备及原材料等的购置发票、付款凭证、交易合同以及银行对账单等资料，分析资本金的真实性。

（2）对以实物、知识产权、土地使用权等方式投入的资本金，应收集其权属证明、评估报告等相关资料，重点审查其所有权是否归出资者所有，估价是否合理，是否属于项目建设需要，是否用于项目建设，占资本金总额的比例是否符合规定。

（3）对以发行股票等方式筹集资本金的，重点审核是否经国家有关部门批准，发行成功的可能性等。

（4）审核股东打款给企业的转账凭证。如果股东打款时没有明确备注是资本金，需要企业出具相关说明。企业内部的记账凭证也是银行审核时的必备材料。

## 八、投资项目资本金的审核与监督管理

### （一）项目立项/核准/备案阶段审核

投资项目在可行性研究报告中要就资本金筹措情况作出详细说明，包括出资方、出资方式、资本金来源及数额、资本金认缴进度等有关内容。上报可行性研究报告时须附有各出资方承诺出资的文件，以实物、工业产权、非专利技术、土地使用权作价出资的，还须附有资产评估证明等有关材料。

政府投资项目，有关部门在审批可行性研究报告时要对投资项目资本金筹措方式和有关资金来源证明文件的合规性进行审查，并在批准文件中就投资项目资本金比例、筹措方式予以确认；企业投资项目，提供融资服务的有关金融机构要加强对投资项目资本金来源、比例、到位情况的审查监督。

### （二）项目资本金调整管理

实际动态概算超原标准动态概算，投资项目资本金应以经批准调整后的概算为基数，按比例相应调整，确定各投资方应增加的资本金。实际动态概算超原批准动态概算 10%，概算调整须报原概算审批单位批准。

### （三）项目资本金使用管理

主要使用商业银行贷款的投资项目，投资者应将资本金按分年应到位数量存入其主要贷款银行；主要使用国家开发银行贷款的投资项目，应将资本金存入国家开发银行指定的银行。投资项目资本金只能用于项目建设，不得挪作他用，更不得抽回。

### （四）项目资本金核算管理

项目资本金核算实行分类管理：项目新设独立法人的投资项目，其所有者权益可以全部作为投资项目资本金。未新设独立法人的投资项目，项目单位应设立专门账户，规范设置和使用会计科目，按照国家有关财务制度、会计制度

对拨入的资金和投资项目的资产、负债进行独立核算，并据此核定投资项目资本金的额度和比例。

## 小结

资本金不仅是项目启动和运营所需资金的重要来源，也是衡量项目风险承受能力的关键指标。本章对项目自有资本金制度的全面解析，旨在帮助读者对资本金比例要求、筹集方式、管理和使用等方面的规定有进一步的认识。

# 第十五章　固定资产投资项目融资“三要素”

固定资产投资项目融资，并不是只要有好项目就一定能融资，固定资产投资项目融资，还有两个重要的要素，一个是融资主体，另一个是偿债能力。笔者将它称为固定资产投资项目融资“三要素”，如图 15 – 1 所示。

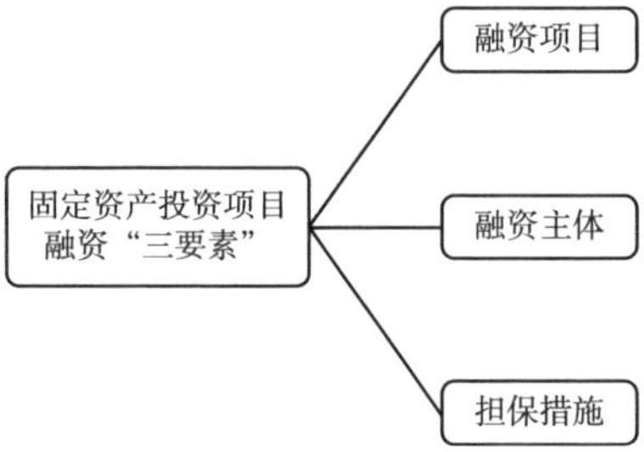


**图 15 – 1　固定资产投资项目融资“三要素”示意**

## 一、融资项目

融资项目好坏关乎着融资债权人资金安全和资金回报。因此，银行金融机构或其他融资债权人十分关注项目的可融资性和切实可行的融资方案。优质的项目是固定资产投资项目融资的基本要素，根据银监会《项目融资业务指引》“贷款人提供项目融资的项目，应当符合国家产业、土地、环保和投资管理等相关政策”要求，笔者根据相关融资机构政策要求及融资经验归纳整理认为，符合融资条件的项目，一般应具备以下主要条件，如图 15 – 2 所示。

（一）项目投融资政策的符合性

项目是否符合国家重大战略、重大项目、相关规划、产业支持政策，是否符合国家财政、金融政策支持范围，是项目融资准入的前提条件。

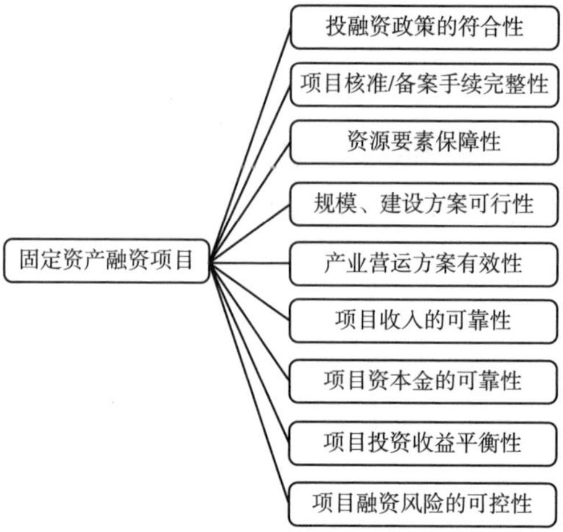


**图 15－2　融资项目的主要条件示意**

（二）项目核准/备案手续完整性

项目可行性研究等前期研究成果是否获得相关部门批复，项目核准或备案手续是否取得和完整，项目前期研究成果是否优质，是项目融资合规性审查的基本条件。

（三）资源要素保障性

项目所需要资源要素的保障性，是项目能否落地的关键要素，项目基本建设条件、所需土地、配套资源、生态环境、能耗、污染排放等约束性要素指标是否能得到保障，是项目可否融资的重要审查条件。

（四）规模、建设方案可行性

项目建设规模、生产规模是否符合市场需求、是否符合企业实际，建设方案、技术方案、设备方案、产品方案是否具有成熟性、先进性、科技创新性，是衡量是否予以融资支持、给予多少资金支持的重要因素。

（五）产业营运方案有效性

项目可持续的收入现金流，是偿债的资金来源，收入要通过项目建成后形成产业的营运，提供产品销售或服务收费来实现。因此营运模式的选择、营运能力和经验、营运组织方案、销售和服务方案，是评估是否给予融资支持的主要条件。

（六）项目收入的可靠性

项目收入测算依据是否充分，项目收费机制、成本价格、产品和服务定价的合理性，意向客户的可靠性，都是评估收入可靠性的重要指标，任何一个指标出现虚假和不实，都有可能造成偿债能力评估的偏差。因此，财务的可持续性和财务现金流的科学、精准测算，是评估融资资金偿还可能性的重要指标。

（七）项目资本金的可靠性

项目资金来源方案是否闭环，除融资资金外，项目资本金比例是否在国家规定的项目资本金最低线以上，是否符合项目资本金是权益性资金而非债务性资金的要求，若项目资金来源有缺口、不闭环，就会造成融资风险。

（八）项目投资收益平衡性

融资项目应当以偿债能力分析为核心，重点从项目财务可行性和还款来源可靠性等方面评估项目风险，充分考虑政策变化、市场波动等不确定因素对项目的影响，审慎预测项目的未来收益和现金流。现金流收益，必须大于投资，其总投资收益率（ROI）、资本金净利润率（ROE）、财务内部收益率（FIRR）、财务净现值（FNPV）、项目投资回收期（Pt）等相关指标要符合相应的财务可行标准。

（九）项目融资风险的可控性

应当充分识别和评估融资项目中存在的建设期风险和经营期风险，包括法律风险、政策风险、筹资风险、完工风险、产品市场风险、超支风险、原材料风险、营运风险、汇率风险、环保风险、安全风险和其他相关风险。融资有风险，评估须谨慎。融资没有终极风险，是融资评估的基本目标。

## 二、融资主体

项目融资主体，就是指借款人，根据银监会《项目融资业务指引》，“借款人通常是为建设、经营该项目或为该项目融资而专门组建的企事业法人，包括主要从事该项目建设、经营或融资的既有企事业法人”。

融资主体是固定资产投资项目融资的关键要素。即便有了很好的项目，但没有很好的项目投资、融资、建设、营运的主体，也是不具备融资条件的。

融资主体作为企事业法人，分为“新设法人”和“既有法人”。

“新设法人”，是指为投资、建设、经营该项目或为该项目融资而专门新组建的企事业法人。

“既有法人”，是指既有的企事业法人为扩大生产新建设项目，该项目的投资、融资、建设、经营主体为原既有企事业法人。

一般情况下，融资主体应具备以下准入条件，如图 15－3 所示。

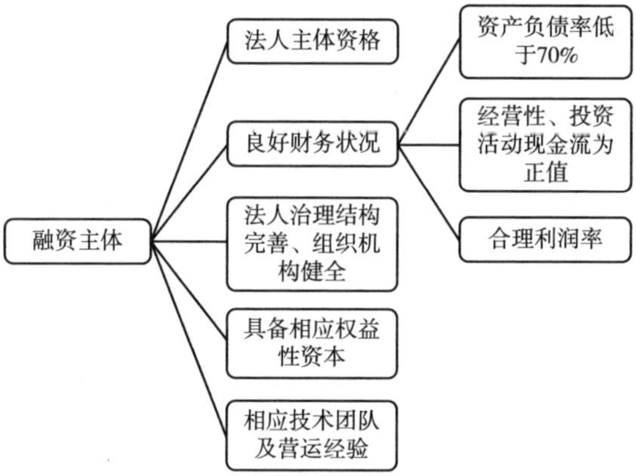


**图 15－3　融资主体的准入条件示意**

第一，融资主体的法人主体资格。依法经市场监督管理部门或主管部门核准登记，符合《民法典》《公司法》等规定的法人主体资格。必须是具有独立民事行为能力的法人或自然人。

第二，融资主体信用状况良好，若为新设项目法人的，其控股股东应信用状况良好。具有良好的财务状况。主要财务指标要求：近三年及当期资产负债率不超过 70%；经营性现金流和投资活动现金流为正；利润不能为负。

第三，融资主体的法人治理结构完善，组织机构健全，股权关系明晰、组织架构、公司治理、内部控制、生产经营、核心主业、资产结构、财务资金状况、融资情况及资信水平等良好。具备对所从事项目的风险识别和管理能力，配备业务开展所需要的专业人员，建立完善的操作流程和风险管理机制。

第四，融资主体具备相应的权益性资本。在公司注册资本金中，实收资本原则上不低于 30%。

第五，融资主体应具备相关资质。国家对拟投资项目有投资主体资格和经营资质要求的，符合其要求，公司经营范围中，应具备与项目内容一致的经营范围，并符合相关资质要求。

第六，融资主体应具有对项目的管理能力、具备相应的技术团队及营运经验，配备项目投资、融资、建设、营运全生命周期的专业技术团队。

## 三、担保措施

（一）项目融资为什么还要设置担保保障措施

我国项目融资之所以要设置担保保障措施，这与固定资产项目融资追索权方式有关。到目前为止，国内外常用的项目融资追索权方式主要有两种，分别是无追索权项目融资和有限追索权项目融资。

第一，无追索权项目融资。无追索权项目融资是指借款人以项目资产作为担保，以项目未来收益现金流作为还款来源的项目融资方式。债权人对该项目所产生的现金流量享有偿债请求权，当项目发生不能偿还债务时，债权人对借款人没有其他任何追索权。

这种项目融资始于20世纪30年代，起源于美国油田开发项目，后来广泛应用于石油、天然气、煤炭、铜、铝等矿产资源的开发。

第二，有限追索权项目融资。有限追索权项目融资是指项目借款人发生无法偿还债务时，债权人可以对项目资产和现金流进行追索。除此之外，债权人有权向第三方担保人追索，但担保人承担的项目债务责任以其提供的担保金额为限。

我国目前采用的是有限追索权项目融资。

因此，项目融资，除要有符合融资条件的项目和主体外，还有一个重要的要素，就是项目融资还款的担保抵押措施。

根据银监会《项目融资业务指引》要求：“应当要求将符合抵质押条件的项目资产和/或项目预期收益等权利为贷款设定担保，并可以根据需要，将项目发起人持有的项目公司股权为贷款设定质押担保。”

“贷款人应当要求成为项目所投保商业保险的第一顺位保险金请求权人，或采取其他措施有效控制保险赔款权益。”

（二）担保主体资格

担保人必须具备担保的主体资格，一是具有民事行为能力；二是具备代为清偿债务的能力；三是具备担保条件。以下情形不具备担保资格：

第一，上市子公司不能为母公司担保。尽管法律上并未明确禁止子公司为母公司提供担保，但在实际操作中，一般不允许子公司为其控股股东、全资出资母公司提供担保。

第二，机关法人不能作为担保人。《民法典》第六百八十三条规定“机关法人不得为保证人”（经国务院批准为使用外国政府或者国际经济组织贷款进行转贷的情况下可以例外）。

第三，公益性法人不能作为担保人。《民法典》第六百八十三条规定“以公益为目的的非营利法人、非法人组织也不得为保证人”，如部队、学校、居委会、村委会等。

（三）抵押担保能力评估

抵押担保能力是指担保人所提供的抵押担保价值变现时是否大于其担保债务本息，足以清偿其所担保全部债务。

（四）担保措施

如图 15－4 所示，一般有三种及其组合担保形式。

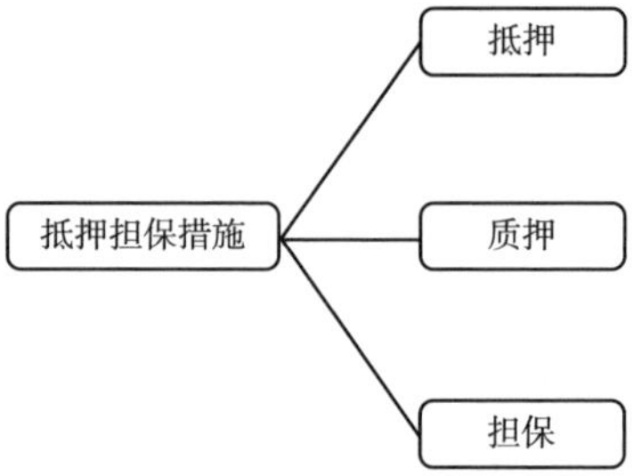


**图 15－4　担保措施示意**

**1. 担保**

指具有担保能力、具备担保资格、征信良好，借款机构或个人以书面合同的形式承诺为债务人在不能正常履行债务偿还时，代其履行偿还义务的行为。

**2. 抵押**

指担保人以土地、房屋、机器设备等固定资产作为抵押，在债务人不能正常履行债务偿还时，以抵押物变现代其履行偿还义务的行为。

**3. 质押**

指担保人以有价证券、债券、存单、股权、土地经营权等权益质押登记，在债务人不能正常履行债务偿还时，以质押物变现或权益转移为其履行偿还义务的行为。

综上所述，固定资产投资项目融资，要具备优质的项目、优良的融资主体和有效的担保抵押措施“三要素”。

# 第十六章　项目融资方案深度分析

根据“可研新大纲”、《建设项目经济评价方法与参数》（第三版）等规范要求和技术方法，结合固定资产投资项目融资“三要素”和笔者团队的实际操作经验，本章拟围绕项目融资的可融资性融资方案的深度分析，以及项目融资能力、相关者担保能力的提升咨询等进行阐述与介绍。

## 一、融资项目财务分析体系结构关系

项目财务分析方法：静态分析与动态分析相结合。静态分析主要用于总投资收益率、资本金净利润率等静态数据的分析；而动态分析主要用于分析项目投资内部收益率、财务净现值、项目投资回收期等动态数据的分析。

财务分析可分为融资前分析和融资后分析：一般先进行融资前分析，在分析结论满足要求的情况下，初步设定融资方案，再进行融资后分析。

融资前分析：以营业收入、建设投资、经营成本和流动资金的估算为基础，分析整个计算期内现金流入和现金流出，编制项目投资现金流量表，利用资金的时间价值原理进行折现，计算项目投资内部收益率和净现值等指标。

融资前分析排除了融资方案变化的影响，从项目总投资获利能力的角度考察项目方案设计的合理性，融资前分析的相关指标，应作为初步投资决策与融资方案研究的依据和基础。

融资后分析：以融资前分析和初步融资方案为基础，分析项目在拟融资条件下的营利能力、偿债能力和财务生存能力，判断项目在融资条件下之可行性。如图 16－1 所示。

融资项目财务分析体系，主要是对“三力”（即项目营利能力、项目偿债能力和项目财务生成能力）的测算分析，如图 16－2 所示。

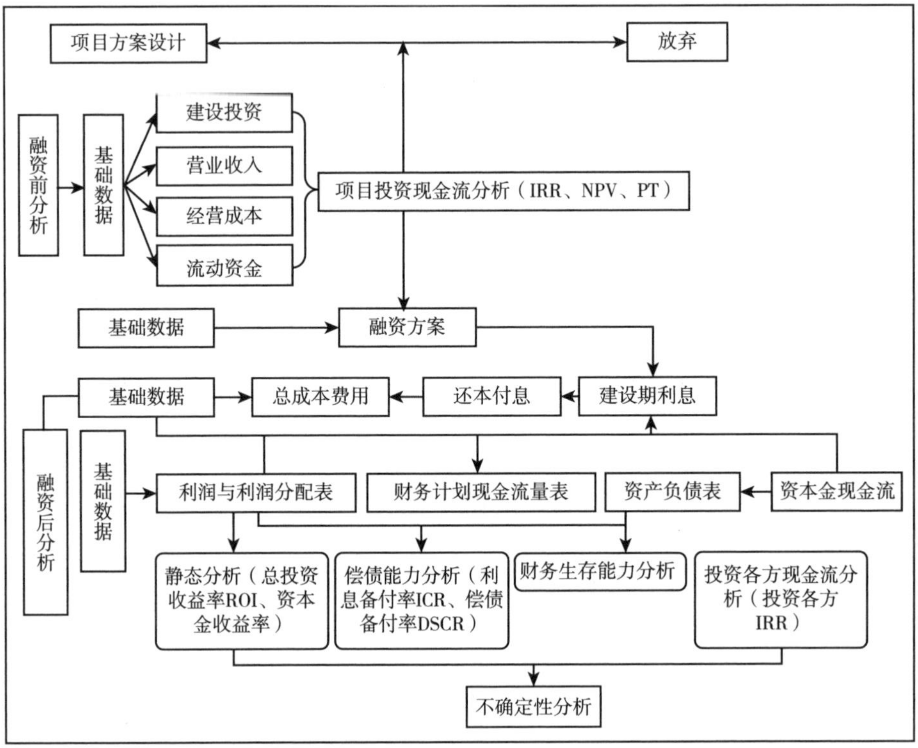


**图 16－1　项目财务分析体系关系示意**

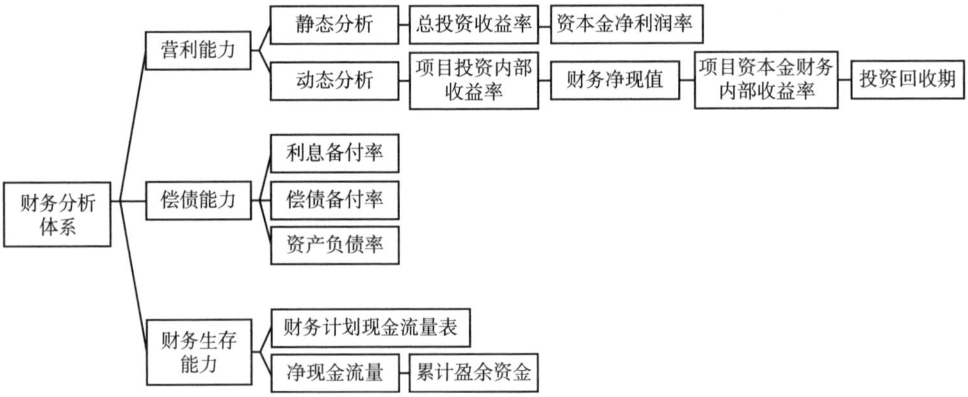


**图 16－2　融资项目财务分析体系示意**

## 二、融资项目营利能力分析

主要包括总投资收益率、资本金净利润率、项目投资内部收益率、财务净现值、项目资本金财务内部收益率和投资回收期。营利能力的主要财务分析模型及指标如图16－3所示。

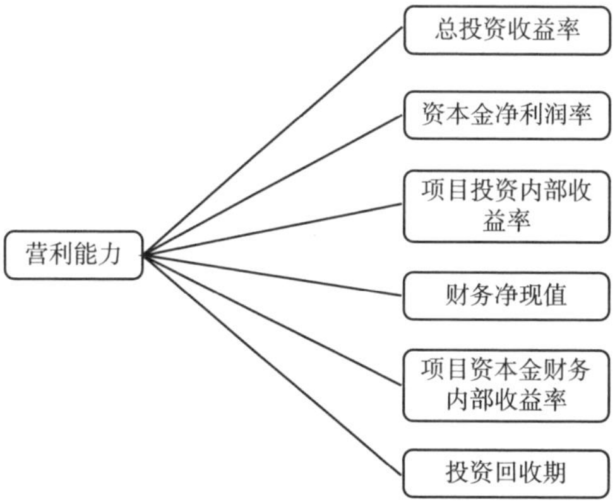


**图16－3　营利能力的主要财务分析模型及指标示意**

（一）总投资收益率（ROI）

总投资收益率是息税前利润与总投资的比值。

ROI = EBIT/TI × 100%

式中：ROI——总投资收益率

EBIT——息税前利润

TI——总投资额

投资利润率 = 年平均利润总额/投资总额 × 100%（年平均利润总额 = 年均产品销售收入 - 年均总成本 - 年均销售税金及附加）

固定资产项目总投资额计算公式如图16－4所示。

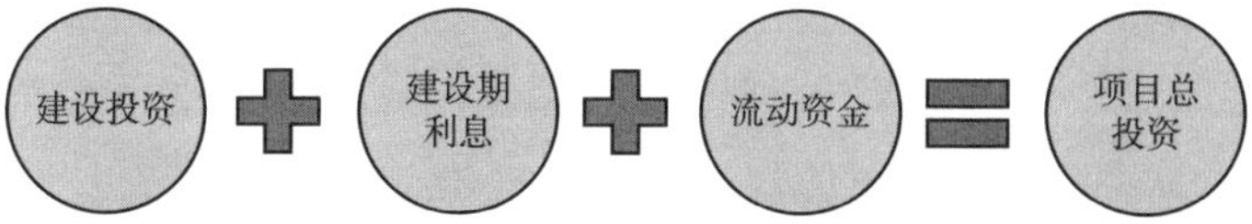


**图16－4　固定资产项目总投资额公式示意**

（二）资本金净利润率（ROE）

资本金净利润率是税后利润与所有者权益的比值。

$$ROE = NP/EC \times 100\%$$

式中：ROE——资本金净利润率

NP——税后利润

EC——所有者权益

（三）财务内部收益率（FIRR）

财务内部收益率是指能使项目计算期内各年财务净现金流量的现值之和等于零时的折现率，也就是使项目的财务净现值等于零时的折现率。计算公式如下：

$$FIRR = \sum_{t=1}^{n}(CI - CO)_t(1 + FIRR)^{-t} = 0$$

式中：CI——现金流入量

CO——现金流出量

$(CI - CO)_t$——第 t 期的净现金流量

n ——项目计算期

项目投资财务内部收益率、资本金财务内部收益率和投资各方财务内部收益率均依据此计算。

当财务内部收益率大于等于所设定的判别基准收益率（i）时，项目财务方案可以考虑接受。

（四）项目资本金财务内部收益率

项目资本金财务内部收益率是税后指标和融资前分析，而项目投资财务内部收益率是税前指标，融资后分析，在建设项目分析中，若项目资本金财务内部收益率可行，那么项目投资内部收益率也一定可行。因为两者现金流入没有区别，但是现金流出区别在于增加借款利利息和所得税。

（五）财务净现值（FNPV）

财务净现值指按照设定的折现率（一般采用部门或行业的基准收益率 i）计算的项目计算期内现金流量的现值之和。计算公式如下：

$$FNPV = \sum_{t=1}^{n}(CI - CO)_t(1 + i_c)^{-t}$$

式中：FNPV——财务净现值

$(CI-CO)_t(1+i_c)^{-t}$——第 t 期净现金流量折算到起始点的现值

t——计算期

n——计算期数

当财务净现值大于等于零时，财务方案可考虑接受。

一般情况下，只计算项目投资财务净现值，可根据需要计算所得税前或所得税后净现值。

（六）项目投资回收期（Pt）

项目投资回收期指项目的净收益回收项目所需要的时间，可分为静态（不折现计算）投资回收期和动态（折现计算）投资回收期。

（1）静态投资回收期：是在不考虑资金时间价值的条件下，以净收益抵偿投资所需要的时间，通常以年为单位，从项目建设开始算起，其表达式如下：

$$\sum_{t=0}^{Pt}(CI-CO)_t=0$$

其中，CI 是现金流入量，CO 是现金流出量，$(CI-CO)_t$ 是第 t 年现金流量。

$$Pt=(\text{累计净现金流量现值出现正值的年数}-1)+\frac{\text{上一年累计净现金流量的绝对值}}{\text{当年净现金流量}}$$

（2）动态投资回收期：是在考虑资金时间价值的条件下，用项目每年的净收益回收全部投资所需要的时间，从项目建设开始算起，其表达式如下：

$$\sum_{t=0}^{Pt}(CI-CO)_t(1+i_c)^{-t}=0$$

其中，i 是折现率，其他符号与静态投资回收期表达式中符号的含义相同。

$$Pt=(\text{累计净现金流量现值出现正值的年数}-1)+\frac{\text{上一年累计净现金流量现值的绝对值}}{\text{出现正值年份当年净现金流量的现值}}$$

评判标准：

当 $Pt\leqslant Pc$（行业基准投资回收期）时，说明项目（或方案）能在要求的时间内收回投资，可行；当 $Pt>Pc$ 时，则项目（或方案）不可行。

式中：T——各年累计净现金流量首次为正数或零的年数。投资回收期越短，表明项目投资回收越快，抗风险能力越强。

## 三、项目偿债能力分析

项目偿债能力分析主要包括利息备付率、偿债备付率和资产负债率，如图 16-5 所示。

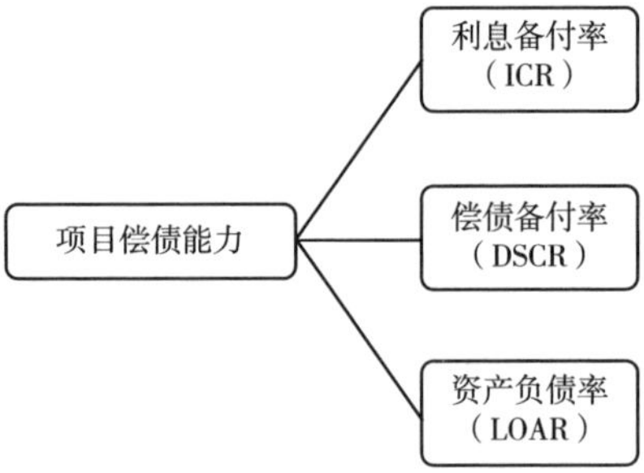


**图 16-5　项目偿债能力分析示意**

### （一）利息备付率（ICR）

利息备付率是借款偿还期内息税前利润（EBIT）与应付利息金额（PI）的比值。从付息资金来源充裕性角度反映项目偿付债务利息的保障程度。其公式为：

$$ICR = \frac{EBIT}{PI}$$

式中：EBIT——息税前利润

PI——计入总成本费用的应付利息

ICR 应分年计算，应大于 1，并结合债权人要求确定。利息备付率越高，表明利息偿付保障程度越高。

### （二）偿债备付率（DSCR）

偿债备付率是借款偿还期内项目可用于还本付息的资金（EBITAD - TAX）与应还本付息金额（PD）的比值，其公式为：

$$DSCR = \frac{EBITAD - TAX}{PD}$$

式中：EBITAD——息税前利润 + 折旧和摊销

TAX——企业所得税

PD——应还本付息金额，包括还本金额和计入总成本费用的全部利息

DSCR 应分年计算，应大于 1，并结合债权人要求确定。

### （三）资产负债率（LOAR）

资产负债率指各期末负债总额（TL）与资产总额（TA）的比率。其公式为：

$$LOAR=\frac{TL}{TA}\times 100\%$$

式中：TL——期末负债总额

TA——期末资产总额

适度的资产负债率，既表明企业经营安全、稳健，又表明具有较强的筹资能力，同时表明债权人与债务人的风险均较小。一般在70%左右。

## 四、项目财务生存能力分析

通过考察项目计算期内的投资、融资和经营活动所产生的各项现金流入和流出，计算净现金流量和累计盈余资金，分析项目是否有足够的净现金流量维持正常运行，实现财务可持续性。财务生存能力分析如图16-6所示。

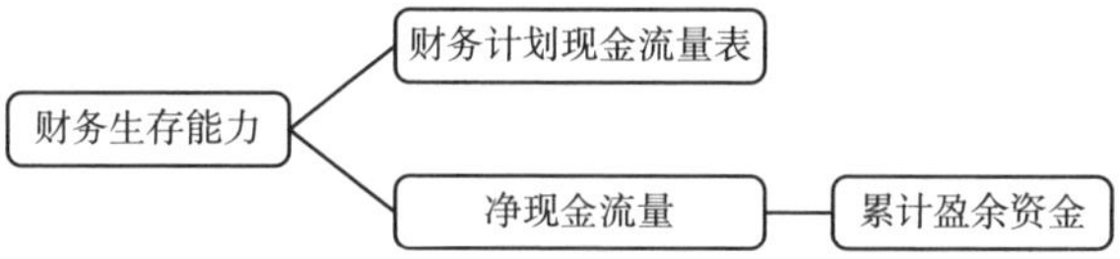


**图16-6　财务生存能力分析示意**

方法：在分析辅助表、利润与利润分配表的基础上编制财务计划现金流量表。

其计算公式为：

$$NCF=\sum[(CI_i-CO_i)+(CI_f-CO_f)+(CI_o-CO_o)]\geqslant 0$$

式中：$(CI_i-CO_i)$——投资活动净现金流量

$(CI_f-CO_f)$——融资活动净现金流量

$(CI_o-CO_o)$——经营活动净现金流量

CI——现金流入

CO——现金流出

项目经营活动净现金流量足够大，说明财务可持续能力强；各年累计盈余资金不应出现负数，出现负数就说明财务不具备生存能力了。

## 五、项目敏感性分析

（一）项目不确定性分析

项目经济评价、可行性研究的数据都是对未来的预测和估算，未来的许多因素都具有不确定性，为了考察未来不确定性因素变化对项目评价指标的影响，预判项目可能承担的风险，根据投资者关注重点选择因素对相关指标进行变化试验。

（二）盈亏平衡分析

盈亏平衡点（BEP）：又称零利润点、保本点、盈亏临界点、损益分歧点。

通过寻找全部销售收入等于全部成本时（销售收入线与总成本线的交点）的产量，来观察项目的风险临界点。当销售收入高于盈亏平衡点时，企业盈利，反之，企业就亏损。盈亏平衡分析分为线性盈亏平衡和非线性盈亏平衡分析，项目评价中仅进行线性盈亏平衡分析，一般有以下四个假设条件：

第一，产量等于销售量。当年生产的产品（服务）当年全部销售出去。

第二，产量变化，而单位可变成本不变，从而总成本费用是产量的线性函数。

第三，产量变化，产品销价不变，从而销售收入是销售量的线性函数。

第四，生产的是单一产品，若多种产品则换算为单一产品，且各种产品负荷变化一致。

计算 BEP 有两种方法：

**1. 公式计算法**

以生产能力因素：

$$BEP_{生产能力利用率}=\frac{年固定成本}{(年营业收入-年可变成本-年营业税金及附加)}\times 100\%$$

以产量因素：

$$BEP_{产量}=\frac{年固定成本}{(单位产品价格-单位产品可变成本-单位产品营业税收及附加)}$$

**2. 图解法**

如图 16－7 所示，图中销售收入线 $Y_1$ 与总成本费用线 $Y_2$ 的交叉点为盈亏平衡点，这一点所对应的量便是 BEP 产量，也可以转换为 BEP 生产能力利用率。

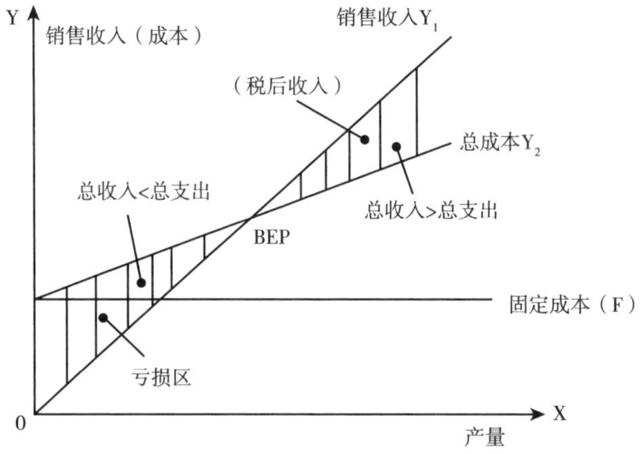


**图 16－7　BEP 生产能力利用率图解法示意**

（三）敏感性分析

考察项目涉及的各种不确定因素对项目基本方案经济评价指标的影响，找出敏感因素，预判项目效益对它们的敏感程度和预测可能承担的风险。

敏感性分析包括单因素和多因素敏感性分析。单因素敏感性分析是指每次只改变一个因素的数值来进行分析，估算单个因素变化对项目效益的影响；多因素敏感性分析同时改变两个或两个以上因素进行分析，估算多因素同时发生变化对项目的影响。

第一，因素选取：对效益影响较大的重要因素：产出物价格、建设投资、主要投入物价格、可变成本、生产负荷、建设工期、汇率、利率、偿债备付率、利息备付率等。

第二，变化百分率：±5%、±10%、±15%、±20%等。

第三，指标选取：根据分析需求选取一个或几个指标，最基本的是内部收益率。

第四，敏感度系数：评价指标变化的百分率与不确定性因素变化的百分率之比。其公式为：

$$S_{AF}=\frac{\triangleq A/A}{\triangleq F/F}$$

式中：$S_{AF}$——平价指标 A 对于不确定性因素 F 的敏感系数

$\triangleq A/A$——不确定因素 A 的变化率

$\triangleq$F/F——不确定因素 F 的变化率

$S_{AF}>0$，评价指标与不确定因素同向变化；$S_{AF}<0$ 则反向变化；$|S_{AF}|$较大则敏感度系数高。

临界点（转换值 SV）：是指不确定性因素变化使项目由可行变为不可行的临界数值。可用不确定性因素对相应指标的变化率表示，也可用具体数值表示。

临界点的高低与选取指标的初始值有关，若选取基准收益率指标，基准收益率提高临界点就会变低，而在一定的基准收益率条件下，临界点越低，说明该因素对项目影响越大。

临界点计算一般采用公式试插法、计算机软件、Excel 表计算。

敏感性分析如表 16－1 所示。

**表 16－1　　敏感性分析表**

| 变化率因素 | －20% | －15% | －10% | －5% | 0 | 5% | 10% | 15% | 20% |
|---|---|---|---|---|---|---|---|---|---|
| 基准折现率 i | | | | | | | | | |
| 建设投资 | | | | | | | | | |
| 原材料成本 | | | | | | | | | |
| 汇率 | | | | | | | | | |
| | | | | | | | | | |

## 六、项目融资主体相关财务指标分析

融资主体（借款人）财务相关指标，包括资产负债比例、流动比率、速动比率必须在合理的区间。

从财务的视角考察项目融资（借款）主体，如果是有效存续的既有法人主体，其资产负债率指标必须处于合理区间，按照通常的财务指标考核，一般企业资产负债率在 60%—75% 范围内。其计算公式为：

第一，资产负债率（debt to assets ratio）$=\dfrac{\text{负债总额(流动负债+长期负债)}}{\text{资产总额(流动资产+长期资产)}}\times 100\%$。

针对流动资金贷款主体，还将分析流动比率和速动比率。

第二，$流动比率 = \frac{流动资产总额}{流动负债总额} \geqslant 2$。

该指标体现企业的偿还短期债务的能力。流动资产越多，短期债务越少，则流动比率越大，企业的短期偿债能力越强。分析提示：低于正常值，企业的短期偿债风险较大。一般情况下，营业周期、流动资产中的应收账款数额和存货的周转速度是影响流动比率的主要因素。

第三，$速动比率 = \frac{流动资产总额 - 存货}{流动负债总额} \geqslant 1$。

速动比率 =（货币资金 + 短期投资 + 应收票据 + 应收账款净额）/ 流动负债。

该指标更能体现企业的偿还短期债务的能力。因为流动资产中，尚包括变现速度较慢且可能已贬值的存货，因此将流动资产扣除存货再与流动负债对比，以衡量企业的短期偿债能力。

分析提示：低于1的速动比率通常被认为是短期偿债能力偏低。影响速动比率的可信性的重要因素是应收账款的变现能力，账面上的应收账款不一定都能变现，也不一定非常可靠。

## 七、固定资产投资项目可融资性前期咨询

通过上述项目营利能力、项目偿债能力和财务生存能力的分析以及融资主体相关财务指标分析，梳理出项目融资的有利条件和不利条件，可以初步设计出项目的投融资方案，并围绕项目融资“三要素”，针对存在的问题，靠前进行咨询，提出解决问题的方案和路径。常用的路径与方法有以下几点：

第一，盘活资源资产，增强融资主体的融资能力和担保能力。针对一些企业资源资产整合度不够，资产负债结构不合理等问题，提供资源资产整合方案，包括自然资源、存量固定资产、数字资产、收益权等，通过盘活存量，挖掘增量，“做大分母”优化负债结构，增大净资产，提升主体信用评级，从而增强融资主体的可融资性。

第二，优化项目营运方案，协助产业导入与资源链接，增强项目收益的可实现性。笔者团队利用点多面广、资源丰富等优势，协助优化项目营运方案，包括引进产业、引进营运团队，进行上中下游的链接，对项目产业链进行“强链、补链”。

第三，科学设计担保组合方案，发挥资产价值的最大效益。笔者团队利用

自身熟悉的担保法律法规和丰富的融资经验，针对主体的具体情况，合理设计担保、抵押、担保、质押方式，既能提供足值有效的担保措施，又能够发挥资产的最大效应。

第四，通过控制和降低风险，为项目融资增信。通过相关方签订总承包合同、投保商业保险、建立完工保证金、提供完工担保和履约保函等方式，最大限度降低建设期风险；通过签订长期供销合同、使用金融衍生工具或者发起人提供资金缺口担保等方式，有效分散经营期风险；提出账户管理、贷款资金支付、借款人承诺、财务指标控制、重大违约事项等项目风控措施，促进项目正常建设和运营，有效控制项目融资风险。

如果您的项目融资要素还有什么欠缺和问题，建议寻找专业团队进行靠前咨询，提前进入“可融资性”轨道。

# 第十七章　固定资产投资项目铺底流动资金

充足的铺底流动资金是保证固定资产投资项目正常运转的基础。缺乏足够的流动资金可能会导致项目中断或延期，从而影响项目的整体效益。本章将重点介绍铺底流动资金的概念、性质、计算方法及其在项目管理中的作用。

## 一、铺底流动资金的概念

铺底流动资金（Initial Working Capital）是指在生产性固定资产投资项目中，为保障建成后的初期试生产经营正常进行所需并计入项目总投资的短期流动资金。主要包括购买原材料、辅料、燃料、动力和劳动力。

## 二、铺底流动资金的性质

### （一）短期性

铺底流动资金是保障项目建成初期，试运行阶段，未转入运营期时所需要的临时性周转资金，因此，是短期资金而非长期资金。

### （二）固化性

尽管铺底流动资金是流动资金，但它是在项目前期估算中，要预估计入项目总投资中的固化资金。

### （三）不确定性

不同性质的固定资产投资项目所需的流动资金是不一样的，经营性的项目所需要的铺底流动资金比例高于非经营性项目，养殖业项目铺底流动资金比例高于种植业项目，因此其计算比例只是一个经验值，而不是刻板的定律。

## 三、铺底流动资金的用途

主要用途是购买试营运期间进行生产经营所需要的原材料、辅料、燃料、动力、劳动力或经营所需的短期经营费用，包括工资、福利、办公费、差旅费、餐饮费等。

## 四、一般计算方法

根据《建设项目经济评价方法与参数》（第三版）和教材以及项目前期计算实践，通常在固定资产投资项目前期估算中，采用两种计算方法。

（一）采用项目所需全部流动资金比值计算

计算公式为：项目铺底流动资金 = 项目总投资中项目所需全部流动资金 ×30%。

（二）采用项目总投资额比例计算

计算公式为：铺底流动资金 = 项目总投资额 ×15% 左右。

## 五、铺底流动资金估算在项目研究中的应用

在实践中，更多采用项目所需全部流动资金一定比例来计算，两种计算方法的结果是不一样的，因为项目总投资 = 固定资产投资 + 流动资金投资，而固定资产投资和流动资金投资并不是各一半。相对而言，以所估算的流动资金总额计算相对合理。

上述铺底流动资金的计算一般是以工业企业或加工生产企业为例的。而在项目可行性研究实践中，我们发现，由于项目类型、行业不同，根据项目的实际情况，其铺底流动资金的需求量是不同的，相应的计算也不尽相同，不能什么项目都按照流动资金总额的30%计算，或者按照项目总投资的15%计算，有的非经营性项目甚至几乎不需要流动资金，也不涉及铺底流动资金。但有些新建养殖业项目，按照项目流动资金总额的30%，或者总投资额的15%估算，都不能满足其实际铺底流动资金需求。

（一）农业种养殖项目

在农业的养殖项目中，没有一个投资者会愚笨得把养殖圈舍和屠宰工厂建设好后，等待种猪配种、母猪下崽、育肥长大后再出栏或屠宰，怎么也会买进大量的满月或半大牲畜，经过短期饲养便出栏或屠宰，尽快实现项目收益。如果我们依然只按照30%或总投资15%去计算铺底流动资金，这样的项目可行性研究成果，距离投资者的想法太远，投资者无法实施。

如：某牦牛养殖项目，总投资约4500万元，养殖牦牛规模10000头，建设

内容主要包括：牛舍 22000m²，贮草房 420m²，饲料加工厂 700m²，消毒室 125m²，管理用房 600m²，化粪池 75m³，无害化处理池 50m³，青贮窖 4000m³，堆粪场 800m³ 等，项目所需流动资金约 1800 万元，其他工程造价约 2300 万元，若刻板按照公式估算，按照流动资金 30% 计算，铺底流动资金为 540 万元，若按照总投资额的 15% 估算，该项目铺底流动资金 675 万元，不能满足项目的实际需求。

针对这一问题，笔者团队专家组又进行了深入研究，发现可研编制人员犯了“本本主义”和“教条主义”了。根据项目实际需求，专家组做了两个调整。一是在固定资产投资中，除房屋建筑即配套基础设施外，还应该包括作为生产性生物资产的种牛、母牛，因此，适当增加固定资产；二是不刻板按照项目所需流动资金总额 30% 估算，调整后该项目铺底流动资金约 900 万元，占流动资金总额约 50%，占总投资额的 20%，满足了项目各方诉求，并在该项目实践中得到验证。

在林业种植类项目中，也存在类似的情形。投资者在种植场地、土壤建培土、底肥施工完成后，投资者会购买部分成熟或半成熟种子或种苗进行培育生产，有的也会购买部分成熟的果树缩短生产产出时间，其固定资产计算中需要添加考虑生产性生物资产，同时投产初期的铺底流动资金也会较大。

（二）基础设施等公益性项目

由于不存在生产和试生产，就可以忽略不计铺底流动资金。

（三）经营性基础设施项目

涉及后期经营和生产营运的，在营运期涉及流动资金需求，在建成后投产初期，可能涉及少量的铺底流动资金，但量会较小，可能低于 30% 的比例。

因此，我们在项目经济评价过程中不能生搬硬套，不能犯教条主义和经验主义的错误，要实事求是，按照项目实际需求估算铺底流动资金。

《建设项目经济评价方法与参数》（第三版）编写说明“2.11 总投资形成的资产”第一点全文摘录如下：

“项目评价中总投资是指项目建设和投入运营所需要的全部投资（其估算范围与现行的投入总资金一致），为建设投资、建设期利息和全部流动资金之和。它区别于目前国家考核建设规模的总投资，即建设投资和 30% 的流动资金（又称铺底流动资金）。”

从目前的相关规定和文献来看，铺底流动资金的计算比例，仅仅是一种经验值的估算，并非是一个法定的比例指标或参数。

## 小结

项目千差万别，任何一个项目，都必须根据项目的实际情况，深入分析和了解项目投资人的投资目的和建设的内外部因素以及项目的实际运营与实施，如果我们按照“教条”和“本本”去生搬硬套开展项目咨询与项目评价，那将是失败的项目咨询。

# 第十八章 《政府投资条例》及政府投资项目资金来源指南

## 一、《政府投资条例》简述

### （一）政府投资的概念

政府投资是指在中国境内使用预算安排的资金进行固定资产投资建设活动，包括新建、扩建、改建和技术改造等。

投资范围主要是市场不能有效配置资源的社会公益服务、公共基础设施、农业农村、生态环境保护、重大科技进步、社会管理、国家安全等公共领域，以非经营性项目为主。

### （二）《政府投资条例》出台的背景

一是为了发挥政府投资资金的引领和带动作用；二是提高政府投资效益；三是规范政府投资行为；四是激发社会投资活力。

### （三）《政府投资条例》的法律效力

我国2019年5月5日发布并于当年7月1日开始实施的《政府投资条例》是我国政府投资领域第一部行政法规。

《政府投资条例》的颁布实施，解决了我国政府投资管理缺乏上位法，现有规章、规范性文件权威性不足、指导性不够、约束性不强的问题。对于依法规范政府投资行为、充分发挥政府投资作用具有十分重要的意义，具有较高的法律地位和法律效力。

### （四）《政府投资条例》的法律责任

在政府投资过程中，有违反《政府投资条例》规定，构成犯罪的，依法追究刑事责任，如图18－1所示。

### （五）政府投资方式

政府投资资金按项目安排，以直接投资方式为主；对确需支持的经营性项

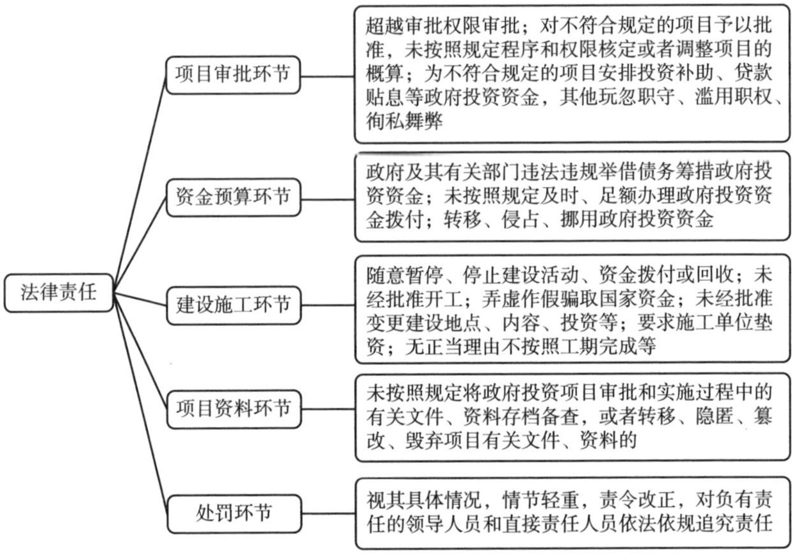


**图 18－1 《政府投资条例》规定的法律责任示意**

目，主要采取资本金注入方式，也可以适当采取投资补助、贷款贴息等方式，如图 18－2 所示。

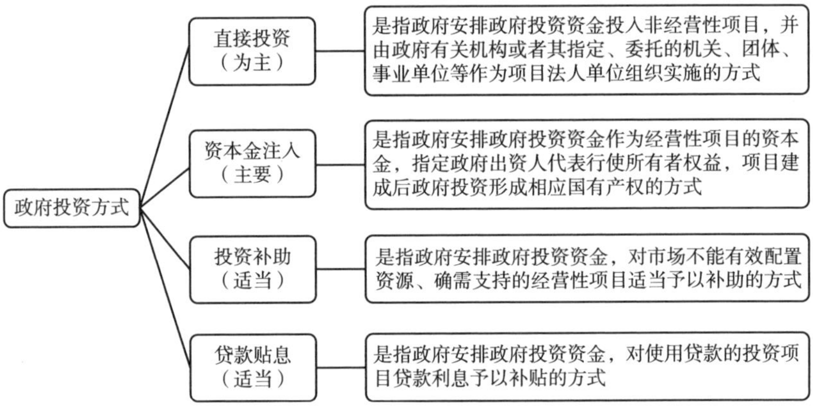


**图 18－2 政府投资方式示意**

（六）政府投资原则

科学决策、规范管理、注重绩效、公开透明。

（七）政府投资的预算约束

政府投资必须与当地经济发展水平相适应，项目必须要与本级财政预算相衔接，纳入年度计划，已经批准预算的政府投资项目，应及时、足额办理政府投资资金拨付，应当按照国家有关规定确保落实到位，政府投资项目不得由施工单位垫资建设。

政府及其有关部门不得违法违规举借债务筹措政府投资资金。

（八）政府投资重点环节

政府投资项目要把握重点环节的主要内容，抓住决策程序、变更程序、概算控制和资金管控四个环节，如图 18－3 所示。

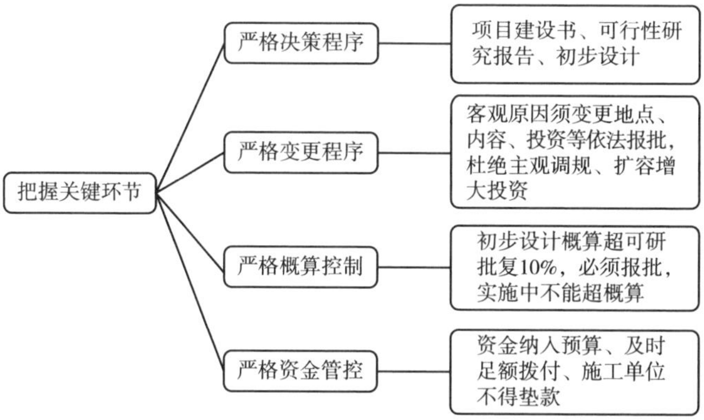


**图 18－3　政府投资重点环节示意**

## 二、政府投资项目

（一）政府投资项目的概念

所谓政府投资项目，是指政府采用“政府采取直接投资方式、资本金注入方式投资”对市场不能有效配置资源的市政、交通、能源、农业农村、生态环境保护、重大科技进步、社会管理、国家安全等公共领域中，投资大，收益小，但必须满足公共需求的非经营性项目。

（二）政府投资项目的前期研究要求

根据《政府投资条例》要求：项目单位应当加强政府投资项目的前期工作，保证前期工作的深度达到规定的要求，应当编制项目建议书、可行性研究报告、初步设计，并对项目建议书、可行性研究报告、初步设计以及依法应当附具的其他文件的真实性负责。

咨询成果要按照政府投资管理权限和规定的程序，报投资主管部门或者其他有关部门审批。

（三）政府投资项目的负债约束

政府投资项目由于政府投资的预算约束，因此其项目资金必须纳入本级财政预算，报入年度计划，其负债也必须纳入财政预算，除项目资本金以外的融资负债，必须是纳入预算的合理负债，政府投资项目不得违法违规举借债务，也不得让施工企业垫资，增加地方政府隐性债务。

## 三、政府投资项目资金来源

政府投资项目主要的资金来源于财政预算资金。财政通过把政府投资项目纳入预算，根据项目性质和具体情况，采用直接投资、资本金注入、投资补助、贷款贴息的方式投入政府投资的固定资产投资项目中。

（一）国家预算内建设资金

主要是指中央财政和地方财政中由国家统筹安排的基本建设拨款和更新改造拨款，以及中央财政安排的专项拨款中用于基本建设的资金和基本建设拨款改贷款的资金等。主要有以下三种：

**1. 一般公共预算安排的建设资金**

税收收入是政府财政一般预算收入的主要部分，经济越发达的地方税收收入就越高，政府通过对企事业单位的经营活动征收增值税、所得税及其各类附加费（税）取得收入。

**2. 政府性基金预算安排的建设资金**

政府性基金预算是国家通过向社会征收以出让土地、发行彩票等方式取得收入，专项用于支持特定基础设施建设和社会事业发展而产生的收入。

**3. 国有资本经营预算安排的建设资金**

国有资本经营预算的收入主要来源于国家以国有资本所有者身份取得的各种国有资本收益，其支出必须用于国有资本的再投入。

（二）地方政府专项债券资金

地方政府专项债券资金是指根据《关于加强地方政府性债务管理的意见》

为依据，省级政府为有一定收益的公益性项目发行的、以公益性项目对应的政府性基金收入或专项收入作为还本付息资金来源的政府债券。其资金已经逐步成为政府投资项目的主要资金来源。

（三）国债资金

国债是中央政府为筹集财政资金，以国家信用为基础，向社会筹集资金而发行的一种政府债券。由于国债的发行主体是国家，所以它具有最高的信用度，被公认为是最安全的投资工具。分为普通国债、定向国债、专项国债和特别国债。

（四）国债与中央预算内资金的区别和联系

第一，资金性质不同：中央预算内资金是国家的自有资金，而国债资金是债务资金。

第二，管理方式不同：中央预算内投资资金使用要纳入政府一般公共预算管理；国债一般由中央自发自还，可纳入政府一般公共预算或政府性基金预算管理。

第三，资金支持领域和范围差异：中央预算内投资支持范围相对宽泛，以基本民生、普惠公共服务、重大科技攻关、重大产业布局等提高居民生活水平、实现产业迭代发展的方面为主；而国债一般用于急难险重、国计民生、难点堵点和社会安全等领域。

第四，资金投入方式不同：中央预算内投资通过直接投资、资本金注入、投资补助、贷款贴息等方式投入经营性项目和非经营性项目；而国债资金一般用于非经营性项目，以直接投资为主。

（五）外国政府援助赠款

根据中华人民共和国财政部《国际金融组织和外国政府贷款赠款管理办法》：赠款，是指财政部或者财政部经国务院批准代表国家作为受赠方接受的、不以与贷款搭配使用为前提条件的国际赠款。赠款纳入中央一般公共预算管理。其中：对于赠款方有指定用途的赠款，按预算管理程序审核后相应列入中央部门预算或中央对地方转移支付；对于赠款方无指定用途的赠款，由财政统筹安排使用。

（六）国际金融组织和外国政府贷款

国际金融组织贷款：财政部经国务院批准代表国家向世界银行、亚洲开发银行、国际农业发展基金、欧洲投资银行等国际金融组织统一筹借并形成政府外债的贷款，以及与上述贷款搭配使用的联合融资。

外国政府贷款：指财政部经国务院批准代表国家向外国政府、北欧投资银行等统一筹借并形成政府外债的贷款，国务院批准的参照外国政府贷款管理的其他国外贷款，以及与上述贷款搭配使用的联合融资。

# 第十九章　中央预算内资金申报指南

## 一、中央预算内投资概念

中央预算内投资，指政府利用财政预算内基本建设资金和纳入财政预算管理的基本建设资金进行的投资。重点用于国家战略的重大工程项目，以及市场不能有效配置资源、需要政府支持的经济和社会领域，从而激发全社会投资活力，起到对社会资本的引导和撬动作用。

## 二、中央预算内资金申报与下达方式

中央预算内投资资金每年底各地通过各级发改系统逐级上报的投资项目，经国家发展改革委批准后，列入下一年度投资计划内的项目，根据项目进展情况和投资概算，在国家每年投资预算总盘子内分配安排。

## 三、政府投资方式

政府投资方式有直接投资、资本金注入、投资补助、贷款贴息等。

一是直接投资：指政府安排政府投资资金投入非经营性项目，并由政府有关机构或其指定、委托的机关、团体、事业单位等作为项目法人单位组织建设实施的方式。

二是资本金注入：指政府安排政府投资资金作为经营性项目的资本金，指定政府出资人代表行使所有者权益，项目建成后政府投资形成相应国有产权的方式。

三是投资补助：指政府安排政府投资资金，对市场不能有效配置资源、确需支持的经营性项目，适当予以补助的方式。

四是贷款贴息：指政府安排政府投资资金，对使用贷款的投资项目贷款利息予以补贴的方式。

## 四、中央预算内投资规模

中央预算内投资总额，在固定资产投资总额中占比较小，但呈逐年增长态势，如图19－1所示。

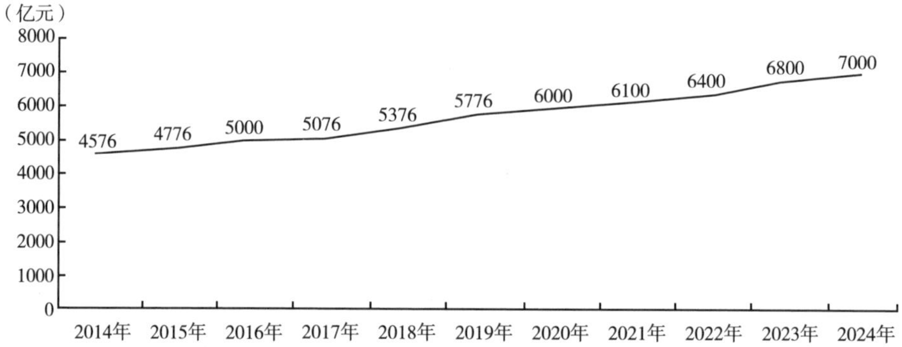


**图19－1　2014—2024年中央预算内投资总额**

资料来源：Wind数据库。

## 五、支持的投向领域

### （一）中央预算内投资历年投向的重点领域

中央预算内投资投向，根据不同专项政策逐年动态更新，对个别支持领域、重点方向、补助额度会优化调整。从历年中央预算内资金投向来看，重点投向以下37个领域，如表19－1所示。

**表19－1　中央预算内资金支持领域汇总**

| 序号 | 领域 | 支持范围 |
| --- | --- | --- |
| 1 | 保障性安居工程（老旧小区改造等）专项 | 支持人口净流入的大城市新建、改建保障性租赁住房及其配套基础设施建设。保障性租赁住房以建筑面积不超过70平方米小户型为主，租金低于同地段同品质市场租赁住房租金，具体条件由城市人民政府确定。 |
| 2 | 水利领域 | 适用于国家水网骨干工程，包括重大农业节水供水工程、重大水资源配置工程、重大骨干防洪减灾工程、重大水生态保护修复工程等，具体项目类型和支持范围可视情况作必要调整。 |
| 3 | 重大水利工程 | 大中型灌区续建配套节水改造工程、重大引调水工程、重点水源工程、江河湖泊治理骨干工程、新建大型灌区工程等，具体项目类型和支持范围可视情况作必要调整。 |

续表

| 序号 | 领域 | 支持范围 |
|---|---|---|
| 4 | 水生态治理、中小河流治理等其他水利工程 | 水生态修复与治理工程、流域面积3000平方公里以上中小河流治理工程、重点区域排涝能力建设工程、大中型病险水库（闸）除险加固工程、大型灌排泵站更新改造工程、坡耕地水土流失综合治理工程、中型水库工程、农村小水电扶贫工程、水文基础设施项目、其他重点水利工程等，具体项目类型和支持范围可视情况作必要调整。 |
| 5 | 水安全保障工程 | 适用于中央预算内投资的流域面积3000平方公里以上中小河流治理工程、重点区域排涝能力建设工程、大中型病险水库（闸）除险加固工程、淤地坝工程、坡耕地水土流失综合治理工程、中型水库工程、重点水生态治理工程、水文基础设施工程等，具体项目类型和支持范围可视情况作必要调整。 |
| 6 | 农村饮水安全巩固提升工程 | 省级“十三五”农村饮水安全巩固提升工程规划，使用中央预算内投资的农村饮水安全巩固提升工程项目。主要用于对工程标准偏低、水量与水质保障程度不高的已建供水工程进行改造、配套、升级、联网，以及水源保护、水质保障和适当新建部分供水工程等。 |
| 7 | 农业生产发展 | 高标准农田建设。 |
| 8 | 农业可持续发展 | 使用中央预算内投资的畜禽粪污资源化利用整县推进、长江经济带农业面源污染治理等建设项目，具体项目类型和支持范围可视情况作必要调整。 |
| 9 | 现代农业支撑体系 | 使用中央预算内投资的现代种业提升工程、动植物保护能力提升工程等建设项目，具体项目类型和支持范围可视情况作必要调整。包括农作物种业、畜禽种业、水产种业工程，中央投资主要支持种质资源保护利用、测试评价、育种创新能力提升、制（繁）种基地等基础设施建设。其中，农作物种业以大宗农作物和特色优势农作物种业发展为支持重点，畜禽种业以生猪、奶牛、肉牛、肉羊、蛋鸡、肉鸡等主要畜禽品种为支持重点，水产种业以重要水产资源和主要养殖品种保育测繁能力为支持重点。 |
| 10 | 农村产业融合发展示范园建设 | 示范园内与农村产业融合发展直接相关的水电路、农产品生产基地、冷链物流、仓储保鲜、检验检测、垃圾污水处理等设施建设。 |
| 11 | 城乡冷链和国家物流枢纽建设 | 重点支持已纳入年度建设名单的国家物流枢纽、国家骨干冷链物流基地内的公共性、基础性设施补短板项目；重点支持服务于肉类屠宰加工及流通的冷链物流设施项目（不含屠宰加工线等生产设施），公共冷库新建、改扩建、智能化改造及相关配套设施项目；按照党中央、国务院决策部署，需要支持的其他物流基础设施项目。 |
| 12 | 粮食等重要农产品仓储设施 | 中央储备粮食仓储物流设施项目；中央储备棉花、食糖直属库仓储设施项目；与地方政府粮食储备配套的粮食仓储物流设施项目，政策性粮食收购有仓容缺口区域的粮食仓储设施项目，以及位于粮食物流重点线路、节点上的粮食仓储物流项目；根据党中央、国务院决策部署，需国家支持的其他重要农产品仓储物流设施项目。 |

续表

| 序号 | 领域 | 支持范围 |
| --- | --- | --- |
| 13 | 农村人居环境整治 | 支持中西部省份（含东北地区、河北省、海南省，以及新疆生产建设兵团，以下统称为“省份”或“省”）以县（市、区、旗、团场，以下统称为“县”）为单位，开展农村人居环境整治。其中，省会、自治区首府城市和计划单列市所辖县不予支持（国家级贫困县除外）。 |
| 14 | 森林草原资源培育工程 | 适用于申请使用中央预算内投资的森林草原资源培育工程建设项目，包括重点防护林及绿化、退耕还林还草、天然林资源保护、退牧还草等工程，具体项目类型和支持范围可视情况作必要调整。 |
| 15 | 生态保护支撑体系项目 | 适用于中央预算内投资的生态保护支撑体系项目，包括森林防火（含森林防火应急道路）、野生动植物保护及自然保护区建设、湿地保护和恢复、林木种质资源保护、林业管护用房建设等项目，具体项目类型和支持范围可视情况作必要调整。 |
| 16 | 污染治理和节能减碳 | 该专项重点支持污水垃圾处理等环境基础设施建设、节能减碳、资源节约与高效利用、突出环境污染治理等四个方向，国家生态文明试验区建设重大事项需安排资金支持，且不属于既有资金支持范围的项目建设，以及围绕落实党中央、国务院交办重大事项需安排支持的项目建设。 |
| 17 | 排水设施建设 | 各级有关城市和县城排水设施建设，包括排水管网建设与改造、泵站建设与改造、排涝通道建设、智慧平台建设等。 |
| 18 | 土壤污染治理 | 土壤污染源头防控；土壤污染风险管控；土壤污染修复治理；土壤污染状况监测、评估、调查；土壤污染防治管理改革创新；应对突发事件所需的土壤污染防治支出，及其他与土壤环境质量改善密切相关的支出。 |
| 19 | 水污染治理 | 流域水污染治理；流域水生态保护修复；集中式饮用水水源地保护；地下水生态环境保护；水污染防治监管能力建设；其他需要支持的事项。 |
| 20 | 国有存量资产 | 重点支持盘活存量难度大、对形成投资良性循环示范性强的交通、市政、环保、水利、仓储物流等基础设施补短板行业以及新型基础设施项目；<br>优先支持位于京津冀协同发展、长江经济带发展、粤港澳大湾区建设、长三角一体化发展、海南全面深化改革开放、黄河流域生态保护和高质量发展等国家重大战略区域，符合“十四五”有关战略规划要求的项目。其他地区符合条件的项目也可申报；<br>支持采用不动产投资信托基金（REITs）、政府和社会资本合作（PPP）等方式盘活国有存量资产，将净回收资金主要用于新增投资，且具有较强示范性和创新性的项目。 |

续表

| 序号 | 领域 | 支持范围 |
| --- | --- | --- |
| 21 | 支持先进制造业和现代服务业发展 | 重点支持巩固扩大关键核心技术攻关成果、培育壮大先进制造业、深入推动传统产业优化升级、加快发展现代服务业等领域，以及其他贯彻落实中央有关决策部署的重大项目。 |
| 22 | 黄河流域生态保护和高质量发展方向 | 包括黄河干支流流经的青海、四川、甘肃、宁夏、内蒙古、山西、陕西、河南、山东9省区相关县级行政区，在支持生态环境保护等领域重大项目时根据实际情况可延伸兼顾联系紧密的区域。 |
| 23 | 中西部和东北重点地区承接产业转移平台建设 | 中西部、东北地区国家级新区范围内的重点园区；国务院或国家发展改革委批复设立的承接产业转移示范区范围内的重点园区。 |
| 24 | 长江经济带绿色发展方向 | 覆盖上海、江苏、浙江、安徽、江西、湖北、湖南、重庆、四川、贵州、云南等11省市，对确需支持其他地区的将专门作出规定。 |
| 25 | 粤港澳大湾区建设、长江三角洲区域一体化发展 | 包括广州、深圳、珠海、佛山、惠州、东莞、中山、江门、肇庆等9市，优先支持河套深港科技创新合作区、横琴粤澳深度合作区等。长三角一体化发展支持范围包括上海市、江苏省、浙江省（含宁波市）、安徽省。 |
| 26 | 推进海南全面深化改革开放方向 | 主要包括对海南自由贸易港建设具有重要支撑作用的生态保护修复、高新技术产业培育、旅游业发展、全岛封关等风险防控、重大基础设施、公共服务以及重点功能平台建设等项目。 |
| 27 | 优质高效医疗卫生服务体系建设工程 | 公共卫生防控救治能力提升；公立医院高质量发展；重点人群医疗卫生服务补短板；促进中医药传承创新。 |
| 28 | 教育强国推进工程 | 覆盖范围包括中央高校所属单位，各省、自治区、直辖市及计划单列市，新疆生产建设兵团。 |
| 29 | 社会服务设施兜底线工程 | 社会福利服务设施；退役军人服务设施；残疾人服务设施。 |
| 30 | 文化保护传承利用工程 | 国家文化公园建设；国家重点文物保护和考古发掘；国家公园等重要自然遗产保护展示；重大旅游基础设施建设；重点公共文化设施建设。 |
| 31 | 全民健身设施补短板工程 | 体育公园；全民健身中心（小型体育综合体）；公共体育场中标准田径跑道和标准足球场地；社会足球场地；健身步道；户外运动公共服务设施。 |
| 32 | 积极应对人口老龄化工程和托育建设 | 公办养老服务机构和设施能力提升项目；普惠养老城企联动专项行动；公办托育服务能力建设项目；普惠托育服务专项行动和儿童友好城市示范建设项目。 |

续表

| 序号 | 领域 | 支持范围 |
| --- | --- | --- |
| 33 | 高技术产业发展项目 | 创新能力建设类项目、双创平台类项目、“互联网 +”和大数据类试点工程、信息基础设施类项目、区域产业集群类项目，其他高技术产业发展项目。 |
| 34 | 大宗固体废弃物循环利用项目 | 以煤矸石、粉煤灰、尾矿（共伴生矿）、冶炼渣、工业副产石膏、建筑垃圾、农作物秸秆等大宗固废综合利用为主。 |
| 35 | 历史遗留废弃工矿土地整治项目 | 对生态安全具有重要保障作用、生态受益范围较广的重点生态地区开展历史遗留和责任人灭失的废弃工业土地和矿山废弃地整治，实施区域性土地整治示范，盘活存量建设用地，提升土地节约集约利用水平，修复人居环境。 |
| 36 | 蓝色海湾整治行动项目 | 主要支持海岸带生态修复、滨海湿地生态修复、海岛海域生态修复3个方面工作。 |
| 37 | 海岸带保护修复工程项目 | 支持促进海岸带区域生态、减灾协同增效，宜滩则滩、宜荒则荒，因地制宜开展海岸带保护修复工程项目建设。 |

（二）2024 年动态调整为八个方面 34 个领域

根据国家宏观经济形势和宏观政策的调整，中央预算内投资主要支持粮食安全、能源安全、产业链供应链安全、城市基础设施及保障性安居工程基础设施、生态环境保护、交通物流重大基础设施、社会事业及其他重点领域等八个方面，包括产粮大县公共服务基础设施、粮食仓储设施、支撑性调节煤电、农村电网改造、新引擎赛道、战略性矿产资源保障供应等 34 个领域。

**1. 粮食安全**

（1）产粮大县公共服务支持范围：支持产粮大县中等职业学校、公办幼儿园、义务教育学校、普通高中、县级医院、中心镇县域医疗卫生次中心、公办养老服务机构、托育综合服务中心等有一定收益的项目。支持比例（包括新增中央投资以及中央预算内投资等各类中央财政性建设资金，下同）：不超过项目总投资的 80%。

（2）粮食仓储设施支持范围：支持中央储备粮食仓储物流设施，承担地方政府粮食储备任务的粮食仓储设施，政策性粮食收购有仓容缺口区域的粮食仓储设施，位于粮食物流重点线路、节点上的粮食仓储物流设施，以及中央储备棉糖仓储物流设施等。支持比例：中央储备粮食仓储物流设施项目不超过项目总投资的 50%，其他中央企业和地方项目不超过 30%，西藏自治区及青海省、四川省、云南省、甘肃省涉藏州县粮食仓储设施项目不超过100%，西藏自治区及四省涉藏州县的其他项目以及新疆地区不超过50%。

**2. 能源安全**

（1）支撑性调节性煤电支持范围：支持促进新能源消纳利用，保障电网运行安全的支撑性调节性煤电项目。项目须列入国家电力发展规划，并且能效、环保和灵活调节能力符合国家相关规定和要求。支持比例：中西部、东北地区以及根据党中央、国务院文件享受中西部政策的地区按照《农村电网巩固提升工程中央预算内投资专项管理办法》（发改能源〔2023〕48号）有关规定执行。具体来看，农村电网巩固提升工程中央资本金比例为：西藏为80%；新疆54个边境县脱贫县，新疆生产建设兵团，四省（四川、云南、青海、甘肃）涉藏州县，四川省凉山州、云南省怒江州、甘肃省临夏州，为50%；黑龙江、吉林、辽宁，内蒙古东部地区，为30%；中西部其他省份，以及根据党中央、国务院文件享受西部待遇的地区为20%。东部地区不超过项目总投资的20%。

（2）农村电网改造支持范围：支持脱贫地区、革命老区、边远地区等农网薄弱地区电网改造，提升供电保障能力。支持农村分布式可再生能源的接入消纳和充电基础设施的配套电网改造，推动可再生能源开发和新能源汽车下乡。

**3. 产业链供应链稳定**

（1）关键领域核心技术攻关支持范围：支持符合规划布局的集成电路重大生产线等项目。支持新能源汽车新型电子电气架构、高效电驱动、车用操作系统和固态电池及关键材料等攻关项目。支持比例：不超过项目总投资的15%。

（2）新引擎新赛道支持人工智能大模型技术研发和行业应用项目支持生物全链条技术产品创新和制造生产项目。支持航空航天批量化低成本生产制造项目。支持北斗规模化应用项目。支持风光氢储等新能源产业领域关键技术研发示范与设备制造项目支持OLED面板、Micro－LED器件和玻璃基板建设等新型显示领域重大项目。支持面向人工智能大模型训练的大规模智能算力基础设施。支持新建大型、超大型算力中心（需布局在国家枢纽节点数据中心集群范围内）。支持比例：不超过项目总投资的15%。

（3）战略性矿产资源供应保障支持范围：支持国内紧缺金属、非金属战略性矿产资源等新建、改扩建矿山项目。支持比例：不超过项目总投资的20%。

**4. 城市基础设施及保障性安居工程配套基础设施**

（1）城市供气、供水、排水、供热管道和设施新建项目。支持范围：城市供气、供水、排水、供热管道和设施新建项目。支持比例：东、中、西和东北地区分别不超过项目总投资的 50%、70%、80%、80%。

（2）城市燃气管道等老化更新改造。支持范围：支持更新改造城市燃气供水、排水、供热等老化管道和设施。支持比例：东、中、西和东北地区分别不超过项目总投资的 50%、70%、80%、80%。

（3）公共供水管网漏损治理。支持范围：支持老旧供水管网的诊断修复、更新改造工程，分区计量工程，压力调控工程，智能化监测调控工程。支持比例：东、中、西和东北地区分别不超过项目总投资的 50%、70%、80%、80%。

（4）城中村改造、保障性住房配套基础设施。支持范围：包括超大特大城市以及城区常住人口 300 万以上的大城市城中村改造相关的配套基础设施建设，保障性住房红线外配套基础设施。支持比例：东、中、西和东北地区分别不超过项目总投资的 50%、70%、80%、80%。

（5）保障性安居工程配套基础设施。支持范围：包括与小区相关的城镇基础设施建设，以及小区内的地下管线建设改造。支持比例：东、中、西和东北地区分别不超过项目总投资的 50%、70%、80%、80%。

**5. 生态环境保护修复**

（1）“三北”等重点区域生态保护和修复支持范围：支持“三北”工程中部署的在建项目，森林防火应急道路，国家储备林建设等。支持比例：按中央既有定额标准予以支持。

（2）城镇污水垃圾收集处理设施支持范围：支持总投资 1 亿元以上的项目。支持比例：东、中、西和东北地区分别不超过项目总投资的 30%、45%、60%、60%，其中，西藏及四省涉藏州县、南疆四地州、甘肃临夏州、四川凉山州、云南怒江州等地区原则上全额补助。

（3）重点流域水环境综合治理支持范围：支持海河、淮河、松花江、珠江等重点流域和太湖、白洋淀、丹江口水库等重要湖库水环境综合治理重大项目。支持比例：东、中、西部分别不超过项目总投资的 30%、45%、60%。

**6. 交通物流重大基础设施**

（1）铁路支持范围：支持畅通中西部和东北地区骨干通道、强化边疆国防保障的干线铁路，支持京津冀、长三角、粤港澳大湾区等城际铁路项目，支持铁路货运能力提升项目。支持比例：不超过项目总投资的60%。

（2）公路支持范围：支持纳入《国家公路网规划》的国家高速公路和收费的普通国道项目。支持比例：不超过项目总投资的50%。

（3）水运支持范围：支持纳入《全国港口与航道布局规划》的港口和航道项目，国家大宗商品储运基地项目。支持比例：相关港口和航道不超过项目总投资的50%，国家大宗商品储运基地不超过项目总投资的60%。

（4）机场支持范围：支持运输机场新建、改扩建项目。支持比例：枢纽机场不超过项目总投资的45%，支线机场不超过项目总投资的90%。

（5）物流基础设施支持范围：支持已纳入年度建设名单的国家物流枢纽、国家骨干冷链物流基地和国家级示范物流园区内的公共性、基础性设施补短板项目，包括但不限于多式联运转运设施，高标准公共仓储设施新建、改扩建及智能化改造，保税仓储设施，公共物流信息平台和信息化提升项目等。支持冷链物流设施项目，包括但不限于冷链集配中心，公共冷库新建、改扩建、智能化改造及相关配套设施项目。支持比例：不超过项目总投资的30%。

**7. 社会事业**

（1）教育基础设施建设支持范围：支持本科高校学生宿舍、中央高校新校区、职业院校产教融合和生活设施、高校教学科研和生活设施、普通高中建设项目。支持比例：原则上按照东、中、西部地区（含根据国家相关政策享受中、西部政策的地区，下同）分别不超过项目总投资的30%、60%和80%的比例进行支持；西藏自治区、南疆四地州、四省涉藏州县项目，中央本级项目支持比例不超过项目总投资的100%。

（2）医疗卫生设施建设支持范围：支持高水平医院创建国家医学中心、国家区域医疗中心。支持省级精神专科医院或综合医院精神病区建设。支持国家中医药传承创新中心和中西医协同“旗舰”医院建设。支持“平急两用”公共基础设施布局的大城市加强医院建设。支持比例：原则上按照东、中、西部地区分别不超过项目总投资的30%、60%和80%的比例进行支持；西藏自治区、南疆四地州、四省涉藏州县项目，中央本级项目支持比例不超过项目总投资的100%。

（3）文化旅游设施建设支持范围：支持历史文化遗产保护利用、展陈展示设施。支持国家公园等重要自然遗产地保护展示及配套服务设施。支持4A级及以上旅游景区内智慧展示设施、配套基础设施、开放服务设施等旅游基础设施。支持比例：原则上按照东、中、西部地区分别不超过项目总投资的30%、60%和80%的比例进行支持；西藏自治区、南疆四地州、四省涉藏州县项目，中央本级项目支持比例不超过项目总投资的100%。

（4）全民健身设施建设项目支持范围：支持体育公园、全民健身中心、户外运动公共服务设施、健身步道等。支持比例：原则上按照东、中、西部地区分别不超过项目总投资的30%、60%和80%的比例进行支持；西藏自治区、南疆四地州、四省涉藏州县项目支持比例不超过项目总投资的100%。

（5）“一老一小”服务设施建设支持范围：支持养老服务机构、以城市为单位申报的社区养老设施和社区居家养老服务网络等项目。支持综合性托育服务中心、以城市为单位申报的托育服务体系等项目。支持比例：原则上按照东、中、西部地区分别不超过项目总投资的30%、60%和80%的比例进行支持；西藏自治区、南疆四地州、四省涉藏州县项目支持比例不超过项目总投资的100%。

（6）其他社会事业建设项目支持范围：支持殡仪馆、精神卫生福利设施、优抚医院、光荣院、省级盲人按摩医院、残疾人康复托养设施、儿童福利设施、未成年人保护设施、烈士纪念设施等。支持比例：原则上按照东、中、西部地区分别不超过项目总投资的30%、60%和80%的比例进行支持；西藏自治区、南疆四地州、四省涉藏州县项目支持比例不超过项目总投资的100%。

**8. 其他重点领域**

（1）新疆西藏四省涉藏州县重大基础设施支持范围：支持列入“十四五”实施方案，存在投资缺口、有一定收益且有融资需求的项目（国家重大项目库报送时在“其他1”项下录入项目）。支持比例：中央投资支持比例不超过项目总投资的80%，西藏自治区公益性项目全部由中央投资安排。

（2）兴边富民行动试点城镇重大基础设施项目支持范围：支持纳入试点城市有利于破除边境地区中心城镇发展瓶颈、提高产业和人口集聚能力的基础设施、公共服务、生态环保设施等项目（国家重大项目库报送时在“其他2”项下录入项目）。支持比例：中央投资支持比例不超过项目总投资的80%，西藏自治区公益性项目全部由中央投资安排。

（3）中欧班列集结中心支持范围：支持中欧班列集结中心实施枢纽综合能力提升工程，包括场站、集疏运道路、查验作业设施、临港产业园区等基础设施补短板项目。支持比例：中央投资支持比例不超过项目总投资的50%。

（4）边境口岸扩能改造支持范围：支持我国已开放的11个铁路口岸、47个公路口岸实施扩能改造工程，包括增建铁路专用线、指定监管场地建设、查验货场改扩建、保税物流仓改扩建等项目。支持比例：中央投资支持比例不超过项目总投资的50%。

（5）京津冀协同发展支持范围：支持北京非首都功能疏解项目在雄安新区落地建设。中央投资支持比例：雄安新区不超过项目总投资的60%，北京、天津、河北其他地区不超过项目总投资的30%。

（6）长江经济带绿色发展、黄河流域生态保护和高质量发展支持范围：支持落实《长江经济带发展规划纲要》《黄河流域生态保护和高质量发展规划纲要》的环境污染综合治理项目，包括工业园区污染治理、尾矿库治理项目等。中央投资支持比例：东、中、西部分别不超过项目总投资的50%、60%、80%。

（7）长三角一体化发展、粤港澳大湾区建设、海南全面深化改革开放支持范围：支持符合政策要求，其他投向领域未报送的重大项目。中央投资支持比例：长三角一体化发展方向支持比例：东、中部分别不超过项目总投资的30%、45%；粤港澳大湾区建设方向支持比例：不超过项目总投资的30%；海南全面深化改革开放方向支持比例：不超过项目总投资的80%。

（8）东北全面振兴支持范围：支持对提升东北地区维护国家“五大安全”能力具有重要支撑作用、其他投向领域未报送的重大项目。支持比例：不超过项目总投资的60%。

（三）其他重点领域和补助标准

中央预算内投资各专项补助标准不同，申报时以各专项管理办法为准。比如：

**1. 粮食等重要农产品仓储设施项目：根据发改经贸规〔2023〕1756号文件**

（1）中央储备粮食仓储物流设施项目、中央储备棉花和食糖仓储设施项目补助比例不高于本专项支持建设内容核算投资的70%，其他中央企业和地方项目补助比例不高于30%。

（2）西藏自治区及青海、四川、云南、甘肃省涉藏州县粮食仓储设施项目给予全额补助。西藏自治区及四省涉藏州县的其他项目以及新疆地区的项目补助比例不高于50%。

（3）中央储备直属粮食仓储物流项目、棉花和食糖仓储项目以外的其他项目，单个项目补助资金不超过 1 亿元。

**2. 城市燃气管道等老化更新改造和保障性安居工程项目：根据发改投资规〔2022〕910 号文件**

（1）城市燃气管道等老化更新改造项目。补助资金原则上按照东部、中部、西部、东北地区分别不高于对应非专业经营单位和工商业用户产权的老化更新改造投资（不包括征地拆迁费用）的 30%、45%、60%、60% 控制，四省涉藏州县和南疆四地州原则上按不高于 80% 控制，西藏可达 100%。

（2）保障性安居工程建设项目。城镇老旧小区改造、棚户区改造、公租房项目，可按照“区别对待、分类指导”的原则，结合实际采取不同的投资补助标准，补助金额最高不超过核定的项目建安投资。建设内容包括保障性租赁住房及其配套基础设施建设的政府投资项目，补助资金原则上不高于项目总投资（不包含征地拆迁费用）的 30%；企业投资项目或建设内容仅包含配套基础设施的政府投资项目，补助资金原则上不高于项目配套基础设施投资（不包含征地拆迁费用）的 50%。

**3. 污染治理和节能减排项目：根据发改环资规〔2021〕655 号文件**

（1）污水处理、污水资源化利用项目、城镇生活垃圾分类和处理项目，按东、中、西和东北地区分别不超过项目总投资的 30%、45%、60%、60% 控制，单个项目支持金额原则上不超过 5000 万元，重大创新示范项目除外。

（2）城镇医疗废物、危险废物集中处置设施项目，按东、中、西和东北地区分别不超过项目总投资的 15%、20%、25%、25% 控制。其中，县级地区医疗废物集中处置项目按东、中、西和东北地区分别不超过项目总投资的 30%、40%、50%、50% 控制，单个项目支持金额原则上不超过 5000 万元，重大创新示范项目除外。

（3）按照国家有关规定享受特殊政策地区的建设项目，安排标准根据相关规定执行。申请享受特殊政策的地区，项目汇总申报单位在申报时应明确提出，并附政策依据及证明材料。其中，西藏及四省涉藏州县、南疆四地州、甘肃临夏州、四川凉山州、云南怒江州等地区污水处理、污水资源化利用、城镇生活垃圾分类和处理设施、城镇医疗废物危险废物集中处置设施项目原则上全额补助。

（4）安排新疆生产建设兵团项目投资支持比例按西部地区标准执行。

（5）节能减碳项目按不超过项目总投资的 15% 控制。

（6）中央和国家机关有关项目原则上全额补助。

（7）资源节约和高效利用项目按不超过项目总投资的15%控制。其中，秸秆（农林剩余物）综合利用项目、海水淡化工程按不超过项目总投资的30%控制。

**4. 重大区域发展战略建设（长江经济带绿色发展方向）项目：根据发改基础规〔2021〕505号文件**

（1）生态环境突出问题整改项目、尾矿库治理项目、湿地保护和修复项目、生态环境系统整治项目、绿色发展试点示范项目对中、西部地区分别按照不超过项目总投资的45%、60%予以支持。原则上单个生态环境突出问题整改项目中央预算内投资资金规模不超过1亿元，单个尾矿库治理项目中央预算内投资资金规模不超过1亿元，单个湿地保护和修复项目中央预算内投资资金规模不超过1亿元，单个生态环境系统整治项目中央预算内投资资金规模不超过2亿元，单个绿色发展试点示范项目中央预算内投资资金规模不超过1亿元。

（2）船舶岸电系统受电设施改造项目均按不超过项目总投资的60%予以支持。

（3）按国家有关规定享受特殊政策的革命老区等特殊地区的建设项目，支持标准根据相关规定执行。

（4）以上所指项目总投资，均不包括征地拆迁费用。

**5. 重大区域发展战略建设（黄河流域生态保护和高质量发展方向）项目：根据发改地区规〔2021〕422号文件**

对属于既有投资支持领域但既有渠道未覆盖的建设内容，参照既有中央预算内投资专项补助标准确定补助比例。无法参照的，原则上按照东、中、西部（含享受中西部政策地区）分别不超过总投资（不含项目征地拆迁等费用）的50%、60%、80%予以补助。如地方申请的资金需求低于按上述标准计算的补助数额，则按地方申请数额确定。

**6. 重大区域发展战略建设（推进海南全面深化改革开放方向）项目：根据发改地区规〔2021〕111号文件**

中央单位非经营性项目（中央预算内直接投资项目），投资全部由中央预算内投资安排。地方非经营性项目参照既有中央预算内投资专项补助标准确定相同领域项目的补助比例；没有可参照标准的项目，中央预算内投资原则上按照不超过总投资 80% 的比例进行补助。确需支持的经营性项目，按不超过总投资 10% 的比例进行补助。

**7. 生态保护和修复领域相关项目：根据发改农经规〔2021〕1728 号文件**

（1）《重点区域生态保护和修复中央预算内投资专项管理办法》：

①天然林保护与营造林。中央预算内投资支持标准为：人工造乔木林，东、中、西、东北地区分别为 700 元/亩、800 元/亩、900 元/亩、900 元/亩；人工造灌木林，东、中、西、东北地区分别为 300 元/亩、350 元/亩、400 元/亩、400 元/亩；退化林修复，东、中、西、东北地区分别为 550 元/亩、600 元/亩、650 元/亩、650 元/亩；封山（沙）育林 100 元/亩、飞播造林 160 元/亩。

②退化草原修复，中央预算内投资支持标准为：人工草地、人工种草，东、中、西、东北地区分别为 300 元/亩、300 元/亩、350 元/亩、350 元/亩；围栏封育 18 元/米、飞播种草 50 元/亩、草原改良 90 元/亩。

③湿地保护修复，主要支持国际重要湿地、国家重要湿地、湿地类型的国家级自然保护区等重要湿地保护基础设施、退化湿地修复、科研监测等建设内容。对符合支持条件的建设内容，中央单位和西藏、新疆生产建设兵团项目，中央预算内投资支持比例为 100%，其他地方项目中央预算内投资支持比例为 80%。

④荒漠化治理及小型水保设施建设，中央预算内投资支持标准为：工程固沙，东、中、西、东北地区分别为 450 元/亩、500 元/亩、550 元/亩、550 元/亩；京津风沙源区、岩溶石漠化区等重点区域内水源工程、节水灌溉、谷坊等小型水利水保设施 5 万元/处。

（2）《生态保护和修复支撑体系中央预算内投资专项管理办法》：

①中央单位和西藏、新疆生产建设兵团项目，中央预算内投资支持比例为 100%。

②森林草原防灭火项目（不含森林防火应急道路），其中森林防灭火项目西部地区（含按西部地区政策执行的地区及重点国有林区）、东北地区中央预算内投资支持比例为 80%，其他地区中央预算内投资支持比例为 60%，草原防灭火项目中央预算内投资支持比例为 90%。森林防火应急道路建设项目，中央预算内投资定额支持 30 万元/公里。

③野生动植物保护及自然保护区建设、林草种质资源保存库项目，中央预

算内投资支持比例为 80%。

④中央预算内投资支持生态定位站、林业重点实验室等项目比例为 100%；支持国有林区环境整治项目比例为 90%；木材战略储备基地、防沙治沙示范、特殊及珍稀林木培育等项目参照现行同类项目标准，极小种群野生动植物资源拯救、林业执法监管站点等项目实行定额支持。

⑤基层管护站点建设。重点国有林区和内蒙古自治区国有林场管护用房建设项目，中央预算内投资支持标准为新建或重建改造 35 万元/个、加固改造 25 万元/个、功能完善 10 万元/个；江西、广西、重庆、云南等重点省份国有林场管护用房建设项目，中央预算内投资支持标准为新建或重建改造 30 万元/个、加固改造 20 万元/个、功能完善 10 万元/个。

**8. 革命老区振兴发展项目：根据国发〔2021〕3 号文件**

中央财政在安排革命老区转移支付、地方政府专项债券时，对革命老区所在省份予以倾斜支持。探索制定革命老区转移支付绩效评估和奖惩激励办法。继续支持赣州执行西部大开发政策，在加快革命老区高质量发展上作示范。中央预算内投资对赣南等原中央苏区参照执行西部地区政策，对沂蒙革命老区参照执行中部地区政策，研究安排专项资金支持革命老区产业转型升级平台建设。支持符合条件的革命老区海关特殊监管区域按规定开展增值税一般纳税人资格试点，对其他地区向革命老区重点城市转移的企业，按原所在地区已取得的海关信用等级实施监督。鼓励政策性金融机构结合职能定位和业务范围加大对革命老区支持力度，鼓励商业性金融机构通过市场化方式积极参与革命老区振兴发展，支持符合条件的革命老区重点企业上市融资。

## 六、申报主体

政府或者企事业单位。

## 七、申报时间

中央预算内投资补助分专项、分批次进行申报，各专项申报时间不固定，按照往年申报经验来看，一般在上一年度的下半年开始陆续申报，多集中在上年度四季度、当年度一季度，具体时间以各专项正式申报通知为准。

## 八、申报流程

项目单位根据申报通知要求，准备符合申报条件的项目同时从线上（国家重大建设项目库）和线下（项目单行材料）两条线进行申报，由发改部门会同行业主管部门对照专项管理办法和申报通知要求逐级审核、逐级上报。

线上：拟申报中央预算内投资项目基本信息由项目申报单位经互联网端口录入国家重大建设项目库，并推送至属地发改部门，由属地发改部门会同行业主管部门进行筛选审核，并将最终通过审核的项目纳入国家三年滚动计划库，逐级推送。

线下：项目业主单位准备项目申报材料，包括资金申请报告、项目审批（核准、备案）文件、真实性说明、资金承诺函等单行材料，同步报送至属地发改部门。

具体流程可参考图 19 - 2。

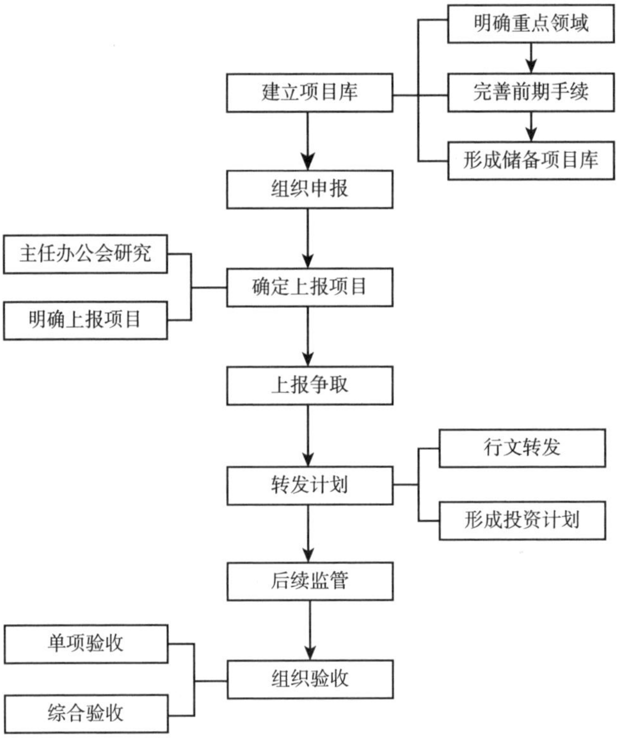


**图 19 - 2　中央预算内资金申报流程示意**

审批流程可参考图 19 - 3。

资金申请报告应包括以下主要内容：

项目单位的基本情况；项目的基本情况，包括在线平台生成的项目代码、建设内容、总投资及资金来源、建设条件落实情况等；项目列入三年滚动投资

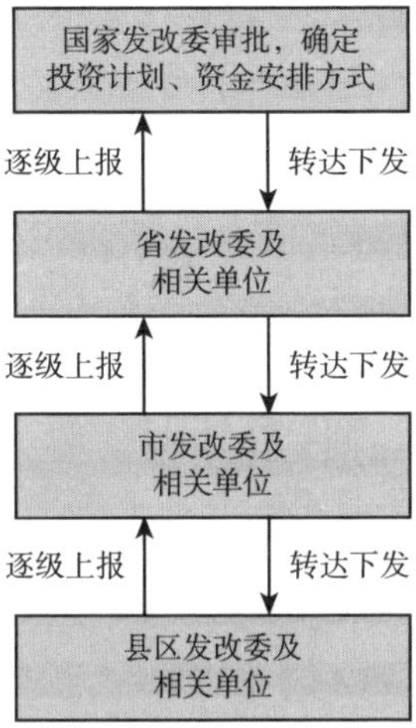


**图 19－3　审批流程示意**

计划，并通过在线平台完成审批（核准、备案）情况；申请投资补助或者贴息资金的主要理由和政策依据；工作方案或管理办法要求提供的其他内容。项目单位应对所提交的资金申请报告内容的真实性负责。

## 九、额度分配

国家发展改革委结合相关政策措施和实际项目申报情况，确定安排各地区年度中央预算内投资计划额度。中央预算内投资计划下达后，地方发改及有关部门根据国家下达的投资计划转发或分解下达项目年度投资计划。

## 十、资金下达

中央预算内投资计划下达后，由财政部逐级下发资金额度，根据项目申报的主体层级不同，由相应层级的财政部门以实拨资金或国库集中支付方式拨付至项目实施主体或施工单位。中央预算内直接投资项目，主要以国库集中支付方式，由相应层级国库根据拨付指令将资金直接拨付至施工单位；中央预算内投资补助和贷款贴息项目，主要以实拨资金方式，由相应层级国库拨付至项目实施主体；中央预算内投资资本金注入项目，资金拨付主要为实拨资金，由相应层级的国库拨付至项目实施主体账户中。如图 19－4 所示。

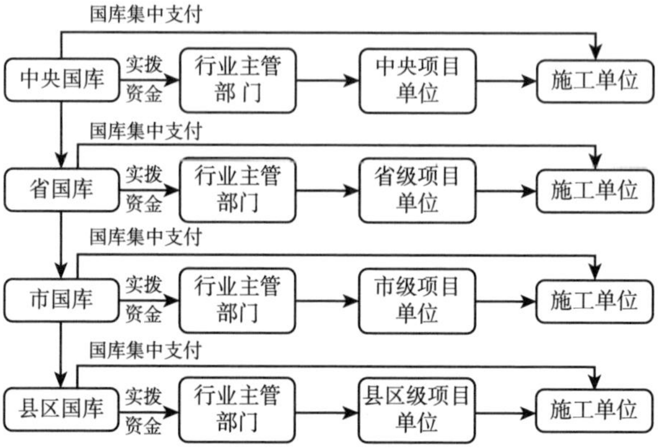


**图 19－4　资金下达流程示意**

## 十一、申报注意事项

①各专项申报时间较短，前后一周左右，需提早准备项目，提前完善项目申报材料、推进项目前期工作；②企业申报中央预算内投资补助需准备好自有资金和自筹资金证明；③项目前期手续要齐全；④同一企业不同项目在上一个中央预算内投资支持项目验收完成前不得再申请下一个项目的中央预算内资金；⑤原则上，同一个项目可以同时申报中央和省级预算内投资；⑥重点支持在建项目或拟新建项目。

## 十二、项目审核要点

①项目是否纳入国家重大建设项目库；②项目是否符合专项支持范围；③项目是否重复申报。对于已经足额安排的项目不得重复申请本专项中央预算内投资；同一项目不得重复申请同级别不同类型的中央预算内投资或其他中央财政资金；④项目单位是否被列入严重失信主体名单；⑤申报投资是否符合支持标准；⑥项目是否完成审批、核准或备案程序；⑦原则上支持计划新开工、续建项目，不得用于已完工项目，计划新开工项目前期工作条件是否成熟、具备开工条件，在建项目各项建设手续是否完备；⑧地方建设资金是否落实；⑨项目（法人）单位及项目责任人；⑩日常监管直接责任单位及监管责任人填报是否规范等。

# 第二十章　地方政府专项债券申报指南

## 一、基本概念

地方政府专项债券是指省、自治区、直辖市政府为有一定收益的公益性项目发行的、约定一定期限内以公益性项目产生的政府性基金或专项收入还本付息的政府债券。

## 二、发行背景

根据《中华人民共和国预算法》（2014 年修正版），《国务院关于加强地方政府性债务管理的意见》提出要“修明渠、堵暗道，赋予地方政府依法适度举债融资权限，加快建立规范的地方政府举债融资机制”，“地方政府举债采取政府债券方式。没有收益的公益性事业发展确需政府举借一般债务的，由地方政府发行一般债券融资，主要以一般公共预算收入偿还。有一定收益的公益性事业发展确需政府举借专项债务的，由地方政府通过发行专项债券融资，以对应的政府性基金或专项收入偿还”。

依据上述背景，2015 年开始发行地方政府专项债券。

## 三、发行主体

根据《国务院关于加强地方政府性债务管理的意见》要求，举债主体是“经国务院批准的省、自治区、直辖市政府可以适度举债，市县确需举债的只能由省、自治区、直辖市政府代为举借”。因此，地方政府专项债券的发行主体，省、自治区、直辖市政府，具体发行工作由省级财政部门负责。各市（州）、县（市、区）政府需要使用专项债券的，由省政府代为发行并转贷市县使用。

## 四、责任划分

专项债券管理实行分级负责，按照“谁使用、谁负责”的原则，由各级政府承担主体责任：各级财政、发改部门承担归口管理责任，具体主管部门和项目单位承担直接责任。

## 五、发行趋势

地方政府专项债券，从 2015 年发行以来，逐步成为我国固定资产投资项目融资的第二大模式，呈现支持领域越来越宽、期限越来越长、规模越来越大的趋势。

地方政府专项债支持固定资产投资项目领域越来越宽。地方政府专项债券支持领域根据国家宏观经济政策与形势不断优化动态调整，从最初的五大领域增加到 2024 年的 11 大领域，可用作项目资本金的领域也从 2013 年的 15 个增加到 17 个。2024 年，更多新能源、新基建、新产业领域被纳入地方政府专项债券投向领域和用作项目资本金范围，根据国务院办公厅最新印发《关于优化完善地方政府专项债券管理机制的意见》进一步扩大专项债券投向领域和用作项目资本金范围，实行专项债券投向领域“负面清单”管理，将完全无收益的项目、楼堂馆所、形象工程和政绩工程，除保障性住房、土地储备以外的房地产开发，主题公园、仿古城（镇、村、街）等商业设施和一般竞争性产业项目纳入专项债券投向领域“负面清单”，将信息技术、新材料、生物制造、数字经济、低空经济、量子科技、生命科学、商业航天、北斗等新兴产业基础设施，算力设备及辅助设备基础设施，高速公路、机场等传统基础设施安全性、智能化改造，以及卫生健康、养老托育、省级产业园区基础设施等纳入专项债券用作项目资本金范围，专项债券作项目资本金的范围扩大到 22 个行业（可参阅本书第十四章：固定资产投资项目自有资本金制度）。同时，该文件还提出“优化专项债券项目审核和管理机制，开展专项债券项目‘自审自发’试点”。

地方政府专项债券期限越来越长。2015 年，地方政府专项债券平均发行期限为 5—7 年；根据财政部统计，2024 年 1—10 月，地方政府债券平均发行期限 15. 1 年。

地方政府专项债利率越来越低。2018 年地方政府专项债平均发行利率为 3. 9%；2024 年 1—10 月，专项债券平均发行利率为 2. 34%。

地方政府专项债券支持固定资产投资项目规模越来越大。2015 年规模为 1000 亿元，2023 年增长至 5. 99 万亿元，增长了 59. 9 倍，如图 20－1 所示。

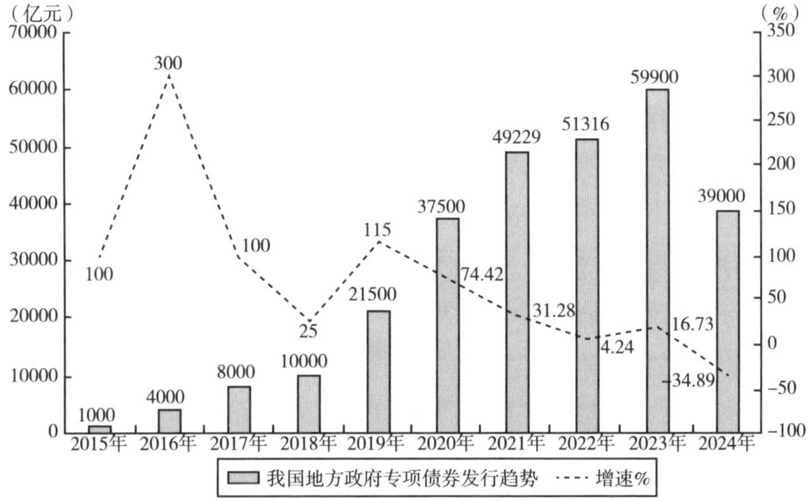


**图 20－1　2015—2024 年全国地方政府专项债券发行趋势**

资料来源：财政部官网数据整理绘制。

## 六、专项债券项目库及项目储备

一是储备库。强化专项债券项目储备、申报、发行、建设全过程管理。省、市、县三级分别提前开展项目准备工作，经发改、财政部门联合审查后，纳入储备库。

二是需求库。经省人民政府同意上报国家，并经国家发改委、财政部审核通过的项目，纳入需求库。

三是发行库。“一案两书”（项目融资平衡方案、法律意见书、财务评价报告书，下同）达到发行信息披露要求，已开工并提供概算审批、用地许可、规划许可、施工许可“一件三证”的项目，纳入发行。

四是存续库。完成专项债券发行的项目，纳入存续库。

## 七、申报流程及必备条件

总体来看，专项债申报流程分为需求上报、项目评审、债券发行三个步骤。

（一）需求上报

（1）申报流程：项目主管部门和项目单位根据本行业公益性事业发展规

划、项目前期准备等情况筛选符合专项债要求的项目，分别通过财政部门地方政府债务管理系统和发改部门国家重大项目库，将项目需求逐级上报至财政部、国家发展改革委审核后，财政部、国家发展改革委将审核结果反馈至地方。

（2）申报必备条件：项目立项和可研。

（3）申报窗口：根据《关于优化完善地方政府专项债券管理机制的意见》，对“自审自发”试点地区以外的省份，建立“常态化申报、按季度审核”机制。各地专项债券项目经省级政府审核批准后，依托国家发展改革委、财政部两部门信息系统常态化报送，其中，应在每年 10 月底前完成下一年度项目的集中报送，并在次年 2 月底、5 月底、8 月底前分别完成该年度第二季度、第三季度、全年项目的补充报送。两部门全年向各地开放信息系统，每年 3 月、6 月、9 月、11 月上旬定时采集地方报送数据，并于当月内下发审核结果。

（二）项目评审

（1）评审流程：在财政部、发展改革委审核通过的基础上，新上报项目需编制一案两书参与省级专项债券专家评审，评审通过的项目纳入省级发行备选库管理；续发行项目无需再次评审。

（2）评审必备条件：项目一案两书，用地、环评、开工文件等其他必要手续。

（3）评审窗口：按工作惯例，省级每年将统一组织评审窗口 3 次左右，通常省级财政厅在上一年度 12 月和当年 5 月固定开展两次评审，并根据地方项目储备情况机动开展一次评审。

（三）债券发行

（1）申报流程：省级财政厅分批次下达专项债券额度，并选定发行窗口。各区域统筹考虑区域重大战略、项目建设进度、地区债务风险等因素从评审通过的项目中选择项目申报发行，同时做好项目发行信息披露等信息公开工作。

（2）发行必备条件：项目已处于开工阶段或施工招投标阶段，债券资金到位后可以尽快形成实物工作量。

（3）发行窗口：提前批额度通常于每年 3 月底前发行完毕，第二批于 10 月底前发行完毕。具体将根据发行市场环境合理设置发行月度。

## 八、专项债券申报和管理相关禁止事项

（1）不得超越项目收益实际水平过度融资。（《中共中央办公厅、国务院办公厅关于做好地方政府专项债券发行及项目配套融资工作的通知》）

（2）将专项债券严格落实到实体政府投资项目，不得将专项债券作为政府投资基金、产业投资基金等各类股权基金的资金来源，不得通过设立壳公司、多级子公司等中间环节注资，避免层层嵌套、层层放大杠杆。（《中共中央办公厅、国务院办公厅关于做好地方政府专项债券发行及项目配套融资工作的通知》）

（3）市场化转型尚未完成、存量隐性债务尚未化解完毕的融资平台公司不得作为项目单位。（《中共中央办公厅、国务院办公厅关于做好地方政府专项债券发行及项目配套融资工作的通知》）

（4）严禁新增专项债券资金用于商业化运作的产业项目。（《财政部关于提前下达2020年第2批新增地方政府专项债务限额的通知》《财政部关于加快地方政府专项债券发行使用有关工作的通知》）

（5）严禁将新增专项债券资金用于置换存量债务，严禁将专项债券资金用于楼堂馆所、形象工程、面子工程和不必要的亮化美化工程等。（《财政部关于提前下达2022年新增债务限额和下达2021年剩余新增债务限额的通知》）

（6）通用禁止：楼堂馆所、形象工程和政绩工程、房地产等其他项目；高风险地区禁止：城市轨道交通；除卫生健康、教育、养老托育以外的其他社会事业；除供排水、供热、供气以外的其他市政基础设施项目；除公共服务信息化以外的其他新型基础设施项目；棚户区改造新开工项目。（《国家发展改革委办公厅关于组织申报2023年地方政府专项债券项目的通知》）

（7）地方政府及其所属部门不得在预算之外违法违规举借债务，不得以支持公益性事业发展名义举借债务用于经常性支出或楼堂馆所建设，不得挪用债务资金或改变既定资金用途。（《国务院关于加强地方政府性债务管理的意见》）

（8）2023年支持领域共计11个，从原来的交通基础设施、能源、农林水利、生态环保、社会事业、仓储物流基础设施、市政和产业园区基础设施、国家重大战略项目、保障性安居工程等9个领域扩大到11个领域，增加

新能源项目和新型基础设施 2 个领域，其他领域也不同程度增加了有关内容。（《国家发展和改革委办公厅关于组织申报 2023 年第二批地方政府专项债券项目的通知》）

（9）不得违规用作项目资本金。（具体要求可参考本书第十四章：固定资产投资项目自有资本金制度）

（10）可先行调度库款加快项目建设。对预算拟安排新增专项债券的项目通过先行调度库款的办法，加快项目建设进度，债券发行后及时回补。（《关于做好地方政府专项债券发行及项目配套融资工作的通知》）

（11）已纳入城镇棚户区改造计划、拟通过拆除新建（改建、扩建、翻建）实施改造的棚户区（居民住房），以及居民自建住房为主的区域和城中村等，不属于老旧小区范畴。（《住房和城乡建设部办公厅　国家发展改革委办公厅　财政部办公厅关于做好 2019 年老旧小区改造工作的通知》）

（12）高风险地区（上年度债务风险等级评定为红色的省本级、市本级和县区）禁止类项目：一是城市轨道交通项目；二是除卫生健康（含应急医疗救治设施、公共卫生设施）、教育（学前教育和职业教育）、养老以外的其他社会事业项目；三是除供排水、供热、供气以外的其他市政基础设施项目；四是棚户区改造新开工项目；五是新型基础设施：除公共服务信息化以外的其他新型基础设施项目。（《财政部　发展改革委关于印发〈地方政府专项债券资金投向领域禁止类项目清单〉的通知》《国家发展改革委关于盘活地方政府专项债务限额存量做好专项债券项目有关工作的通知》）

（13）严禁包装项目，包括虚增或扩大项目收入收益、虚列已通过审批事项等。（《财政部办公厅　国家发展改革委办公厅关于申报 2022 年新增专项债券项目资金需求的通知》）

（14）实行专项债券投向领域“负面清单”管理。将完全无收益的项目，楼堂馆所，形象工程和政绩工程，除保障性住房、土地储备以外的房地产开发，主题公园、仿古城（镇、村、街）等商业设施和一般竞争性产业项目纳入专项债券投向领域“负面清单”，未纳入“负面清单”的项目均可申请专项债券资金。专项债券依法不得用于经常性支出，严禁用于发放工资、养老金及支付单位运行经费、债务利息等。（《国务院办公厅关于优化完善地方政府专项债券管理机制的意见》）

## 九、专项债券项目实施方案策划具体要求

### （一）专项债券项目申报原则

申报的专项债项目必须是有一定收益的公益性项目，同时能够产生持续稳定的反映为政府性基金收入或专项收入的项目，且融资规模要保持与项目收益相平衡。严格按照“资金跟着项目走”的原则，建立“项目储备一批、债券发行一批、资金见效一批”动态申报发行机制，顺应产业发展趋势，结合专项债券重点支持领域，谋划布局“十四五”时期拟实施的重点项目，优先安排纳入相关规划的国家重大战略任务项目。

### （二）收入构建原则及思路

**1. 收入构建原则**

（1）相关性原则（收入来源于项目自身）。

（2）直接性原则（收入来源于项目建设内容）。

（3）可衡量原则（收入有参考依据或标准）。

**2. 收入构建思路**

（1）渠道筹集项目收入。针对项目融资偿还不足的可以适当考虑一部分政府性基金收入，包括政府补贴及项目对应产生的土地收益等，但财政性收入原则上占比不得超过50%，土地资源必须要明确资源所在范围、面积、用地性质等。

（2）打包项目：对于单个项目收益不足的，采取“肥瘦搭配”方式对当地资源进行归纳整理，将同区域内多个子项目合并为一个大项目或将多个子项目重组，要求项目业主为同一法人主体，采取集合发行的方式，满足专项债融资的需求。

（3）债券额度与收入的匹配性：专项债要求项目收益能覆盖债券本息并超出一定倍数（1.2倍），因此项目申请发行额度与项目收益情况保持高度协调，最高不超过项目总投资80%，但是，针对项目自身收益低的项目，建议通过延长发债期限、降低发债额度来确保收益覆盖倍数满足审查要求。收入测算来源必须要有相应类似的案例价格支持。选择案例必须是同区域或者临近区域同类型项目价格水平，同时测算收入上涨比例必须科学合理，考虑的依据充分。

（4）对专项债券对应的政府性基金收入和项目专项收入难以偿还本息的，

允许地方依法分年安排专项债券项目财政补助资金，以及调度其他项目专项收入、项目单位资金和政府性基金预算收入等偿还。

（三）专项债券项目成本测算要求

专项债项目成本测算必须全面、完整，测算依据来源必须可靠，各项成本比例设置必须合理，相关税收取费比例必须按照当前更新后的相关税收政策要求执行。

（四）专项债券项目资本金配置要求

除申请将专项债做资本金的项目外，其他申请专项债项目配备资本金应不低于各行业固定资产投资项目的最低资本金比例，参见《国务院关于调整和完善固定资产投资项目资本金制度的通知》《国务院关于加强固定资产投资项目资本金管理的通知》。

（五）专项债券申请组合融资的具体要求

采取专项债+市场化组合融资方式，项目收益主要来源于政府性基金收入和经营性专项收入两部分组成。偿还专项债券本息后仍有剩余专项收入的重大项目，可以由有关企业法人项目单位根据剩余专项收入情况向金融机构进行市场化融资。金融机构可按照商业化原则自主决策，在不新增隐性债务前提下给予融资支持，保障项目合理资金需求。采取组合融资的项目单位要依法对市场化融资承担全部偿还责任。政府性基金收入和用于偿还专项债券的专项收入纳入政府性基金预算管理；项目单位在银行开立监管账户，将项目用于偿还市场化融资的专项收入，及时足额归集至监管账户。采取组合融资的项目首先在专项债申报前必须取得市场化金融机构的授信意向和函件。

（六）专项债券融资测算要求

**1. 专项债券发行期限设置**

根据《财政部关于进一步做好地方政府债券发行工作的意见》，地方债期限为3年、5年、7年、10年、15年、20年、30年。《财政部关于加快地方政府专项债券发行使用有关工作的通知》要求专项债券期限原则上与项目期限相匹配，并统筹考虑投资者需求、到期债务分布等因素科学确定，降低期限错配风险，防止资金闲置，综合评估分年到期专项债券本息、可偿债财力以及融资成本等情况，合理确定专项债券期限。因此，为避免部分专项债券项目可能出现的错配风险，降低风险指数，通过盈亏平衡点来衡量专项债券应当采用的发行年限，合理设置债券期限。

**2. 专项债券发行利率**

按照相关统计数据，一般测算按照上一年度各期融资成本占比综合确定，具体取值按照建议按参考当期临近发行利率取值。

**3. 专项债券发行费用**

专项债发行费用一般按当年发行专项债额度的0.1%计算。

**4. 专项债券融资偿还方式**

10年期以下专项债券按年付息，到期一次性还本；10年期及以上专项债券按半年付息，到期一次性还本。近年来，国家财政部明确鼓励专项债券发行时采取本金分期偿还方式，既确保分期项目收益用于偿债，又平滑债券存续期内偿债压力。

**5. 专项债券融资平衡本息覆盖倍数要求**

资金平衡方案最终的输出结果与评价指标就是资金覆盖率（还本付息倍数）及资金平衡状况（现金流缺口）。还本付息倍数是省财政审批专项债项目的主要指标，其计算方式是：本息覆盖倍数=项目收益合计/债券还本付息合计，资金平衡方案里，测算出项目收益未来能够覆盖债券本息，才可以发行债券，一般要求覆盖倍数在1.2以上。资金平衡状况主要通过项目的财务计划现金流量表体现，现金是企业生存和发展的“血液”，各年度现金流为正，表明企业的可持续发展水平，某年度出现负值表明企业在当年资金断裂持续经营性不强，因此各年现金流量分析结果也是专项债审查财务可行性的一项重要指标。

## 十、专项债券项目实施方案编制要点

主管部门和项目单位可自行编制或依法依规委托独立第三方机构编制项目实施方案。包含但不限于以下内容：①项目基本情况；②项目立项审批、用地规划、环境评估等情况；③项目经济社会效益分析和公益性论证；④项目绩效目标；⑤项目投资估算及资金筹措方案；⑥项目建设运营方案；⑦项目预期收入、成本测算及融资平衡情况；⑧债券发行计划；⑨资金管理；⑩资产管理；⑪还本付息保障机制；⑫潜在风险评估及应对措施；⑬其他需要说明的事项。

项目实施方案应当内容完备、信息真实。主管部门和项目单位对实施方案的真实性、科学性、有效性负责。独立第三方律师事务所、会计师事务所客观公正评估。

为积极贯彻落实国务院和财政部关于加快地方政府专项债券发行工作的要求，进一步规范和指导地方政府专项债券实施方案编制工作，本书作者团队宋映忠、任兵、黎云参与中国工程咨询协会《地方政府专项债券实施方案编制指南（T/CNAEC204－2023)》团体标准编制，安秀梅院长作为专家评审了该标准。该标准于2023年3月14日发布，7月1日起正式实施，如图20－2所示。

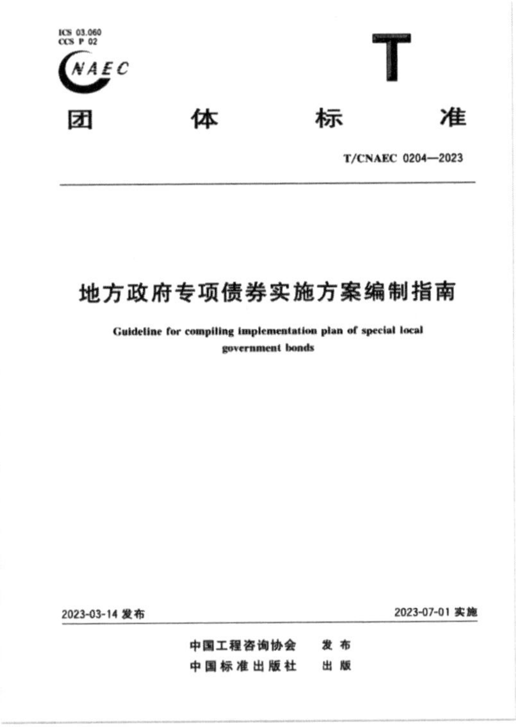
ICS 03.060
CCS P 02
CNAEC
T
团 体 标 准
T/CNAEC 0204—2023

地方政府专项债券实施方案编制指南

Guideline for compiling implementation plan of special local government bonds

2023-03-14 发布 2023-07-01 实施

中国工程咨询协会 发 布
中国标准出版社 出 版

**图20－2 《地方政府专项债券实施方案编制指南（T/CNAEC204－2023)》团体标准**

## 十一、专项债券项目财务评价报告编制要点

项目单位依法依规委托独立第三方机构编制项目财务评价报告。包含但不

限于以下内容：①项目收益及现金流入预测假设；②项目基本情况；③应付本息情况；④预期产生的净现金流入；⑤项目财务评价结论。

项目财务评价报告应当内容完备、信息真实。独立第三方会计师事务所客观公正评估。

## 十二、专项债券项目法律意见书编制要点

项目单位依法依规委托独立第三方机构编制项目法律意见书。包含但不限于以下内容：①专项债券发行主体与其他相关主体；②项目概况和审批情况；③项目效益；④项目融资与收益平衡；⑤潜在影响项目收益和融资平衡结果的各种风险评估；⑥中介服务机构；⑦发行的结论性意见。

项目法律意见书应当体现独立第三方律师事务所客观公证意见。

## 十三、资金使用和管理方面

（1）新增债券资金不得用于偿还债务（《财政部关于提前下达2022年新增债务限额和下达2021年剩余新增债务限额的通知》）。不得使用债券资金偿还隐性债务。（《财政部办公厅关于指导督促地方做好2021年地方政府专项债券资金使用管理情况核查整改工作的通知》）

（2）新增专项债券资金依法不得用于经常性支出，严禁用于发放工资、社保缴费等人员支出、公用支出，单位运行经费、发放养老金、支付利息、发行服务费、企业补贴等。（《财政部关于提前下达2020年第2批新增地方政府专项债务限额的通知》《财政部关于2020年1—6月新增专项债券发行和资金使用情况的通报》）

（3）专项债券资金使用，坚持以不调整为常态、调整为例外。专项债券一经发行，应当严格按照发行信息公开文件约定的项目用途使用债券资金，各地确因特殊情况需要调整的，应当严格履行规定程序，严禁擅自随意调整专项债券用途，严禁先挪用、后调整等行为。（《关于印发〈地方政府专项债券用途调整操作指引〉的通知》）

（4）不得采取定期存款、购买理财产品等方式存放债券资金。（《财政部关于进一步加强财政部门和预算单位资金存放管理的指导意见》）

（5）严禁将债券资金滞留国库或沉淀在部门单位，同时严禁“一拨了之”“以拨作支”。（《财政部关于2020年1—6月新增专项债券发行和资金使用情况

的通报》)

(6) 不得盲目举债铺摊子。(《财政部关于提前下达2022年新增债务限额和下达2021年剩余新增债务限额的通知》)

(7) 始终从长期大势认识当前形势，坚持推动高质量发展，坚持举债要同偿债能力相匹配；必须坚持结构性去杠杆的改革方向，坚决不搞“大水漫灌”。(《关于做好地方政府专项债券发行及项目配套融资工作的通知》)

# 第二十一章　超长期特别国债申报指南

## 一、基本概念

超长期特别国债（ultra－long special treasury bonds）：以国家信用为依托，为特定目标、具有明确用途而发行、期限超长的国债。

对于超长期特别国债需从“特别”和“超长期”两个角度进行理解：

“特别”是强调在特殊背景下发行的用于服务重大政策目标或应对重大公共危机的国家债务。

“超长期”是指发行期限在10年以上的国债。

## 二、发行期限

我国目前发行期限有15年、20年、30年和50年四个期限品种。

## 三、资金用途

特别国债专项用于国家重大战略实施和重点领域安全能力建设。专款专用，一般不纳入一般公共预算和财政赤字。

## 四、发行依据

2024年3月5日，《政府工作报告》提出“为系统解决强国建设、民族复兴进程中一些重大项目建设的资金问题，从今年开始拟连续几年发行超长期特别国债，专项用于国家重大战略实施和重点领域安全能力建设，今年先发行1万亿元”。

## 五、国际上主要经济体超长期特别国债发行情况

国际上主要经济体都采用超长期特别国债作为财政融资工具，而我国超长期规模占比仅16.9%，尚有较大空间（如表21－1所示）。

表 21－1　　国际上主要经济体超长期特别国债发行情况统计

| 发行国家 | 超长期国债规模占比 | 超长期国债期限种类 |
|---|---|---|
| 美国 | 22.2% | 20 年、30 年 |
| 德国 | 27.8% | 15 年、30 年 |
| 日本 | 44.8% | 15 年、20 年、30 年、40 年 |
| 中国 | 16.9% | 15 年、20 年、30 年、50 年 |

资料来源：Wind 数据库。

## 六、我国超长期特别国债发行情况

我国历史上发行特别国债是从 1998 年开始的。为缓释亚洲金融危机的冲击，为四大行补充资本金，发行 2700 亿元 30 年期特别国债。截至 2024 年末，先后又发行了六次（如表 21－2 所示）。

表 21－2　　我国超长期特别国债历年发行情况统计

| 年度 | 超长期国债发行额度（亿元） | 超长期国债用途及期限 |
|---|---|---|
| 1998 | 2700 | 向四大行补充资本金，定向发行，期限 30 年 |
| 2007 | 13500 | 购买外汇及汇金公司股权，成立中投公司期限 10/15 年 |
| 2017 | 6000 | 偿还 2007 年特别国债本金，期限 7/10 年 |
| 2020 | 10000 | 公共卫生等基础设施建设和抗疫相关支出，期限 5/7/10 年 |
| 2022 | 7500 | 偿还 2007 年特别国债本金，期限 3 年 |
| 2023 | 10000 | 灾后恢复重建、重点防洪治理工程等，期限 15/20/30/50 年 |
| 2024 | 10000 | 国家重大战略实施、重点领域安全能力建设，期限 15/20/30/50 年 |

资料来源：Wind 数据库。

## 七、重点支持领域

我国从 2024 年开始拟连续几年发行超长期特别国债，专项用于国家重大战略实施和重点领域安全能力建设（以下简称“两重”）。重点支持科技创新、城乡融合发展、区域协调发展、粮食能源安全、人口高质量发展等潜在建设需求巨大、投入周期长，现有资金渠道难以充分满足要求，亟须加大支持力度的领域建设项目。具体而言有 8 个方面、17 个具体投向。17 个细分领域具体包括：科技研发，绿色智能数字基础设施，农村转移人口市民化配套的就业、教育、医疗、住房、养老等公共保障体系，高标准农田建设，城市地下隐患管线维修、更新和升级改造，绿色产业体系，能源原材料重点领域，重点行业设备更新和技术改造等。其具体细分支持领域可参考表 21－3。

**表 21－3　　2024 年超长期特别国债支持领域汇总**

| 支持领域 | 主要类别 | 支持范围 | 支持比例 |
| --- | --- | --- | --- |
| 一、粮食安全 | 产粮大县公共服务设施 | 支持产粮大县中等职业学校、公办幼儿园、义务教育学校、普通高中、县级医院、中心镇县域医疗卫生次中心、公办养老服务机构、托育综合服务中心等有一定收益的项目。 | 中央投资（包括新增中央投资以及中央预算内投资等各类中央财政性建设资金，下同）支持比例不超过项目总投资的 80%。 |
| | 粮食仓储设施 | 支持中央储备粮食仓储物流设施，承担地方政府粮食储备任务的粮食仓储设施，政策性粮食收购有仓容缺口区域的粮食仓储设施，位于粮食物流重点线路、节点上的粮食仓储物流设施，以及中央储备棉糖仓储物流设施等。 | 中央投资支持比例：中央储备粮食仓储物流设施项目不超过项目总投资的 50%，其他中央企业和地方项目不超过 30%，西藏自治区及青海、四川、云南、甘肃省涉藏州县粮食仓储设施项目不超过 100%，西藏自治区及四省涉藏州县的其他项目以及新疆地区不超过 50%。 |
| 二、能源安全 | 支撑性调节性煤电 | 支持促进新能源消纳利用，保障电网运行安全的支撑性调节性煤电项目。项目须列入国家电力发展规划，并且能效、环保和灵活调节能力符合国家相关规定和要求。 | 中央投资支持比例：中西部、东北地区以及根据党中央、国务院文件享受中西部政策的地区按照《农村电网巩固提升工程中央预算内投资专项管理办法》（发改能源〔2023〕48 号）有关规定执行，东部地区不超过项目总投资的 20%。 |
| | 农村电网改造 | 支持脱贫地区、革命老区、边远地区等农网薄弱地区电网改造，提升供电保障能力。支持农村分布式可再生能源的接入消纳和充电基础设施的配套电网改造，推动可再生能源开发和新能源汽车下乡。 | |

续表

| 支持领域 | 主要类别 | 支持范围 | 支持比例 |
| --- | --- | --- | --- |
| 三、产业链供应链稳定安全 | 关键领域核心技术攻关 | 支持符合规划布局的集成电路重大生产线等项目。支持新能源汽车新型电子电气架构、高效电驱动、车用操作系统和固态电池及关键材料等攻关项目。 | 中央投资支持比例不超过项目总投资的15%。 |
| | 新引擎新赛道 | 支持人工智能大模型技术研发和行业应用项目。支持生物全链条技术产品创新和制造生产项目。支持航空航天批量化低成本生产制造项目。支持北斗规模化应用项目。支持风光氢储等新能源产业领域关键技术研发示范与设备制造项目。支持OLED面板、Micro-LED器件和玻璃基板建设等新型显示领域重大项目。支持面向人工智能大模型训练的大规模智能算力基础设施。支持新建大型、超大型算力中心（需布局在国家枢纽节点数据中心集群范围内）。 | 中央投资支持比例不超过项目总投资的15%。 |
| | 战略性矿产资源供应保障 | 支持国内紧缺金属、非金属战略性矿产资源等新建、改扩建矿山项目。 | 中央投资支持比例不超过项目总投资的20%。 |
| 四、城市基础设施及保障性安居工程配套基础设施 | 城市供气、供水、排水、供热管道和设施新建项目 | 城市供气、供水、排水、供热管道和设施新建项目。 | 东、中、西和东北地区分别不超过项目总投资的50%、70%、80%、80%。 |
| | 城市燃气管道等老化更新改造 | 支持更新改造城市燃气供水、排水、供热等老化管道和设施。 | 东、中、西和东北地区分别不超过项目总投资的50%、70%、80%、80%。 |
| | 公共供水管网漏损治理 | 支持老旧供水管网的诊断修复、更新改造工程，分区计量工程，压力调控工程，智能化监测调控工程。 | 东、中、西和东北地区分别不超过项目总投资的50%、70%、80%、80%。 |
| | 城中村改造、保障性住房配套基础设施 | 包括超大特大城市以及城区常住人口300万以上的大城市城中村改造相关的配套基础设施建设，保障性住房红线外配套基础设施。 | 东、中、西和东北地区分别不超过项目总投资的50%、70%、80%、80%。 |
| | 保障性安居工程配套基础设施 | 包括与小区相关的城镇基础设施建设，以及小区内的地下管线建设改造。 | 东、中、西和东北地区分别不超过项目总投资的50%、70%、80%、80%。 |

续表

| 支持领域 | 主要类别 | 支持范围 | 支持比例 |
|---|---|---|---|
| 五、生态环境保护修复 | 三北等重点区域生态保护和修复 | 支持“三北”工程中部署的在建项目，森林防火应急道路，国家储备林建设等。 | 中央投资按中央既有定额标准予以支持。 |
| | 城镇污水垃圾收集处理设施 | 支持总投资1亿元以上的项目。 | 中央投资支持比例：东、中、西和东北地区分别不超过项目总投资的30%、45%、60%、60%，其中，西藏及四省涉藏州县、南疆四地州、甘肃临夏州、四川凉山州、云南怒江州等地区原则上全额补助。 |
| | 重点流域水环境综合治理 | 支持海河、淮河、松花江、珠江等重点流域和太湖、白洋淀、丹江口水库等重要湖库水环境综合治理重大项目。 | 中央投资支持比例：东中、西部分别不超过项目总投资的30%、45%、60%。 |
| 六、交通物流重大基础设施 | 铁路 | 支持畅通中西部和东北地区骨干通道、强化边疆国防保障的干线铁路，支持京津冀、长三角、粤港澳大湾区等城际铁路项目，支持铁路货运能力提升项目。 | 中央投资支持比例不超过项目总投资的60%。 |
| | 公路 | 支持纳入《国家公路网规划》的国家高速公路和收费的普通国道项目。 | 中央投资支持比例不超过项目总投资的50%。 |
| | 水运 | 支持纳入《全国港口与航道布局规划》的港口和航道项目，国家大宗商品储运基地项目。 | 中央投资支持比例：相关港口和航道不超过项目总投资的50%，国家大宗商品储运基地不超过项目总投资的60%。 |
| | 机场 | 支持运输机场新建、改扩建项目。 | 中央投资支持比例：枢纽机场不超过项目总投资的45%、支线机场不超过项目总投资的90%。 |
| | 物流基础设施 | 支持已纳入年度建设名单的国家物流枢纽、国家骨干冷链物流基地和国家级示范物流园区内的公共性、基础性设施补短板项目，包括但不限于多式联运转运设施，高标准公共仓储设施新建、改扩建及智能化改造，保税仓储设施，公共物流信息平台和信息化提升项目等。支持冷链物流设施项目：包括但不限于冷链集配中心：公共冷库新建、改扩建、智能化改造及相关配套设施项目。 | 中央投资支持比例不超过项目总投资的30%。 |

续表

| 支持领域 | 主要类别 | 支持范围 | 支持比例 |
| --- | --- | --- | --- |
| 七、社会事业 | 教育基础设施建设 | 支持本科高校学生宿舍、中央高校新校区、职业院校产教融合和生活设施、高校教学科研和生活设施、普通高中建设项目。 | 中央投资支持比例原则上按照东、中、西部地区（含根据国家相关政策享受中、西部政策的地区，下同）分别不超过项目总投资的30%、60%和80%的比例进行支持，西藏自治区、南疆四地州、四省涉藏州县项目，中央本级项目中央投资支持比例不超过项目总投资的100%。 |
| | 医疗卫生设施建设 | 支持高水平医院创建国家医学中心、国家区域医疗中心。支持省级精神专科医院或综合医院精神病区建设。支持国家中医药传承创新中心和中西医协同“旗舰”医院建设。支持“平急两用”公共基础设施布局的大城市加强医院建设。 | 中央投资支持比例原则上按照东、中、西部地区分别不超过项目总投资的30%、60%和80%的比例进行支持，西藏自治区、南疆四地州、四省涉藏州县项目，中央本级项目中央投资支持比例不超过项目总投资的100%。 |
| | 文化旅游设施建设 | 支持历史文化遗产保护利用、展陈展示设施。支持国家公园等重要自然遗产地保护展示及配套服务设施。支持4A级及以上旅游景区内智慧展示设施、配套基础设施、开放服务设施等旅游基础设施。 | 中央投资支持比例原则上按照东、中、西部地区分别不超过项目总投资的30%、60%和80%的比例进行支持，西藏自治区、南疆四地州、四省涉藏州县项目，中央本级项目中央投资支持比例不超过项目总投资的100%。 |
| | 全民健身设施建设项目 | 支持体育公园、全民健身中心、户外运动公共服务设施、健身步道等。 | 中央投资支持比例原则上按照东、中、西部地区分别不超过项目总投资的30%、60%和80%的比例进行支持，西藏自治区、南疆四地州、四省涉藏州县项目中央投资支持比例不超过项目总投资的100%。 |

续表

| 支持领域 | 主要类别 | 支持范围 | 支持比例 |
| --- | --- | --- | --- |
| 七、社会事业 | “一老一小”服务设施建设 | 支持养老服务机构、以城市为单位申报的社区养老设施和社区居家养老服务网络等项目。支持综合性托育服务中心、以城市为单位申报的托育服务体系等项目。 | 中央投资支持比例原则上按照东、中、西部地区分别不超过项目总投资的 30%、60% 和 80% 的比例进行支持，西藏自治区、南疆四地州、四省涉藏州县项目中央投资支持比例不超过项目总投资的 100%。 |
| | 其他社会事业建设项目 | 支持殡仪馆、精神卫生福利设施、优抚医院、光荣院、省级盲人按摩医院、残疾人康复托养设施、儿童福利设施、未成年人保护设施、烈士纪念设施等。 | 中央投资支持比例原则上按照东、中、西部地区分别不超过项目总投资的 30%、60% 和 80% 的比例进行支持，西藏自治区、南疆四地州、四省涉藏州县项目中央投资支持比例不超过项目总投资的 100%。 |
| 八、其他重点领域 | 新疆西藏四省涉藏州县重大基础设施 | 支持列入“十四五”实施方案，存在投资缺口、有一定收益且有融资需求的项目。（国家重大项目库报送时在“其他 1”项下录入项目） | 中央投资支持比例不超过项目总投资的 80%，西藏自治区公益性项目全部由中央投资安排。 |
| | 兴边富民行动试点城镇重大基础设施项目 | 支持纳入试点城市有利于破除边境地区中心城镇发展瓶颈、提高产业和人口集聚能力的基础设施、公共服务、生态环保设施等项目。（国家重大项目库报送时在“其他 2”项下录入项目） | 中央投资支持比例不超过项目总投资的 80%，西藏自治区公益性项目全部由中央投资安排。 |
| | 中欧班列集结中心 | 支持中欧班列集结中心实施枢纽综合能力提升工程：包括场站、集疏运道路、查验作业设施、临港产业园区等基础设施补短板项目。 | 中央投资支持比例不超过项目总投资的 50%。 |
| | 边境口岸扩能改造 | 支持我国已开放的 11 个铁路口岸、47 个公路口岸实施扩能改造工程，包括增建铁路专用线、指定监管场地建设、查验货场改扩建、保税物流仓改扩建等项目。 | 中央投资支持比例不超过项目总投资的 50%。 |
| | 京津冀协同发展 | 支持北京非首都功能疏解项目在雄安新区落地建设。 | 中央投资支持比例：雄安新区不超过项目总投资 60%，北京、天津、河北其他地区不超过项目总投资 30%。 |

续表

| 支持领域 | 主要类别 | 支持范围 | 支持比例 |
| --- | --- | --- | --- |
| 八、其他重点领域 | 长江经济带绿色发展、黄河流域生态保护和高质量发展 | 支持落实《长江经济带发展规划纲要》《黄河流域生态保护和高质量发展规划纲要》的环境污染综合治理项目，包括工业园区污染治理、尾矿库治理项目等。 | 中央投资支持比例：东、中、西部分别不超过项目总投资的 50%、60%、80%。 |
| | 长三角一体化发展、粤港澳大湾区建设、海南全面深化改革开放 | 支持符合政策要求，其他投向领域未报送的重大项目。支持比例：中央投资支持比例，长三角一体化发展方向。 | 东、中部分别不超过项目总投资的 30%、45%；粤港澳大湾区建设方向不超过项目总投资的 30%；海南全面深化改革开放方向支持比例：不超过项目总投资的 80%。 |
| | 东北全面振兴 | 支持对提升东北地区维护国家“五大安全”能力具有重要支撑作用、其他投向领域未报送的重大项目。 | 中央投资支持比例不超过项目总投资的 60%。 |

特别提醒：以上支持领域仅作为参考，其支持具体领域和项目申报要求，必须按当地发改部门下发申报专项通知为准。请大家务必注意。

## 八、申报要求

超长期特别国债要求项目能够尽快开工，形成实物工作量，所以，提前谋划合适的项目，争取资金并可尽快开工，十分重要。根据发行特别国债的意义和要达到的目的，成功申报应注意以下要点：

第一，优先报送“十四五”规划的 102 项重大工程项目，优先报送国务院及国务院有关部门批复的重点专项规划和区域规划以及地方重点规划中明确的项目。

第二，新开工项目要求前期研究论证比较充分，具备一定前期工作基础，原则上能够在 2024 年底前开工建设。

第三，项目原则上应为单体项目，如果目前确实难以明确到具体项目的，可以打捆报送，项目要按照隶属关系进行报送，不得报送一般竞争性产业项目、房地产开发项目、楼堂馆所、形象工程等。

第四，要严格落实各渠道建设资金，确保项目资金拼盘完整闭合，并在国家重大建设项目库建设投资情况板块准确填报项目总投资中的各渠道资金构成。

## 九、申报流程

根据以往申报情况，具体有以下流程：

（1）项目单位根据申报通知要求，准备符合申报条件的项目同时从线上（国家重大建设项目库）和线下（项目单行材料）两条线进行申报。

（2）由发改部门会同行业主管部门，对照专项管理办法和申报通知要求逐级审核、逐级上报。

（3）线上：拟申报特别国债的项目基本信息由项目申报单位经互联网端口录入国家重大建设项目库，并推送至属地发改部门。由属地发改部门会同行业主管部门进行筛选审核，并将最终通过审核的项目纳入国家三年滚动计划库，逐级推送。

（4）线下：项目业主单位准备项目申报材料，包括资金申请报告、项目审批（核准、备案）文件、真实性说明、资金承诺函等单行材料，同步报送至属地发改部门。

## 十、资金申请报告主要内容

根据以往申报情况，报告应包含以下内容：

（1）项目单位基本情况。

（2）项目基本情况：包括全国投资项目在线审批监管平台生成的项目代码、建设必要性及可行性、建设内容、总投资及资金来源、建设条件落实情况、项目建成后的经济社会环境效益等。

（3）项目列入政府投资项目库和三年滚动投资计划：通过在线平台，完成审批情况。

（4）申请投资支持的主要理由和政策依据。

（5）项目建设方案：包括项目建设的必要性、选址、建设规模、建设内容、工艺方案、产品方案、设备方案、工程方案等。项目投资估算：包括主要工程量表、主要设备表、投资估算表等。

（6）项目融资方案：包括项目的融资主体、资金来源渠道和方式等。

（7）具体管理办法要求提供的其他内容。

（8）相关附件：包括项目城乡规划、用地审批、节能审查、环评等前期手续复印件以及资金到位情况。

（9）项目单位应对所提交的资金申请报告内容的真实性负责。

## 十一、审批流程

从以往审批情况来看，与一般国债相比，特别国债发行流程相对灵活和便捷，首先需要国务院提请全国人大或人大常委会审议增发特别国债，调整年末国债余额限额，随后由财政部根据议案规定发行特别国债。可见特别国债发行和审批机制更加灵活，可在必要时启动。参考以往国债审批，超长期特别国债具体审批流程如下：

（1）前期工作。包括财政部启动国债发行工作，做好资金预算管理，相关部门建立协调机制（涉及国家财政部、国家发展改革委、水利部、农业农村部、应急管理部、生态环境部、住房和城乡建设部和审计署等部门）。

（2）项目申报。地方梳理符合投向领域的项目（项目清单、安排金额等）（涉及地方水利、农业、住建等相关部门和财政部门）。

（3）省级审核。省级发改委对项目进行审核并将审核通过的项目报送国家（建设内容、立项审批进展、预计开工完工时间、资金落实情况等）（涉及省级发改委和财政部门）。

（4）国家级审核。组织地方报送项目详细情况，加强审核把关（涉及国家发展改革委员会会同相关部门）。

（5）项目确定。根据协调机制统筹确定具体的项目，国家发展改革委会同相关部门向地方下达国债项目清单（涉及国家发展改革委员会会同相关部门）。

（6）资金下达。按项目清单向地方下达项目预算，并依法拨付国债资金（涉及财政部）。

## 十二、审核要点

各级审核部门依托国家重大项目库对申报项目材料的真实性、完整性、合规性严格把关。重点审核项目是否纳入规划计划、是否具备建设条件、投资强度是否合理、筹资方案是否可行、绩效目标是否明确等。涉及城市生命线安全工程的，还应审核项目是否符合防灾减灾要求、建设方案是否科学合理、是否具备持续稳定运行条件等。审核要点包括：

（1）项目是否纳入国家重大建设项目库和三年滚动投资计划。

（2）项目是否符合支持范围。

（3）项目是否具有项目代码，通过在线平台核验项目代码真实性以及申报材料与在线平台上的项目信息是否一致。

（4）项目是否重复申报。

（5）项目单位是否被列入严重失信主体名单。

（6）申报投资是否符合支持标准。

（7）项目是否完成审批、核准或备案程序。

（8）原则上支持计划新开工、续建项目，不得用于已完工项目，计划新开工项目前期工作条件是否成熟、具备开工条件。在建项目各项建设手续是否完备，是否投资计划一经下达即可开工建设。

（9）地方建设资金是否落实。

（10）日常监管直接责任单位及监管责任人填报是否规范等。

# 第二十二章　国际金融组织和外国政府贷款申请指引

## 一、概念

指财政部经国务院批准代表国家统一筹借并形成政府外债的贷款，以及与上述贷款搭配使用的联合融资。

## 二、分类

按照政府承担还款责任的不同，贷款分为政府负有偿还责任贷款和政府负有担保责任贷款。

政府负有偿还责任贷款，应当纳入本级政府的预算管理和债务限额管理，其收入、支出、还本付息付费纳入一般公共预算管理，按照部门预算相关规定开展评审，落实预算绩效管理相关要求。

政府负有担保责任贷款，不纳入政府债务限额管理。政府依法承担并实际履行担保责任时，应当从本级政府预算安排还贷资金，纳入一般公共预算管理。

## 三、国际金融组织贷款项目的意义

国际金融组织贷款项目是中国改革开放事业的重要组成部分，是中国引进外资外智的重要渠道之一，有力推动了中国的制度创新、管理创新和技术创新。国际金融组织贷款项目的实施有效缓解了我国经济建设与资金不足的供求矛盾，支持了一大批国家和省级重点项目的建设，有效分散了还款压力，并起到了引导国内配套资金投向、改善投资结构的作用；国际金融组织在全球各个领域实施了成千上万个项目，形成了一套科学规范的项目管理经验。我国广泛采用的招投标制度、工程监理制度等符合市场经济要求的项目管理制度最早都来源于国际金融组织；许多国际金融组织贷款项目都具有“示范性”“创新性”等特点，项目实施过程中引进的国际先进技术和管理经验，培养了一批懂技术、会管理、能创新的专业技术和项目管理人才，为国内其他项目建设提供了人才保障，实现了资金和技术“双引进”。

## 四、国际金融组织贷款资金特点

与国内银行贷款或国债资金相比，国际金融组织贷款资金有几个显著特征。一是贷款利率低。国际金融组织贷款是以国家主权信用申请的贷款，中国国际信用评级较高，融资成本低，国际金融组织贷款利率普遍为2%左右，明显优于国内商业贷款。二是贷款周期长。国际金融组织贷款项目期限普遍较长，最长贷款年限可达35年，且包含3—5年宽限期，即在宽限期内只收取贷款利息，宽限期满后才开始回收本金。三是主要支持公益性项目。国际金融组织贷款带有一定的援助性质，其项目主要支持公益项目和民生福祉事业，这与商业银行利益导向的支持方式有本质区别。这对建设周期长，投资回报较慢的大型基础设施项目或社会效益明显而经济效益有限的项目较为有利。

## 五、支持的投向领域

我国自1979年首次利用外国政府贷款以来，与国际金融组织和外国政府开展贷款合作已有40余年。根据《财政部关于印发〈国际金融组织和外国政府贷款项目全生命周期管理暂行办法〉的通知》，截至2022年12月31日，我国利用国际金融组织（包括世界银行、亚洲开发银行、亚洲基础设施投资银行、新开发银行、国际农业发展基金、欧洲投资银行、欧佩克国际发展基金、北欧投资银行）和外国政府贷款累计承诺额1803亿美元，用于支持3865个项目，涉及能源、交通、林业、农业、城建、教育、乡村振兴、医疗卫生、绿色发展、自然文化遗产保护等众多领域，为我国经济社会发展提供了资金和智力支持。根据公开资料整理历年国际金融组织贷款主体对华主权优惠贷款重点支持领域如表22－1所示。

**表 22 -1　　　　　　　国际金融组织贷款支持领域汇总**

| 主体 | 类别 | 支持领域 | 支持范围 | 方式 |
| --- | --- | --- | --- | --- |
| 外国政府贷款 | 德国促进贷款 | 可再生能源和能效 | 包括太阳能、光伏、风能、氢能源、生物质能源利用；天然气、太阳能、地热等清洁能源集中供热；能源转换，减少煤炭使用；提高能源利用效率；储能技术发展等。 | 通过金融机构（银行、融资租赁、国有投资控股平台、保险公司等）提供绿色信贷融资。 |
| | | 可持续城市发展 | 包括绿色低碳交通运输；优化城市、区域的物流配送系统，改善交通系统的运行和维护水平，推广低排放车辆和可替代燃料的应用；固体废弃物能源化利用、特定固废处理；减少海洋垃圾。 | |
| | | 生态转型 | 包括生物多样性保护、可持续森林经营和自然资源管理、湿地保护、林业碳汇等。 | |
| | | 水资源管理 | 包括供水和水资源分配；废水收集和处理、污泥处理；排水管网改造；地下水回补、监控和维修养护系统整合；雨水和洪水管理。 | |
| | 法国开发署贷款 | 能源转型 | 包括可再生能源、生物质能利用；智能电网及提高电网灵活性；燃煤发电退出；可再生能源供热；提高供热网络能源效率；地热利用；储能项目等。 | |
| | | 生态转型 | 包括适应和减缓气候变化；提高区域应对气候变化的韧性，保护生态系统；生物多样性修复保护和合理利用；自然文化遗产保护与合理利用等。区域治理。可持续城市发展；落后街区改造；历史街区更新；城乡发展和生态城建设；公共交通建设和管理；工业废弃地改造等。 | |
| | 以色列政府贷款 | | 包括清洁和智慧能源技术、高效节水和水处理、职业教育、现代化农业等。 | |
| 世界银行贷款 | | 长江流域生态环境保护修复和绿色发展 | 重点支持城镇污水垃圾处理、化工污染治理、农业面源污染治理、船舶污染治理和尾矿库污染治理“4+1”工程。 | 拟通过中央部门统筹、地方参与的方式组织实施项目，优先使用世行结果导向型贷款工具。 |
| | | 黄河流域生态修复 | 探索健全黄河流域生态保护和修复机制，研究水沙关系，推进水资源集约节约利用，提升水源涵养能力，应对流域内生态系统退化、水土流失、水资源紧缺、环境污染等问题，合理配置水资源和生态流量，推进流域生态环境持续改善和绿色发展。 | |

续表

| 主体 | 类别 | 支持领域 | 支持范围 | 方式 |
| --- | --- | --- | --- | --- |
| 世界银行贷款 |  | 塑料垃圾减量（二期） | 支持部分省份建设城乡一体的包括塑料垃圾在内的生活垃圾管理体系。推动将县城垃圾处理设施和处理能力向乡村延伸覆盖、提升农村垃圾的收集、转运能力，探索农村塑料垃圾回收利用和处理的有效制度和模式。 | 拟通过中央部门统筹、地方参与的方式组织实施项目，优先使用世行结果导向型贷款工具。 |
|  |  | 绿色农业和乡村振兴示范 | 重点支持发展农村绿色产业，推动农村三产融合，加强乡村建设和治理，提高乡村绿色发展能力，改善乡村绿色发展环境等。 |  |
|  |  | 城市间绿色交通发展示范 | 支持城市群、都市圈公共交通换乘枢纽、接驳巴士等小规模绿色低碳交通投资，通过新技术平台推动实现城市间智能出行，探索提高跨区域机构协调能力，促进城市群和都市圈绿色低碳交通转型。 |  |
|  |  | 生物多样性保护和可持续生态系统建设 | 加强对关键生态系统和具有全球生物多样性价值地区的保护，推动生态资源可持续利用，提高相关地区综合规划和管理能力，探索建立生态补偿机制和生态保护活动激励机制。 |  |
|  |  | 生态工业园区建设示范 | 对标国际实践，支持省级生态工业园区建设，为园区和园区内企业提供更多绿色融资支持，完善生态工业园相关制度、认证标准、监测系统等，提高生态工业园区绿色竞争力。 |  |
|  |  | 省级能源转型示范 | 重点支持电池储能、绿氢燃料电池、海上风电等储能技术和可再生能源行业发展，加强智能电网建设，探索建立绿证交易体系，完善相关体制机制。 |  |
|  |  | 城市碳中和示范 | 从空间规划、土地利用、城市设计、市政基础设施建设、建筑节能等多方面支持相关城市减少碳排放总量，实现碳减排目标。 |  |
|  |  | 大气污染防治示范 | 通过在选定区域对 PM2.5、臭氧、温室气体减排措施的成本效益进行分析，制订能源消耗、垃圾处置、工业运输、畜牧活动等多污染源协同减排计划，减少温室气体排放，改善空气质量，减缓气候变化，并探索完善相关激励机制。 |  |

续表

| 主体 | 类别 | 支持领域 | 支持范围 | 方式 |
|---|---|---|---|---|
| 亚洲开发银行贷款 | | 环境可持续发展 | 重点支持水土资源综合保护利用，加强生物多样性及森林、草原、湿地、海洋等生态系统保护，完善重点流域生态补偿机制，促进气候智慧型农业发展，提高资源循环利用，做好各污染防治（包括大气污染防治、固体废弃物处置利用、水污染防治等）。 | |
| | | 适应和减缓气候变化 | 重点支持低碳和增强气候韧性的基础设施建设，推广低碳和零碳技术运用，加强洪涝灾害等风险管理，促进城市建筑、交通基础设施、工业园区等循环经济发展等。 | |
| | | 老龄化与公共卫生安全 | 重点支持健康和老年友好型城市建设，提升农村养老服务保障水平，加强食品卫生安全保障，推进城乡疾控预防中心信息化能力建设，改善农村地区卫生服务条件等。 | |
| 亚洲基础设施投资银行贷款 | | 跨境互联互通 | 重点支持边境城市（口岸）、内陆重点国际贸易和交通枢纽城市跨境互联互通基础设施（包括国际机场、港口、铁路、物流及其配套设施）建设，以及交通、电力及数字化基础设施的新建和升级等。 | |
| | | 绿色低碳环境可持续发展 | 重点支持可再生能源、新能源开发利用，节能提高能效，资源循环利用，大容量储能，低碳能源和交通，碳捕集（包括温室气体排量巨大的发电厂、能源和工业企业的碳捕集），生态修复，生态文明管理信息平台建设，各类污染防治（包括大气污染防治、固体废弃物处置利用、水污染防治），以及绿色城市建设、推进城市和县城环境基础设施提级扩能等。 | |
| | | 数字基础设施建设和已有设施升级 | 重点支持新一代互联网、数据中心、智慧城市、智慧能源、智慧交通等数字化基础设施建设，推进城市和县城公共设施数字化改造等。 | |
| 新开发银行贷款 | | | 环境保护和污染控制、社会基础设施、数字基础设施、气候适应类基础设施、交通类基础设施。 | |

续表

| 主体 | 类别 | 支持领域 | 支持范围 | 方式 |
|---|---|---|---|---|
| 国际农业发展基金 | | | 用于发展粮食生产，改善民众的食物营养，逐步消除农村贫困现象。农发基金以优惠条件支持发展中成员国的农业发展，支持的项目主要用于引进、扩大或改善粮食生产体系，加强国家战略重点框架下的相关政策和机构。 | |

## 六、贷款条件

部分国际金融组织和外国政府贷款条件如下：

（一）世界银行

贷款偿还期一般为17年至25年，其中含3—5年左右的宽限期。贷款币种一般为美元，利率以6个月伦敦银行同业拆借利率（LIBOR）为基础，另加固定利差构成。

（二）亚洲开发银行

贷款偿还期一般为15年至25年，其中含3—5年左右的宽限期。贷款币种一般为美元，利率以6个月伦敦银行同业拆借利率为基础，另加固定利差构成；无先征费和管理费；对未提取的贷款本金按0.15%的年率收取承诺费。国内配套资金一般不低于50%。

（三）亚洲基础设施投资银行

目前主要向我国提供美元和人民币主权贷款，利率为固定利差浮动利率，贷款期限最长可达35年。美元主权贷款利率以6个月伦敦同业拆借利率为基础，根据不同贷款期限和市场风险加收固定利差。人民币主权贷款利率以3个月上海同业拆借利率（SHIBOR）为基础，根据不同贷款期限和市场风险加收固定利差，目前约3.5%。此外，亚投行对所有贷款收取0.25%的先征费和0.25%的承诺费。

（四）新开发银行

目前主要向我国提供美元和人民币主权贷款，利率为固定利差浮动利率，平均还款期最长不超过19年。美元主权贷款利率为在6个月伦敦同业拆借利率基础上，根据不同贷款期限和市场风险加收固定利差，目前约0.75%

(国内银行5年期以上人民币贷款基准利率为4.9%)。人民币主权贷款为在3个月上海银行间同业拆借利率(SHIBOR)基础上,根据不同贷款期限和市场风险加收固定利差,目前约3.25%。此外,新开发银行对所有贷款项目收取0.25%的先征费和0.25%的承诺费(如支付进度达到一定比例则免征承诺费)。

(五)国际农业发展基金

2021年农发基金确定我国贷款适用于普通条件,还款期最长18年,宽限期最长3年。现阶段,我国利用农发基金贷款平均还款期限为12年,近年贷款利率较国际资本市场参考利率优惠幅度约为29%—35%。

(六)德国促进贷款

重点支持对环境保护和应对气候变化有显著积极影响的项目。单个项目贷款额原则上不低于0.5亿欧元,鼓励大型项目申报。设备采购金额原则上不低于贷款金额的50%,生物多样性保护、林业碳汇、金融等领域项目除外。

(七)法国开发署贷款

要求项目对应对气候变化具有积极影响。单个项目贷款额原则上不低于0.5亿欧元。

## 七、申报要件

申请项目贷款申报书;项目建议书;项目绩效目标;财政出具的还款承诺函。

## 八、申报程序

(一)政策文件依据

国家发改委会同财政部等有关部门根据《外债管理暂行办法》《国际金融组织和外国政府贷款赠款管理办法》《国际金融组织和外国政府贷款投资项目管理暂行办法》《国际金融组织和外国政府贷款项目前期管理规程(试行)》《财政部关于印发〈国际金融组织和外国政府贷款项目全生命周期管理暂行办法〉的通知》等规定,制定国际金融组织贷款年度备选项目规划,并据此制订、下达年度项目签约计划,定期发布贷款备选项目申报通知。

（二）项目申报程序

项目申请和实施单位依据《国际金融组织贷款备选项目规划项目材料参考大纲》编制项目申报材料，达到项目建议书深度，并向同级政府、财政、发改委报送项目申请报告。地方政府转同级财政、发改委提意见，经地方政府同意后，由地方政府、财政、发改委分别上报省政府、省财政厅、省发改委。经省政府、省财政厅、省发改委同意后，正式向国家发展改革委和财政部申请列入国家备选项目规划。其中，世界银行、亚洲开发银行、联合国农业发展基金会和重点国别外国政府贷款备选项目规划须经国务院批准。具体流程如下：

第一，国家发改委、财政部，省发改委、省财政厅，市发改委、财政部门逐级下发征集通知，相关部门按通知要求做好项目谋划工作。

第二，本级项目由项目单位对接各部门，将项目申报所需资料（贷款申报书、项目建议书、项目绩效目标、还款承诺函）报相应行业部门，经行业部门审定同意后分别报市发改委、财政部门（市本级项目的还款承诺函由财政部门统一出具）；各县区申报项目由项目单位对接县区发改、财政部门并报送项目资料，经各县区发改、财政审定后分别报市发改委、财政部门（县区申报还款承诺函由县区财政出具）。

第三，市发改委按照要求，对项目情况进行审核，并录入全省外贷项目储备库；财政部门对项目资金内容进行审核，审核通过后由财政部门出具还款承诺函。

第四，市发改委会同财政部门，联合上报省发改委、省财政厅。

第五，省发改委对申报项目召开专家评审会，进行项目评估后报省财政厅做财务评估。

第六，省发改委、省财政厅将最终确定的外贷项目联合上报国家发改委、财政部。

## 九、贷款申请书编制要点

贷款申请书编制包含但不限于以下内容：贷款的目的和必要性；贷款项目主要内容；贷款资金及配套资金来源；转贷及债务偿还安排。

## 十、评审

第一，财政部应当对贷款申请书进行审查，并根据《国际金融组织和外国政府贷款赠款管理办法》的规定以及贷款方的要求等决定是否将贷款申请列入国际金融组织贷款规划。

第二，省级财政部门对已列入国际金融组织贷款规划的有关项目应由省级财政部门组织专家或委托第三方机构组织评审，并向财政部提交财政评审报告。财政部根据评审意见书决定是否安排对外磋商谈判。评审重点主要包括：项目投入领域；贷款方式；绩效目标；融资安排；配套资金安排；偿债机制；债务风险和执行机构能力等。

地方申报项目需同步报送省级财政部门出具的财政评审报告。省级财政部门应当严格按照财政部相关格式及要素要求开展项目财政评审工作、撰写报告；对于财政评审报告提出的相关风险提示及改进建议等，各级财政部门应当督促指导项目单位研究落实。

## 十一、项目准备

第一，项目准备是指自备选项目规划下达后至项目对外磋商与谈判前需开展的各项工作。

第二，项目实施单位承担项目主体责任；财政部门应当指导、监督项目单位组织、开展项目准备工作。

第三，项目单位应当按照相关规定和要求，开展项目准备工作，完成环境和社会影响评价报告、土地利用报告、移民安置计划等的编报，配合贷款方和国内相关部门按时完成项目鉴别、评估等准备工作，落实配套资金，依次编制可行性研究报告或项目实施框架方案、资金申请报告等项目材料，办理相关审批手续，每季度结束后 10 个工作如内将季度项目准备及审批进展情况通过同级财政部门逐级上报审计财政部门。

第四，省级财政部门、中央项目协调机构应当于每季度结束后 15 个工作日内将包括但不限于项目进展、存在问题和下一步工作安排等项目准备情况通过外贷系统向财政部报告。

## 十二、对外磋商与谈判

财政部根据项目准备情况，组织中央项目单位、省级财政部门等有关单位就贷款法律文件草本研提意见。对于贷款方要求谈判的国际金融组织贷款，财政部应当组织开展对外谈判。省级财政部门、中央单位应当组织有关部门配合参与谈判工作，对贷款法律文件草本提出修改或确认意见。如无特殊情况，项目在谈判前应当完成全部必要报批手续。

## 十三、项目签约与生效

财政部在对外磋商与谈判后，根据贷款方批准贷款等进展情况，组织签署贷款法律文件并办理生效手续。

# 第二十三章　固定资产投融资项目前期谋划思路与技巧

前期谋划是固定资产投融资项目的起点，良好的前期谋划可以为项目的成功实施打下坚实的基础。从市场调研到项目定位，再到建设内容设计、财务评价、风险分析，每一个步骤都需要精心策划和周密准备。本章将根据作者自身十七年项目前期谋划的心得总结，详细分享固定资产投融资项目前期谋划的主要内容、方法和技术。

## 一、项目前期谋划的定义

（一）狭义的项目谋划

一般指投资项目从意向萌发到概念成形的初始阶段，即从投资动机产生到项目概念正式提出的过程，是项目从无到有的孕育阶段，是项目全生命周期管理的开端。

（二）广义的项目谋划

不仅仅是一个项目概念的提出，还要对项目投资机会、市场需求、投资收益、资金来源、建设方案、项目风险、项目资源要素保障、政策支持等进行分析研究，站在项目全生命周期的角度进行项目前期分析与策划。

## 二、谋划项目要做到“三度”“一新”

所谓“三度”即项目前期谋划站位要高、视野要广、分析论证要深。

（一）项目前期谋划站位要有“高度”

项目谋划不能站在项目中看项目，要从宏观上站在国家层面、省、市层面，从国家战略高度、重大政策高度以及社会和市场需求高度去精准定位项目建设的必要性、项目建设可行性和项目建设风险可控性三大目标；从经济层面、社会层面和生态层面分析项目的经济效益、社会效益和生态效益。

（二）项目前期谋划视野要有“广度”

任何一个项目都不是孤立存在的，再好的项目也不可能搁置在真空中，因此项目前期谋划，必须要有广阔的视野，要用“广角镜”对国内外同类项目技术先进性进行对比分析，避免在项目起跑线上就落后一截；对新科技、新能源、数字化植入进行分析，避免高能耗、高污染、低效能项目；从项目ESG高质量可持续发展的角度分析，从生态环保、社会责任和项目公司治理等方面提升项目先进性；对项目辐射半径内的同业进行分析，避免重复建设；对项目资源进行梳理，对项目资源配置、资金、土地要素保障等进行分析，保障项目顺利推进；站在项目全生命周期的角度开展项目前期谋划，对项目营运方案进行前置研究，避免“竣工就闲置，开工就停产”的“烂尾项目”发生。

（三）项目前期谋划深度要有“深度”

一是要在深入细致调查的基础上，收集提取大量的项目信息资料，并进行系统分析研究，去粗取精、去伪存真地分析出项目的需求、建设的可行性和风险因素。

二是充分梳理资源禀赋，进行资源科学配置和综合利用，发挥资源效率最大化作用。

三是仔细分析项目资金、土地、能源、原材料供应、交通区域条件的建设要素和条件，充分论证项目建设的可行性。

四是充分细致分析项目投资收益率、偿债备付率、利息备付率、资产负债率、财务净现值、投资回收期等，对项目投资收益能力、偿债能力和财务生存能力进行科学评估，提出切实可行的融资方案。

五是整合资源，提前对接和链接产业营运资源，导入产业营运，前置研究和落实项目营运的有效性和落地性。

六是对项目内容逻辑关联、资金现金流平衡、原材料供需、生产供求、上下游连接等闭环分析研究。

七是对项目的推进措施和方法进行研究，增强项目落地性。

（四）所谓“一新”，是指项目前期谋划思维要“创新”

所谓创新，是个人或组织机构产生新的想法并将它付诸实践的过程，或许是一个终点的超越，或许是一个平衡的打破。或许是一个高度的提升。每个具体的项目都会有其各自的优势和亮点，如果我们不能透过现象看本质，不能穿透式分析项目，就不能谋划出优质的项目。项目前期谋划的“创新”，就是要做到“人无我有，人有我优”。

## 三、谋划项目要做到“七个围绕”“三次升华”

所谓“七个围绕”是指“围绕趋势、围绕政策、围绕规划、围绕资源、围绕产业、围绕营运和围绕资金”。

### （一）围绕趋势谋划项目

项目投资决策分析，是通过对过去和现在的数据、情况的收集、调研分析，预测判断未来的结果，这本身就是一种推演的趋势性结果，这种结果本身具有不确定性，如果趋势发生变化，结果就会偏离。因此，项目前期谋划，一定要重点关注“三个趋势”：

**1. 政治经济趋势**

包括国内外政治、外交、执政者、宏观经济数据变化趋势等。

**2. 人类社会发展趋势**

包括新质生产力所包含的新型劳动者的变化趋势，新科技、新动能、数智化等新型生产工具和资金、生产资料与劳动对象的变化趋势等。

**3. 需求的变化趋势**

包括大食物观对人类食物的变化趋势、交通出行的变化趋势、流行美学的变化趋势、社会需求的变化趋势、生态需求的变化趋势等。

### （二）围绕政策谋划项目

国家宏观政策及其变化，是谋划项目的风向标和指挥棒。不论是谋划政府投资项目，还是企业投资项目，都必须要符合国家政策和投资方向。

目前，我国呈现以财政、货币政策为主轴，产业、科技和社会政策为配套的五大政策体系（如图 23－1 所示）。

要做好项目的前期谋划，不仅要了解，还要熟悉和应用这些宏观政策来分析研究谋划项目，对标引领项目前期谋划。

**1. 财政政策**

财政政策围绕国家重大战略、重点区域、重大民生，根据宏观经济变化和高质量发展趋势动态调整。近些年执行的积极的财政政策根据宏观经济趋势转

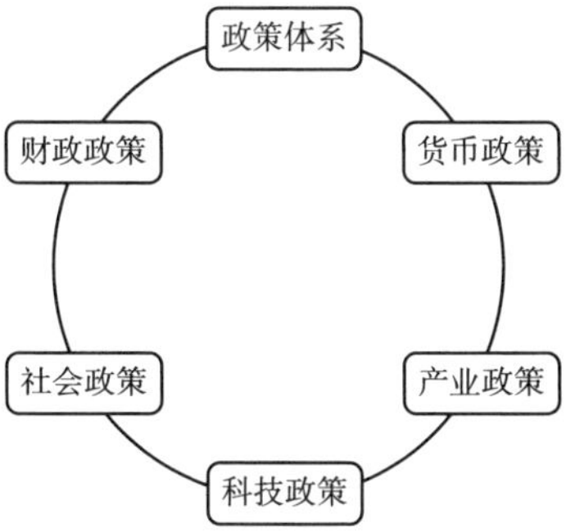


**图 23－1　我国宏观政策体系示意**

向更加积极有效，从提质增效、精准发力方面，通过专项债券、国债、中央预算内资金支持领域的变化，来体现固定资产投资项目的投资方向的变化，如果我们在项目前期谋划中，不对标财政政策，就不可能取得财政资金的支持。

**2. 货币政策**

货币政策围绕国家重大战略、重点区域、重大民生，根据宏观经济变化和高质量发展趋势动态调整。近些年执行的稳健的货币政策根据宏观经济趋势转向适度宽松的货币政策。货币政策通过利率、存款准备金率的杠杆手段释放和紧缩银行金融机构的流动性；通过支持实体经济的具体政策明确固定资产投资项目的支持领域和方向。要充分认识国家宏观政策蕴含的新机遇，重点谋划国家、省、市大力支持和着力加强的相关领域项目。如果我们在项目前期谋划中，不对标货币政策，就难以取得金融资金的支持。

**3. 配套的产业政策**

产业政策与国家重大战略、重点区域、重大民生工程协调，与财政、货币政策配套，对于把控宏观经济的结构调整，引导产业发展方向，推动国家经济社会高质量可持续发展起着重要作用。

产业政策主要根据国家宏观战略和经济社会发展需要，通过动态调整修订《产业结构调整指导目录》来实现。

最新《产业结构调整指导目录（2024 年本）》由鼓励、限制和淘汰三类目录组成。

鼓励类主要是对经济社会发展有重要促进作用的技术、装备及产品。

限制类主要是工艺技术落后，不符合行业准入条件和有关规定，不利于安全生产，不利于实现碳达峰碳中和目标，需要督促改造和禁止新建的生产能力、工艺技术、装备及产品。

淘汰类主要是不符合有关法律法规规定，严重浪费资源、污染环境，安全生产隐患严重，阻碍实现碳达峰碳中和目标，需要淘汰的落后工艺技术、装备及产品。

鼓励类、限制类和淘汰类之外的，且符合国家有关法律、法规和政策规定的属于允许类。

此目录明确的产业政策导向“四个方面”：

一是推动制造业高端化、智能化、绿色化。

二是巩固优势产业领先地位。

三是在关系安全发展的领域加快补齐短板。

四是构建优质高效的服务业新体系。

**4. 创新的科技政策**

科技政策是明确国家科技发展方向、推动科技发展的行动纲领，是配套协调财政政策、货币政策、产业政策和经济社会协调发展的重要支撑。在人工智能、互联网、大数据、高科技等日新月异、迅猛发展的当今世界，科技的创新发展决定着一个国家的未来，也决定着一个项目的成败，因此，项目前期谋划必须对标科技政策，获得科技支撑和资金支持。

**5. 保障的社会政策**

社会政策是通过法律和行政等手段，加强社会保障，改善社会福利，保障社会民生需求的系列政策。结合国家筑牢民生底线，增强老百姓安全感、幸福感和获得感，防范化解重大风险。因此，在项目前期谋划中，需要重点关注民生工程，对标社会政策，配套以财政、金融资金和产业、科技政策支持，如平急两用、保障房、公租房、城中村等。

（三）围绕规划谋划项目

规划是固定资产投资项目前期谋划的基础。“资金跟着项目走，项目跟着规划走”，不与规划衔接，与规划不符合的项目，不能获得审批，也不能取得资金支持，更不允许建设。项目前期谋划要衔接哪些规划，规划与规划之间如何衔接呢？

**1. 发展规划**

发展规划是指国民经济和社会发展五年规划纲要，它是国家和地区战略在规划期内的阶段性部署和安排，主要是阐明战略意图、明确政府工作重点、引导规范市场主体行为，是经济社会发展的宏伟蓝图，是政府履行经济调节、市场监管、社会管理、公共服务、生态环境保护职能的重要依据。

发展规划起着统领作用，是编制其他规划的基础。

**2. 专项规划**

专项规划是指导特定领域发展、布局重大工程项目、合理配置公共资源、引导社会资本投向、制定相关政策的重要依据，包括行业发展规划、产业规划等。专项规划围绕国家发展规划在特定领域提出的重点任务，制定细化落实的时间表和路线图，提高针对性和可操作性，发挥支撑作用。

**3. 区域规划**

区域规划是国家发展规划的下位规划，要结合区域特点，细化落实国家发展规划对特定区域提出的战略任务。

省级规划、市县级规划依据国家发展规划制定，既要加强与国家级专项规划、区域规划、空间规划的衔接，形成全国“一盘棋”，又要因地制宜，符合地方实际，突出地方特色。

区域规划突出区域特色，指导特定区域协调协同发展。

**4. 空间规划**

空间规划以空间治理和空间结构优化为主要内容，聚焦空间开发强度管控和主要控制线落地，全面摸清并分析国土空间本底条件，划定城镇、农业、生态空间以及对应的城镇开发边界、永久基本农田和生态保护红线，并以此为载体统筹协调各类空间管控手段，整合形成“多规合一”的空间规划，是实施国土空间用途管制和生态保护修复的重要依据。空间规划发挥基础作用。

**5. 规划与规划之间的衔接**

坚持下位规划服从上位规划、下级规划服务上级规划、等位规划相互协调，建立以国家发展规划为统领，以空间规划为基础，以专项规划、区域规划为支撑，由国家、省、市县各级规划共同组成，定位准确、边界清晰、功能互补、统一衔接的国家规划体系，如图 23－2 所示。

（四）围绕资源谋划项目

资源是人类赖以生存和发展的基本条件，也是固定资产投资项目投资建设的基础和动因。许多项目的投资开发，都是因为有某种资源开始，许多投资者的投资也是因为某种资源而产生投资冲动。

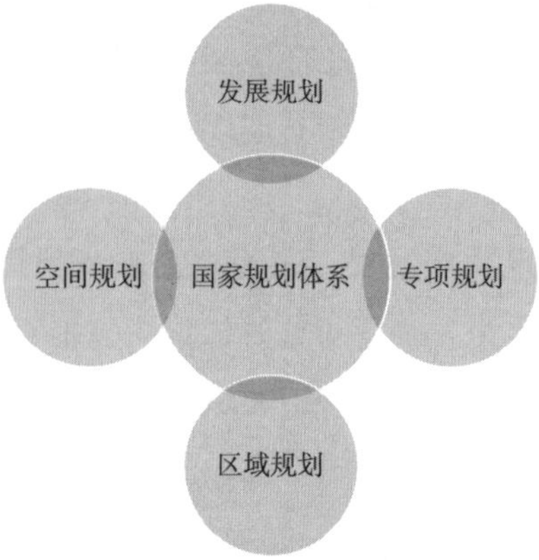


**图 23－2　国家规划体系示意**

**1. 厘清资源禀赋**

项目前期谋划，首先要看项目区是否具备项目所需要的资源条件，有没有资源优势，这些资源是否在国家法律法规允许开发的范围内，是否具备开发条件。

**2. 科学配置资源**

在项目前期谋划中，从经济学、投资学的角度利用新信息、互联网、大数据、5G、人工智能等新科技技术，科学合理地配置好资源，在项目中保护好资源，实现人与自然的和谐共处，推动高质量可持续发展。

**3. 综合利用好资源**

在项目前期谋划中，探索 ROD（Resources－Oriented Development）模式的顶层设计，以资源为导向与产业融合、投融资建设、政府与社会资本合作等方式，将资源、环境、产业、人文生活等资源要素充分利用，将资源要素、土地要素、资金要素、生产要素等进行整合，实现“生态、生产、生活”有机融合。

（五）围绕产业谋划项目

所谓产业，是对人类社会生产活动历史发展的顺序的分类。从国民经济核算角度，主要划分为三次产业：

第一产业：产品直接取自自然界的行业，主要指农业（包括种植业、林业、牧业和渔业）等。

第二产业：对初级产品进行再加工的行业，主要指工业、加工制造业（包括采掘业，制造业，电力、煤气及水的生产和供应业）和建筑业等。

第三产业：为生产和消费提供各种服务的行业，除第一、第二产业以外的其他各业。

流通领域：包括交通运输、仓储及邮电通信业，批发和零售贸易、餐饮业。

服务领域：包括金融、保险业，地质勘查业、水利管理业，房地产业，社会服务业，农、林、牧、渔服务业，交通运输辅助业，综合技术服务业等。

科学教育文化领域：包括教育、文化艺术及广播电影电视业，卫生、体育和社会福利业，科学研究业等。

社会公共服务领域：包括国家机关、政党机关和社会团体以及军队、警察等。

根据不同的划分标准，产业还有很多分类，比如高新产业、科技产业、新能源产业、化工产业、环保产业、特色产业等等。

项目前期谋划，要围绕项目需求，对项目进行产业分析，对产业规划、产业结构、产业发展、产业上下游端、产业链等进行研究，摸清产业需求，弥补产业短板，实现产业互补、融合发展。

（六）围绕资金谋划项目

资金是贯穿项目始终的“血脉”，也是项目的“命脉”，项目投资，通俗讲就是围绕把资金投进去，把项目建起来，通过营运提供产品或服务，把资金收回来，并获得更多的资金收入的过程。如果没有资金，再好的项目也无法推进和实施。因此，在项目前期谋划中，要抓住资金这一核心要素，围绕“钱从哪里来，用到哪里去，从哪里赚回来”这一核心主轴，去谋划项目，如图 23－3 所示。

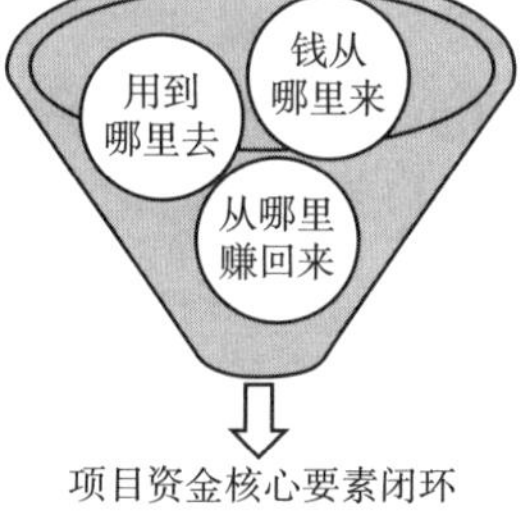


**图 23－3　项目资金核心要素闭环示意**

### 1. 钱从哪里来

项目前期谋划，并非项目建设方案设计有多漂亮，建筑风格有多新颖，而是要从投资学的角度进行分析研究，在研究项目需求和可行性等条件的前提下，分析投资者自身有没有投资实力，能投入的项目资本金有多少，能否达到项目资本金制度规定所要求的比例，能通过财政、金融、资本市场和民间借贷所获取的融资资金有多少，投资资金规模与建设规模能否闭环。如果没有谋划好钱从哪里来，设计得再好的项目建设方案，再美丽的建筑风格，都只能是“写写画画，墙上挂挂”。

**2. 用到哪里去**

本书前面论述到，固定资产投资项目资金具有专属用途，是一环扣一环的，不能挤占挪用，通俗话讲“不能把打酱油的钱用来买醋”。在资金使用设计安排上，要本着经济适用、勤俭节约的原则，注重实效，在资金来源一定的前提下，设计项目的建设规模、建设内容，精打细算各项投资，切忌盲目追求“高大上”，形成投资浪费。

在项目资金投入与收回上，谨记一句民谚“用钱犹如水推沙，赚钱犹如针挑土”。

**3. 从哪里赚回来**

固定资产投资项目的经济目标就是获得最大的经济效益，投资者的风险底线思维是“可以不赚钱，但要不亏损”。因此，项目前期谋划，要紧紧抓住钱从哪里赚回来这个核心点，进行投资、融资、建设、营运的全生命周期现金流分析，设计好项目收费机制，科学进行产品和服务定价，增强项目收益来源可靠性，做好成本分析、盈亏平衡分析和敏感性分析，切忌过高推算项目预期收益。

### （七）围绕营运谋划项目

项目营运是项目成功的关键，投资项目的钱如何赚回来，最关键的是项目营运。再好的项目，没有很好的营运和服务，都会失败。因此，在项目前期谋划中，要分析项目产业导入，分析和研究产业营运方案，包括如何选择营运模式，是自主经营、第三方营运还是联合营运，制定什么样的营运组织策略，设计什么样的品牌策略、价格策略和营销策略，选择什么样的客户定位。

所谓“三次升华”是指“项目从无到有，从有到优，从优到精”的谋划过程。

## 四、项目谋划要聚焦“两重”和“两新”

所谓“两重”是指国家重大战略和重点领域安全能力建设，“两新”是指新型基础设施和新型城镇化建设。

（一）聚焦重大战略谋划项目

国家在不同的发展时期，根据国际国内政治经济形势变化，动态调整和确立重大战略，因此不同时期的项目前期谋划，要聚焦不同时期的重大战略。

我国制定了七大战略，即长江经济带、京津冀协同发展、“一带一路”、黄河流域生态保护和高质量发展、粤港澳大湾区建设、长三角一体化发展和海南全面深化改革开放，如图 23－4 所示。

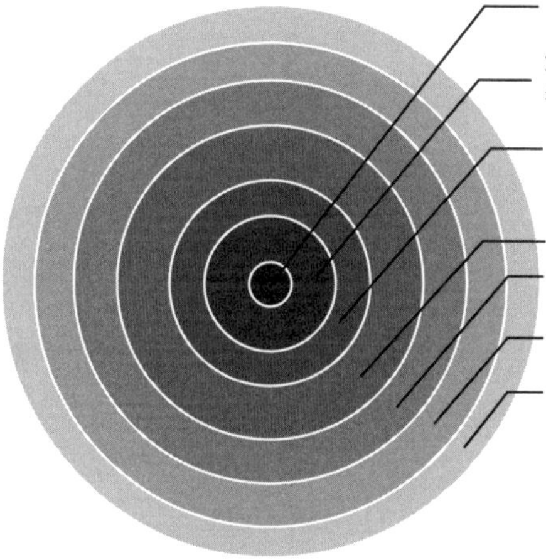


**图 23－4　我国当前七大战略**

七大战略是围绕“要构建以国内大循环为主体、国内国际双循环相互促进的新发展格局”提出的，首先，通过促进长江经济带京津冀协同发展、黄河流域生态保护和高质量发展、粤港澳大湾区建设、长三角一体化发展和海南全面深化改革开放，来对应“构建国内大循环”这个主体，其次，通过“一带一路”来实现“国内国际双循环相互促进”。

**1. 长江经济带战略**

继沿海大开发、西部大开放、中部崛起、京津冀协同发展之后又一国家层面的重大战略。覆盖长江流域九省两市，激活长三角、中游和渝蓉三个城市群；做大重庆、武汉、上海三大航运中心，链接“海上和新丝绸之路”，解决产业链“卡脖子”、新旧动能转换、智能制造等内循环。

**2. 京津冀协同发展战略**

解决国内大循环，实现北京非首都功能的产业转移，强化北京政治、文化、国际交往、科技创新“四个核心”功能，促进京津冀协同发展。

**3. “一带一路”战略**

为融入国际大市场，解决我国产能，获取国际资源，打造命运共同体，习近平总书记提出了新丝绸之路经济带和21世纪海上丝绸之路的构想，在外交上开展高铁外交和核电外交，在金融方面组建了由中国倡议、多边金融机构参与的亚洲基础设施投资银行（Asian Infrastructure Investment Bank）、金砖国家（BRICS）新开发银行（New Development Bank）、丝路基金等，在产业上大力推动油气电能、交通物流、旅游等方面的合作。

**4. 黄河流域生态保护和高质量发展战略**

黄河流域是我国重要的生态屏障和重要的经济地带，一方面坚持生态优先、绿色发展，以水而定、量水而行，解决好流域人民群众特别是民族群众关心的防洪安全、饮水安全、生态安全等问题；另一方面要构建形成黄河流域“一轴两区五极”的发展动力格局。

“一轴”，是指依托新亚欧大陆桥国际大通道，串联上中下游和新型城市群，以先进制造业为主导，以创新为主要动能的现代化经济廊道。

“两区”，是指以黄淮海平原、汾渭平原、河套平原为主要载体的粮食主产区和以山西、鄂尔多斯盆地为主的能源富集区，加快农业、能源现代化发展。

“五极”，是指山东半岛城市群、中原城市群、关中平原城市群、黄河“几”字弯都市圈和兰州－西宁城市群等，是区域经济发展增长极。

**5. 粤港澳大湾区建设战略**

粤港澳大湾区建设，围绕充分发挥粤港澳综合优势、建设以“广州—深圳—香港—澳门”科技创新走廊为主轴的粤港澳大湾区发展创新极。充分发挥深圳前海、广州南沙、珠海横琴等重大平台的试验示范作用，建设富有活力和国际竞争力的湾区，加快构建与国际接轨的开放型经济新体制，建设高水平参与国际经济合作新平台，深化与“一带一路”共建国家在基础设施互联互通、经贸、金融、生态环保及人文交流等领域的合作，携手打造推进“一带一路”建设的重要支撑区。

**6. 长三角一体化发展战略**

长江三角洲地区，简称“长三角”，包括上海市、江苏省、浙江省、安徽省21.07万平方千米的区域。该区域是全国发展基础最好、体制环境最优、整体竞争力最强的地区之一，具有十分重要的战略地位。长三角一体化布局，实行交通互通、人才流动、产业共建、资源共享的一体化发展，加快转变发展方式，不断提升发展水平，带动长江流域乃至全国经济又好又快发展。

**7. 海南全面深化改革开放战略**

该战略将海南定位为全面深化改革开放试验区，把海南打造成为我国面向太平洋和印度洋的重要对外开放门户；打造业态丰富、品牌集聚、环境舒适、特色鲜明的国际旅游消费中心；深度融入海洋强国、“一带一路”建设、军民融合发展等重大战略，全面加强支撑保障能力建设，切实履行好党中央赋予的重要使命，提升海南在国家战略格局中的地位和作用；首先在海南全境建设自由贸易试验区，其次逐步建成符合海南发展定位的自由贸易港。

（二）聚焦重点领域安全能力建设谋划项目

所谓重点领域，是指被确定为集中资源、资金投入支持的特定领域。这些领域针对不同发展时期的具体情况，由国家相关部门动态调整和认定。

重点领域具有战略性、关键性，或对国家、地区或组织的发展具有重要影响。比如：

**1. 关系国家安全领域**

国防、军工、航空、航天、国土、粮食、能源、科技、生态、生物、网络、数据、资源、核安全等领域。

**2. 关系国家经济命脉领域**

（1）支柱产业和高新技术产业领域中的重要骨干企业包括机械工业、电子工业、汽车工业、石油化工、建筑业等。

（2）产业链供应链源头不被“卡脖子”“不掉链子”领域，包括种源、原创技术、产业链“强弱项补短板”等。

（3）提供民生公共产品领域，如大江大河的治理、重点防护林工程、重点公益事业等。

（4）自然资源领域油田、天然气、大型煤矿等。

（5）重大装备制造领域，包括汽车、电子信息、建筑、钢铁、有色金属、化工、勘察设计、科技等领域。

（6）科技领域，包括人工智能、数智化、量子信息、生物技术等。

**3. 关系社会保障民生领域**

（1）医疗健康领域，包括传染病防治、重大疾病防控、基础医疗、中医药发展等。

（2）养老、托幼、社会福利等。

（3）文化、教育、体育等。

（三）聚焦大规模设备更新谋划项目

根据国务院关于印发《推动大规模设备更新和消费品以旧换新行动方案》的通知大规模设备更新，主要包括：一是围绕推进新型工业化，以节能降碳、超低排放、安全生产、数字化转型、智能化升级为重要方向重点行业设备更新改造；二是围绕建设新型城镇化，结合推进城市更新、老旧小区改造，以住宅电梯、供水、供热、供气、污水处理、环卫、城市生命线工程、安防等为重点的建筑和市政基础设施领域设备更新；三是支持交通运输设备和老旧农业机械更新；四是教育、文旅、医疗等领域的设备更新。具体包括工业设备、用能设备、环境基础设施、营运船舶、营运货车、新能源公交车、农业机械、老旧电梯等设备的更新等。

（四）聚焦消费品以旧换新政策谋划项目

根据《商务部等14部门关于印发〈推动消费品以旧换新行动方案〉的通知》，消费品以旧换新主要包括汽车、家电、电动自行车、家装厨卫等消费品的以旧换新。

（五）聚焦新型基础设施和新型城镇化谋划项目

**1. 新型基础设施**

所谓新型基础设施，是以新发展理念为引领，以技术创新为驱动，以信息网络为基础，面向高质量发展需要，提供数字转型、智能升级、融合创新等服务的基础设施体系。

新基建包括以下三方面的内容，如图23－5所示。

**2. 新型城镇化建设**

所谓新型城镇化，是坚持以人为本、城乡统筹、产城一体、生态宜居、和谐发展为基本特征的新一轮农业转移人口市民化行动。

新型城镇化于2014年正式列入《国家新型城镇化规划（2014—2020年）》，2024年7月31日，《国务院关于印发〈深入实施以人为本的新型城镇化战略五年行动计划〉的通知》提出实施4项行动，19项重点任务及有关政策措施，如图23－6所示。

在4项行动和19项任务中，包含许多具体措施和政策，也包含许多新的投资方向，与新基建等配套，比如在城市更新行动中的推进绿色智慧城市建设

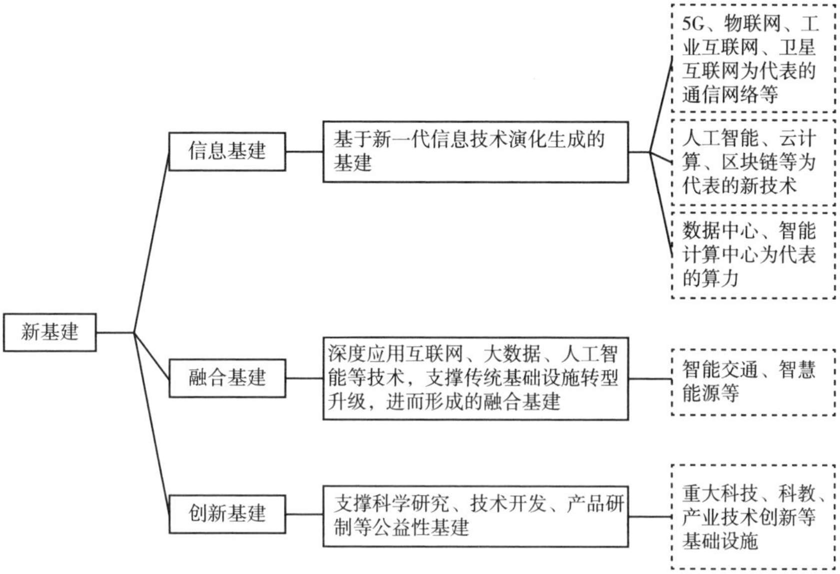


图 23－5　新基建主要内容示意

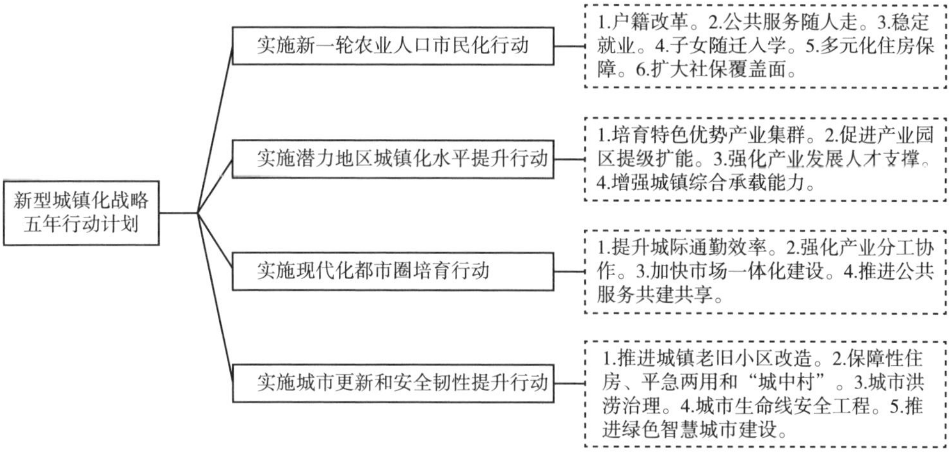


图 23－6　新型城镇化战略五年行动计划示意

任务，包含绿色建材、清洁取暖和分布式光伏、居住区充电设施、5G“千兆城市”建设、于数字化、网络化、智能化的新型城市基础设施建设。

围绕这些新投向，配套有资金支持措施：

（1）中央财政性建设资金：对符合条件的保障性租赁住房、城镇老旧小区改造、城市燃气管道等老化更新改造、城市排水防涝、超大特大城市“平急两用”公共基础设施建设等项目予以积极支持。

（2）中央财政城镇保障性安居工程补助资金：对符合条件的保障性住房、城中村改造项目予以积极支持。

（3）地方政府专项债券：支持符合条件的保障性住房建设、“平急两用”公共基础设施建设、城中村改造项目。

（4）城中村改造专项借款：支持城中村改造。

（5）REITs基础设施领域不动产投资信托基金：支持符合条件的城市更新项目。

（6）采取特许经营模式，规范实施政府和社会资本合作新机制。

（7）建立可持续的城市更新模式和政策法规，落实相关税费优惠减免政策。

（8）研究完善城市更新的土地和规划政策，允许土地用途兼容、建筑功能混合。

## 五、项目谋划要贯穿“项目的全生命周期”

所谓“项目的全生命周期”是指项目谋划要贯穿从项目前期研究、项目投资决策、项目实施、项目营运直到项目终止的全过程，如图23－7所示。

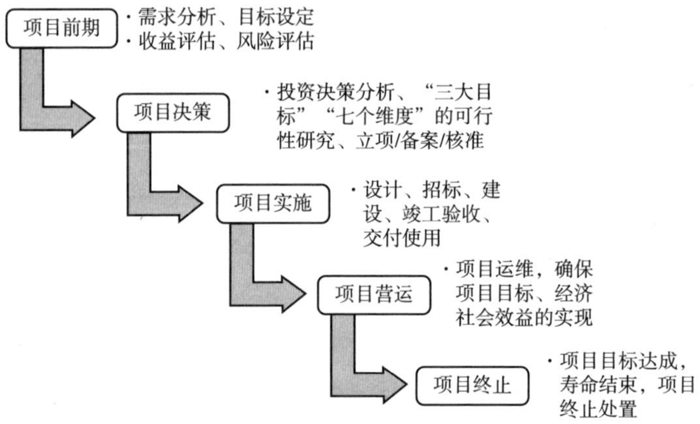


**图23－7　项目全生命周期谋划各阶段主要内容示意**

项目前期谋划，要对项目的全生命周期进行研究和分析，对每一个阶段进行谋划和构思。

在项目的前期准备阶段，重点围绕为什么要干，有没有必要干，能不能干，做好项目需求分析、目标设定，对项目投资收益和风险进行评估，围绕“新可研大纲”提出的“三大目标”“七个维度”开展可行性研究，为投资者提供投资决策依据。

谋划投资者在投资决策阶段，便要决策能不能干，若要干，如何开展项目审批/核准/备案的方案。

谋划在项目实施阶段，设计、招标、建设施工、监理、过程控制、竣工验收、交付使用的方案。

谋划在项目营运阶段，供投资者选择的营运模式、营运组织、营运方案、绩效考核等方案。

谋划在项目全生命周期结束，项目终止阶段，项目报废处置方案。

## 六、谋划项目要以人为中心

任何项目都是为人而谋划，供人生活、生产和休闲所使用的，道路交通项目是供人出行的，房屋建筑项目是供人使用的，生态环境项目是供人生存的，人往高处走水往低处流是人的本性，因此，谋划项目要以人为中心，贯穿人从生到死的全生命周期，关注人不同年龄阶段的不同需求，要善于开发和满足人的全生命周期的各种需求。

## 七、项目前期谋划的思维流程

项目前期谋划，具有其内在逻辑关系和思维流程，笔者团队项目前期谋划思维流程，其基本顺序是按照“资金跟着项目走，项目跟着规划走，规划跟着政策走，政策跟着趋势走”的流程进行，如图 23 – 8 所示。

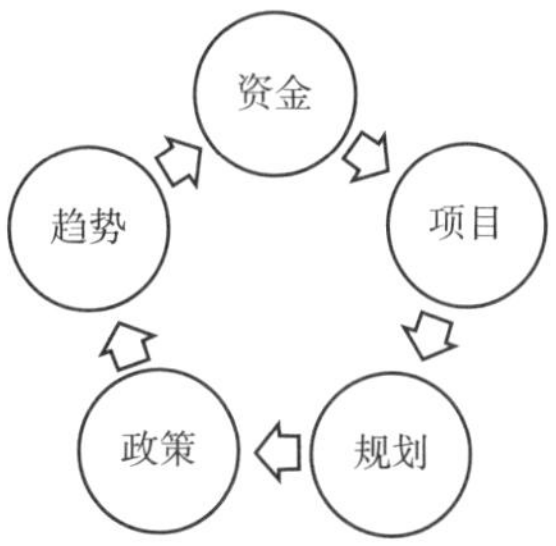


图 23 – 8　固定资产投资项目前期谋划思维流程

## 八、项目前期谋划体系

项目前期谋划是一个由浅入深、科学决策的过程，要从投资、融资和营运的视角深度研究，决策的正确与否对项目后期的投资成败起着关键性的作用。是需要一个多方配合的系统工程，涉及项目相关的发改、国土、规划、环保、行业主管部门、财政、金融等多个单位和部门，以一般性项目为例，如图 23 - 9 所示。

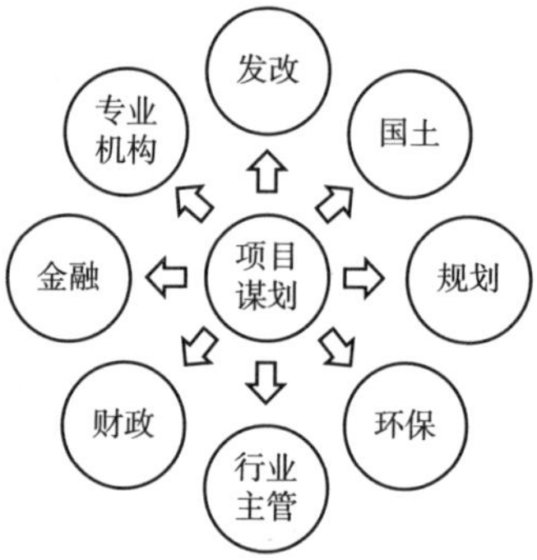


**图 23 - 9　固定资产投资项目前期谋划关联**

## 小结

本章以作者的经验和体会，重点介绍了项目前期谋划的技巧和思路。

# 第三部分

# 案例精选与分析

本书编辑团队具有十七年的项目前期谋划经验，在十七年中，共提交项目建议书、可行性研究报告、资金申请报告、实施方案等各种类型项目前期谋划成果1600余项，涉及固定资产总投资约1.3万亿元，实现融资近9600亿元，融资落地率近74%，现将部分案例精选分享于此，以飨读者。

# 第二十四章　民生基础设施类项目投融资案例

民生基础设施项目作为投融资政策倾斜的重点领域，其成功往往始于项目名称的精心策划。项目名称不仅是项目的标识，更是其性质、政策契合度及内涵的凝练表达，同时也映射出项目策划团队的专业素养。恰如“窥一斑而知全豹，见一叶而知深秋”，一个恰当的项目名称能够预示项目的质量，甚至在某些情况下，成为决定项目成败的关键因素。在项目成果的评审、审计、检查及评比等后续环节中，项目名称往往是检索和评估的起点。因此，精心的项目名称策划是项目成功的先声。

## 案例 1　××市生态基础设施建设项目

### 一、项目建设背景及概况

××县级市有一条护城河，全长约 19 公里，一是由于长期面临水体污染、河道淤积等问题，城市生态和防洪能力受到影响，亟须治理；二是随着城市化进程加快，××市需要提升城市形象和功能，打造宜居环境，吸引投资和人才；三是市民对改善生活环境、增加休闲空间的需求日益增强，项目通过景观建设提供更多公共活动场所；四是××市历史文化悠久，项目将结合文化元素，提升城市旅游吸引力，促进经济发展。为此，市委、市政府拟对该河流进行治理和景观建设。

### 二、主要建设内容及规模

主要建设内容包括河道清淤、防洪护岸河堤改扩建、打造河道景观、湿地建设、一段河道桥恢复重建、河道流域沿线村庄整治、房屋原拆原建、牌坊建设、护城河道路建设、廊桥建设、景观廊道建设等，总投资约 14 亿元。

## 三、主要项目名称谋划过程

该市住房和城乡建设局拟出该项目的名称为“××市十里城河景观打造项目”。该项目拟采用 PPP 模式，但因“景观打造”四个字属于非民生工程的“负面清单”。在第一次讨论时，笔者团队提出将项目名称优化为“××市十里城河综合治理及生态景观恢复 PPP 项目”，但该市住建局坚持原名称，后经相关部门讨论，市政府分管领导“拍板”决策，最终确定为“××市十里城河环境治理及生态景观建设 PPP 项目”。

**图 24－1　××市十里城河项目规划图**

图片来源：甲方提供项目规划。

## 四、投融资方案及成效

该项目根据当时的政策，采用 PPP 模式，做了 PPP 实施方案、物有所值评价和财政承受能力论证，顺利通过各种审批程序，进入 PPP 库，并成功获得××政策性银行固定资产投资项目贷款 11 亿元资金支持，并建设落地。该项目建成后，改善了生态环境，降低和缓解了洪涝灾害风险，提升了城市形象，满足了民生需求，增强了老百姓的安全感、获得感和幸福感。

## 案例 2　××市文化基础设施项目

### 一、项目建设背景及概况

××地级市位于 SX 省西南部，地处秦岭以南、巴山以北，是连接中国西北与西南的重要枢纽，常住人口约为 320 万人，历史悠久，文化底蕴深厚，人口分布相对集中，城市化进程稳步推进，拥有丰富的自然和人文景观，如汉江、石门栈道、武侯祠等，地理位置优越，人口适中，经济结构多元，农业基础稳固，工业和服务业发展迅速，旅游业尤为突出，是一座具有发展潜力的城市。随着该市经济发展和居民生活水平提升，市民对高质量文化设施的需求日益增加。市民对文艺演出、文化活动的需求日益旺盛，为积极推进城市现代化和功能完善，丰富市民文化生活，提升文化素养，同时为本地文艺团体提供展示平台，推动文化产业发展，创造就业机会，该市拟建设一座“大剧院”。

### 二、主要建设内容及规模

该项目是一个文化综合体，其主要建设内容包括主剧场约 1500 个座位，音乐厅（小剧场）约 500 个座位，数字化影城、会议厅、多功能厅、排练厅、办公用房、商业配套服务用房 8000 平方米左右及辅助用房等。

图 24－2　××市大剧院照片

图片来源：甲方提供项目资料。

**三、项目建设运作模式与建设成果**

项目总投资规模约10亿元，由市政府交由市级××国有公司作为项目投资人，以国有投资人投资、建设、营运一体化模式进行，××国有公司自筹项目资本金约2亿元，约占项目总投资的20%，通过公开招投标获得该项目建设用地，用地性质是商业和文化用地，××政策性银行给予固定资产投资项目贷款8亿元资金支持，该项目顺利建设竣工并获得“中国钢结构金奖”，如期投入使用，取得较好的社会效益。

**四、项目后续问题**

然而，后期在国家某审计单位审计时，该项目主管领导被约谈，并处以相应行政处罚，原因是该项目有涉嫌隐性债务的嫌疑。

笔者团队受邀到该市进行培训时，该项目主管单位领导咨询：“问题出在哪里?”笔者团队经过调研分析了以下问题：第一，该项目投融资主体不是政府相关职能部门及其派出机构，是国有企业，即市场化主体，主体方面合法合规；第二，土地也是采用市场化招拍挂而非行政划拨，土地取得合法合规；第三，融资也是市场化行为，并没有政府出具任何担保或承诺。

从调查结论发现，之所以引起争议，问题就出在项目名称——“××市大剧院”。

因为“剧院”并且“大”的项目，从项目名称看就有“楼堂馆所”负面清单嫌疑，加之在建设内容中有“办公”二字，尽管其投资、融资、建设和营运方式都是市场化，但项目名称引起审计人员注目，从而引发“名不副实”争议。如果该项目在前期谋划时，把项目名称拟定为“××市文化产业发展基地建设项目”，可能就“名副其实”了。

## 案例3　××县易地扶贫搬迁安置点建设项目

**一、项目建设背景及概况**

××县位于SC省××市，曾是国家级贫困县，贫困人口较多、部分群众生活在自然条件较差、基础设施薄弱的偏远山区，脱贫难度大。为改善贫困群众的生活条件，××县拟建设几个易地扶贫搬迁安置点项目，对2万多人实施易地扶贫搬迁安置，将贫困人口从生存环境差、不具备基本发展条件的地区搬迁至生产生活条件较好的区域，并提供住房、基础设施、公共服务和产业扶持。

## 二、主要建设内容及规模

项目建设内容包括住宅，配套道路、地下停车场、管网、供排水、绿化等基础设施，总投资约8亿元。

## 三、主要项目名称谋划过程

该项目最初由××设计院××团队开展设计，该团队拟将先进的设计理念和所谓“高大上”的名称用在项目上，将项目命名为“××县××国际家园”。

该项目是一个涉及国计民生的项目，并不是一个商业性房地产项目，而“国际家园”的项目名称给人以浓厚的商业房地产的错觉，若是商业性房地产项目，就不能享受易地扶贫搬迁相关的政策性支持，因此在笔者团队受邀加入投融资谋划时，从项目的政策高度、民生需求和金融支持等方面进行了解读，并提出将项目名称优化为“××县××片区易地扶贫搬迁安置项目”。

图24-3　××县××片区易地扶贫搬迁安置项目照片

图片来源：甲方提供项目资料。

## 四、项目投融资方案与成果

该项目充分利用政策性金融支持政策，通过政府主导，市场化运作方式，由该县××国有公司作为项目投资、融资、建设、营运主体，将部分财政补贴专项资金作为项目资本金，××政策性银行给予固定资产投资项目贷款6亿元资金支持。

截至2020年底，该县累计实施了2.5万余人的易地扶贫搬迁安置工作，有效改善了贫困群众的生活条件，为他们提供了更好的住房、基础设施和公共服务。

# 第二十五章　政策引领类项目投融资案例

“资金跟着项目走，项目跟着规划走，规划跟着政策走。”这是固定资产投资项目谋划必须理解和认识的基本逻辑。如何对标政策，打通政策与项目落地的“最后一公里”，是项目获取资金，促进项目落地的关键，也是项目前期谋划的难点。

## 案例4　××“一带一路”物流及配套基础设施建设项目

### 一、项目建设需求背景

SC 省会城市所辖××区，已经有建成并营运 5 年多的 CD 国际铁路港。该铁路港的中欧班列连续 3 年开行量位居全国首位。

该项目所在区域属于“一带一路”和“长江经济带”的交汇点，作为中欧班列 CD 始发地，拥有该省唯一铁路货运型国家对外开放口岸、自贸区、综合保税区、国家多式联运海关监管中心、多式联运国家示范工程以及整车、肉类、粮食进口口岸，是首批陆港型国家物流枢纽。

项目的建设具有以下背景：一是基于国家“一带一路”旨在推动沿线国家的经济合作与互联互通的倡议，项目区域作为 CD 国际铁路港所在地，是连接中国与欧亚大陆的重要节点，具备建设物流基地的天然优势；二是项目所在地是 XY 地区双城经济圈的重要组成部分，建设物流基地有助于提升区域物流效率，促进产业集聚，推动区域经济高质量发展；三是随着中欧班列（CD）的开通和常态化运行，××区已成为中国与欧洲、中亚等地区贸易的重要枢纽，物流基地的建设将进一步提升国际贸易货物的集散能力，满足日益增长的跨境物流需求；四是该区域现有的物流基础设施已难以满足快速增长的国际物流需求，亟须通过建设现代化、智能化的物流基地及配套基础设施，提升物流效率和服务水平。

在此背景下，××区拟开展本项目建设。

二、项目建设内容与规模

项目占地面积181亩，总建筑面积约43万平方米，主要建设内容和功能包括大型仓储区、简易包装加工区、特色产品展览展示区、大宗商品交易区、物流信息发布区、物流产业服务区、物流产业人才培训区，物流港配套涉外宾馆及道路等基础设施，总投资约34亿元。

三、项目需要解决的难点

该项目的谋划难点，第一是政策与规划的符合性，该项目建设内容在原规划中并没有具体表述，CD国际铁路港已经建成并运营五年多；第二是项目投资规模大，资金需求量大，当时当地财政一般预算收入仅约23亿元，而预算支出约27亿元，若采用政府全额投资是不具有可行性的。

图25-1 项目规划效果图

图片来源：甲方提供项目规划资料。

四、项目谋划路径分享

根据这些难点，笔者团队从以下几个方面成功完成了该项目的前期谋划。

（一）政策对标

第一，对标国家“一带一路”重点战略，除在项目建设必要性中论述外，从项目名称上就体现政策性：“一带一路”××国际铁路港进出口商品展示交易中心及基础配套工程项目。

第二，对标国家“长江经济带”的重要战略，在项目建设必要性中进行论述。

（二）规划对标

按照规划，突出项目在陆港型国家物流枢纽点上的区域优势，将项目纳入××国际铁路港强弱项补短板的重大项目。

（三）投资主体与项目性质解决方案

针对该项目投资规模大，地方政府财政资金有限的实际情况，笔者团队将该项目定位为“政府主导，市场化运作”项目，并把握以下两个要点：

第一，由该区国有企业作为项目投资、融资、建设、营运主体。

第二，项目性质为企业投资项目。

（四）投融资路径与融资方案

项目总投资约34亿元，项目资本金按照最低要求20%计算，也需近7亿元，项目对标金融资金支持，有公益性较强的仓储、物流、特色农产品交易等基础设施，也有宾馆等商业性较强的商业建设内容。团队与多家银行交流沟通，都表示难以完成融资。某地方商业银行了解项目情况后主动上门营销，并表示愿意给予资金支持，授予包括商业票据在内的一揽子信用工具，贷款期限5+2+到期可转贷承诺；然而资金成本高达10%—13%，对于项目来说并非雪中送炭，反倒是“雪上加霜”了。

针对项目资金需求量大、期限长、资金成本低、建设内容复杂，既有政策性支持内容又有商业性支持内容的种种特殊情况，笔者团队在充分做好政策性银行政策分析、商业型银行政策分析的基础上，准确细致进行财务评价，对项目营利能力、偿债能力、财务生存能力等进行了分析测算，并广泛与政策性银行和商业性银行进行交流沟通，提出由政策性金融+商业性金融组成“银团贷款”支持方案。最终决定采用银团贷款模式，除项目投资主体增加项目资本金至12亿元，占项目总投资约35%以外，××政策性银行给予固定资产投资项目贷款13.8亿元资金支持，××商业银行给予8.5亿元商业性固定资产投资项目贷款资金支持，实现了项目资金来源的闭环。

**五、项目建设成效**

该项目成果申报备案后，被列为省重点项目，由于资金来源落实到位，得以顺利推进，于2022年举行重大项目开工仪式。2024年上半年，项目完成副塔主体结构封顶。项目建成后，对国家“一带一路”倡议、双城经济圈的物流带动和产业集聚具有有力的推动作用，对区域经济高质量发展具有重要意义。

项目成果于2023年荣获全国工程咨询优秀成果三等奖、省级优秀工程咨询项目一等奖。

## 案例5　××县域城镇补短板基础设施建设项目

### 一、项目建设背景与需求

SC省××县，是位于AN河流域的一个山区县，人口约22万人，城镇化率从十年前的33.7%提升至46.8%，县城人口增多，加之该县位于暖冬地带，冬天到此居住养老的人口不断增加，该县虽然历史悠久，但街巷狭窄，交通不便，出行拥堵，同时，县城是城乡连接的重要节点，是农产品进城、工业品和科技下乡的重要转接平台，交通问题已成为制约该县县城进一步发展的瓶颈。为加强县城各片区之间的互联互通，解决城乡居民出行拥堵困难的民生问题，根据新的规划，拟建设该项目。

### 二、主要建设内容与政策对标

项目主要建设内容为三大板块，包括一条环城市政道路约4千米，包含跨越AN河桥梁一座、餐厨垃圾处理厂、县城城市停车场等内容，项目总投资约10亿元。该县每年财政公共预算收入约7亿元，公共预算支出约20亿元，财力薄弱，该项目若采用政府投资，则无法推进落地。如何对标政策，实现项目资金对接，促进项目尽快落地建设呢？

图25-2　项目概念规划示意图

图片来源：甲方提供项目规划资料。

根据该县县城在城镇化中的规划以及拟建设的项目情况，若采用政府直接投资方式，该项目难以落地。根据当时《国家发展改革委关于加快开展县城城镇化补短板强弱项工作的通知》“缺什么补什么”“立足实际和发展急需，市场不能有效配置资源、需要政府支持引导的公共领域，聚力推进17项建设任务”等相关规定，项目符合“县城城镇化补短板强弱项”中界定的“推进市政交通设施、市政管网设施”类项目。

**三、项目投融资主体谋划方案**

该项目采用政府主导、市场化运作方式，通过公开招投标，发包给社会投资人，由中标联合体地市级××投资公司与本县国有企业××公司组成项目法人公司，即SPV项目公司作为项目的投资、融资、建设和营运主体。

**四、项目投融资谋划方案及成效**

该项目投融资总额约10亿元，投资人SPV公司投入项目资本金约2亿元，占项目总投资的20%，项目主要收益来源为项目自身收益+母公司每年支付给SPV公司的定额补助收入，项目自身收益主要是餐厨垃圾经营收益、停车场经营收入、广告经营收入等。笔者团队对项目偿债能力、利息备付率、财务现金流和财务持续能力等开展了测算分析，有力论证项目能达到投资收益自求平衡，满足融资需求。

该项目获得了××政策性银行为期15年，8亿元的固定资产投资项目贷款支持，促进了项目的建设落地。

## 案例6　××市产业配套基础设施建设项目

**一、项目建设需求背景及概况**

GXZ族自治区××地级市，是该区第一大工业城市，汽车产业是该市的主要产业之一。该市是全国五大汽车产业城之一，并被列为国家级产城融合发展示范区。

该市××区政府拟以汽车产业为依托，投资约69亿元，建设汽车质量监督检验中心、汽车贸易区、人才公寓、保税物流中心、汽车产业城，并配套通往市中心的×条交通路网及相关基础设施等。

**二、项目主要建设内容**

第一，建设内容较杂，包括标准化厂房、人才公寓、市政道路、交易、检

**图 25－3　项目概念规划示意图**

图片来源：甲方提供项目规划资料。

测、保税区、物流园区等，每个区域功能关系到产业链的各个环节，若是关联逻辑性不强，就会有“打捆”嫌疑。

第二，项目投资规模大，资金来源是个大难题。地方政府财政资金有限，采用政府直接投资或国有公司自有资金投资都难以完成。如何破题，实现如此庞大的资金需求落地，成为摆在笔者团队面前的一道难题。

## 三、对标国家重大战略和重大政策

笔者团队在项目谋划中首先对标国家战略，抓出其区域优势、产业优势及国家支持优势：

第一，战略政策与区位优势。该项目所在区域被称为“一带一路”桥头堡，是中国—东盟和连接粤港澳大湾区的重要节点，国家级高新区和国家级产城融合示范区。

第二，产业优势。该项目所在地是中国五大汽车城中唯一同时拥有四大汽车集团整车生产的基地。

第三，国家层面支持优势。国家海关总署、财政部、税务总局、外汇局联合批复该区保税物流中心（B 型）和国家汽车检测中心（××），分别获得了国家检验检测机构认定书。

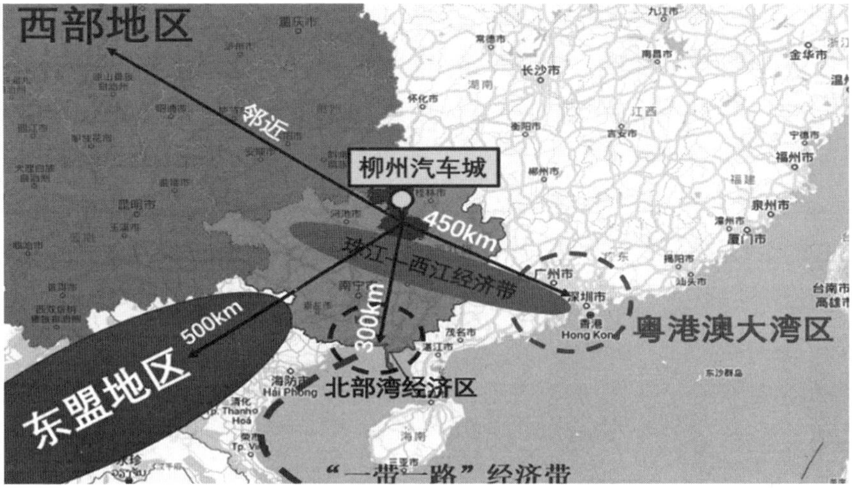


**图 25－4　项目区位优势示意图**

图片来源：项目可行性研究报告。

## 四、项目投融资方案及成效

1. 完善产业链布局，优化项目建设内容

笔者团队围绕汽车生产这个中心轴，将汽车产业上下游、配套产业链进行有机链接，将有收益的资源要素与无收益的资源要素优化组合，剔除一些相关性不强，难以落地的建设内容。

2. 科学确定项目规模及投融资规模

根据整个汽车城“经济提升，城市转型”可持续生态发展的规划，项目建设内容多达三十多个，投资总额超百亿元。笔者团队根据项目主体单位资金实力及融资项目可融资性，提出统一规划、分期实施，将项目一期作为“先导期”，重点突破提升其产业基础能力和产业链水平，实现区域产业配套的互通互联功能，一期项目投资规模约 69 亿元。

3. 精准开展财务评价，科学制定融资方案，促进项目融资落地

项目采取政府主导、市场化运作模式，由该市最大的国有企业之一××集团公司作为投资、融资、建设和营运主体。项目收入包括国家项目补贴收入、项目物业收入、出租收入、人才公寓出售收入、停车场收入及公司综合收入。项目收入能实现投资收益自求平衡，项目投资回收期现金流、偿债备付率、利息备付率指标理论值能达到融资要求。

项目总投资69亿元，资金来源方案为××集团公司自有资金投入19亿元资本金，占项目总投资约28%，政策性银行提供中长期固定资产投资项目贷款50亿元资金支持，约占项目总投资的72%。

该项目可行性研究成果获国家级工程咨询优秀成果奖。

# 第二十六章　城市有机更新老旧小区改造类项目投融资案例

“城市有机更新”是我国从城镇化发展历程中，从系统和全局的角度来探索城市更新发展的整体过程，包括城镇棚户区改造、老旧小区改造、城市老旧厂房改造提升、城市生态修复、城市基础设施补短板等，这些都是城市更新的范畴，党的十九届五中全会首次提出“实施城市更新行动”，标志着我国城市更新进入了新的发展阶段。

从国家政策层面，住建部、发改委等五部门联合发布的《关于推进城市和国有工矿棚户区改造工作的指导意见》《关于加快推进棚户区（危旧房）改造的通知》《国务院办公厅关于进一步加强棚户区改造工作的通知》《国务院关于进一步做好城镇棚户区和城乡危房改造及配套基础设施建设有关工作的意见》提到：对于棚改项目，地方政府可以发行政府债券予以支持，也可以采用PPP模式来进行操作。到2020年，我国大规模棚改已经基本结束，迎来的是老旧小区改造和城市更新行动。国务院办公厅发布《关于全面推进城镇老旧小区改造工作的指导意见》指出：城镇老旧小区改造是重大民生工程和发展工程，对满足人民群众美好生活需要、推动惠民生扩内需、推进城市更新和开发建设方式转型、促进经济高质量发展具有十分重要的意义。

2021年12月，住房和城乡建设部办公厅、国家发展改革委办公厅、财政部办公厅《关于进一步明确城镇老旧小区改造工作要求的通知》提出：结合城市更新行动、完整居住社区建设等，积极推进相邻小区及周边地区联动改造、整个片区统筹改造，加强服务设施、公共空间共建共享，推动建设安全健康、设施完善、管理有序的完整居住社区。

在这些政策引领下，城市更新、老旧小区项目投融资资金来源，从政府专项债、社会资本投资（PPP）、中央预算内资金到银行融资，可谓是多渠道、多元化。以下分享几个案例，供参考。

## 案例 7 城市更新与生态环境建设与保护有机结合示范项目

### 一、项目建设与需求背景

××县级市，是××省最早的四大古城之一，是内地进出藏区的门户。文化底蕴深厚，具有 3000 多年历史，然而房屋建筑年久失修、街巷雨污遍地、作坊油污肮脏、管网安全隐患等问题普遍存在，其文脉亟待延绵，城市亟待更新。该项目位于该市老城区，四至红线范围占地面积 109 亩，建筑面积约 11.6 万平方米。项目总投资约 15 亿元。

该市市委、市政府十分重视，但苦于自身财力不足，该市财政一般公共预算收入约 21 亿元，虽然实力相对较强，但一般公共预算支出达 45 亿元，财力也十分有限，若靠政府直接投资，项目很难落地建设。项目从 2017 年开始就在谋划，但始终与政策失之交臂，从棚改到旧城改造，再到有机更新，都没有对接上资金来推动项目，城市居民居住安全和污染等问题已然到了不得不治理的状况。

### 二、寻找突破口，打通项目与政策的“最后一公里”

2019 年上半年，该项目辗转找到笔者团队进行咨询，笔者团队对该旧城改造项目进行了深入细致的调查研究，发现该项目已经以“××古城××片区街巷复兴项目”进行备案，其性质被认定为城市开发“市政”建设类型。

若以城市开发市政项目推进，要么是政府投资类项目，要么是房地产类项目；若以棚户区改造项目推进，棚户区政府购买服务政策又已经截止，实在没有一种政策性或者低成本的中长期资金进行推进。

仔细梳理项目信息，踏勘项目现场，笔者团队发现该项目区内除房屋年久失修，具有安全隐患外，脏乱差现象十分严重，雨污不分流，垃圾、作坊等污染源源不断进入了城边的南河，南河是岷江重要支流——岷江是长江支流——“长江大保护”！这便是国家重大战略。

于是，该项目政策准入的突破口终于找到了。

（一）重新对该项目目标进行定位

对于该项目的拆旧，不仅是老旧城区的拆除，更是污染源的拆除，建新区是对街区进行生态保护性更新，项目建设目标是通过拆除污染源，提供生态产品和服务，达到保护母亲河“长江”的目的。

**图 26－1 ××项目××建筑示意图**

图片来源：甲方提供项目资料。

（二）重新对项目拆除与建设进行基本定位

以生态保护为主线，只拆除必须拆除的，不进行大拆大建，保持原有建筑风格，并融合现代风格。

（三）提出了“双评估补差”的供地解决方案

面对该项目片区错综复杂的土地现状（包括住宅、商业、工业、集体等土地性质），笔者团队与当地自然资源部门一起研究，提出了“双评估补差”的解决方案。所谓“双评估补差”，就是根据该片区现状进行第一次评估，待项目重新规划后，根据新规划的土地性质进行第二次评估，再按照两次评估价的价差进行计算，以“补差”的方式确定需要补缴或退缴的土地出让价款的方法。

（四）重新论证融资方案和融资模式

在融资渠道上对标政策性金融“长江大保护”绿色信贷政策；在融资方案上对项目营利能力、偿债能力和财务生存能力进行充分论证评估，投资收益达到自求平衡，具有抗风险能力；融资模式采用银行固定资产贷款模式。

（五）对项目名称进行调整

将原项目名称优化为“××古城××片区街巷复兴项目（古城生态环境建设与保护项目）”，并根据我们的研究成果重新调整内容，顺利备案。

## 三、以竞赛遴选设计方案

为募集最优秀的设计方案，该项目举行了“一个院子，让一座古城被看见”的建筑设计竞赛，设计的对象是该项目片区内的任意一间院子。这场竞赛收到来自全球585组参赛者设计的234份有效方案，既为设计师提供了展示能力的平台，又为项目设计遴选出了最佳设计方案。

**四、项目投融资谋划成果**

该项目谋划对标国家最新政策与战略，创新了旧城改造与生态环境建设与保护有机结合的思路，还原了古镇历史风貌并传承其深厚文化底蕴，被中央电视台、人民网等媒体报道——“树立了生态环境与城市更新有机结合新典范，谱写了城市有机更新全新范本”。

该项目获得了政策性银行9.8亿元，13年期限的政策性金融资金支持，有力推动项目的开工建设，首期建设内容已于2020年7月竣工并对外开放，该项目现已成为该市城区集休闲娱乐、民俗观光、茶吧咖啡吧、阅读书吧、文化传播、特色商品等于一体的社区美空间、网红打卡地。

该项目可行性研究成果获全国工程咨询优秀成果二等奖。

## 案例8　××市××区城镇老旧小区改造项目

**一、项目建设需求背景及概况**

××市××区历史悠久，自古以来便隶属于巴地，直至东汉时期。作为某地市的市政府所在地，随着城镇化的不断推进，其常住人口已从过去的70余万增长至近100万。在城市发展的进程中，部分20世纪五六十年代的建筑依然留存，见证了岁月的变迁。与此同时，城市区域逐渐扩展，形成了独具特色的“城中村”，成为城镇化进程中的一道“独特风景线”。一些房屋建筑年久失修，配套的基础设施已无法满足居民日益增长的需求。狭窄的街道和出入口，已难以承载现代车流与人流的涌动。消防设施和通道的缺失，以及老化的管网和管线，如同潜伏的隐忧，亟待通过城市更新和老旧小区改造的春风，来抚平这些历史的皱纹，焕发新的生机。根据该市城市更新和老旧小区改造计划，拟在主城区九个片区的20个小区，按照相关老旧小区改造技术标准，进行改造示范工程。

**二、项目主要建设内容及规模**

项目拟对××市××区大北街、会仙桥、金沙滩、人民公园等9个片区20个示范改造点的老旧小区（楼栋）进行改造，涉及居民2.8万户、房屋370万平方米，包括改造路面 11.7 万平方米、停车场 2.96 万平方米、墙体整治美化 8.3 万平方米，配套管线改造工程、公共服务设施改造及其他工程。

**图 26－2　× × 市 × × 区城镇老旧小区改造工程照片**

图片来源：甲方提供项目资料。

## 三、项目投融资方案及主要成效

老旧小区改造项目资金来源，主要依靠“三个一点”，政府补助一点、居民自筹一点和社会资本出一点。老百姓的自筹很难，社会资本更多追逐利润，而且这又是一项关系到老百姓满意度的民生工程，因此，在运用好国家政策性资金支持的前提下，如何做好投融资方案、获得政策性金融资金支持是关键的一环。本项目采用政府主导、市场化运作的方式，以地方政府国有公司 × × 公司作为项目投资、融资、建设、营运主体，以地方政府专项债券资金 1 亿元为项目资本金，约占项目总投资的 25%，依靠自身部分收益（主要包括停车场、部分商业街区商业铺面、摊位、小区物业等收入及公司综合收益）为项目投资收益的主要来源，以达到投资收益自求平衡。项目获得 × × 政策性银行给予 3 亿元固定资产投资项目贷款资金支持，贷款期限 15 年。

目前，项目示范点改造工程基本完成，其建设改善了老旧小区群众居住环境，大大增强了项目区居民的归属感、获得感和幸福感，对于提升城市形象、促进区域经济发展、维护社会和谐稳定具有重要意义。

## 案例9　××区保障性租赁住房创新购买模式示范项目

### 一、项目建设与需求背景

××县级区，根据国家“三大工程”重大部署，对标国家政策，拟收购城区已经建成的1300余套存量商品房，住房面积合计15万多平方米，并将其改造为配租型保障性住房，以解决群众住房困难问题，有力推动住房供需平衡和城乡融合发展。

该项目总投资规模约6亿元，而区财政一般公共预算收入约7.5亿元，一般预算支出约29亿元，若通过政府直接投资，根据地方财力项目很难落地。

**图26－3　××区购买已建成商品房作配租型保障性住房照片**

图片来源：甲方提供项目资料。

### 二、项目模式与投融资主体谋划

保障性租赁住房是2024年国家“三大工程”的重点工程之一，国家政策鼓励政策性金融支持，但如果采取政府投资，银行融资将涉及隐性债务。因此，笔者咨询团队提出“政府主导，市场化运作”方案，获得批准后，由区级××国有企业作为投融资主体，采用投资、融资、购买、改建、经营一体化模式。

### 三、项目投融资方案谋划

该项目以平均每平方米700元左右的价格收购存量商品房，经过改建装修后，提供给急需住房的城乡居民，既为国家解决民生保障问题，拉动有效投资，又解决了房地产存量商品房销售问题。该项目总投资额约6亿元，地产区级××国有企业筹集自有资金约1.3亿元，约占总投资的21.7%，政策性金融固定资产投资项目贷款 4.7 亿元，约占总投资的 78.3%。

该项目通过融资收购存量商品房转化为保障性住房的创新模式，在全国率先落地，其成功实践不仅受到中央电视台深度报道，更引发多地媒体广泛关注。

# 第二十七章　新科技新基建类项目融资案例

随着人类科技的飞速发展，5G、人工智能、大数据等新兴技术的日益成熟，为新型基础设施建设（新基建）提供了坚实的技术支撑。当前，中国经济正处于高质量发展阶段，新基建已成为稳增长、调结构、惠民生的关键举措。在此背景下，新基建项目的投融资呈现出多渠道、多元化的发展态势。

从财政支持方面来看，政府通过设立专项基金、提供财政补贴以及实施税收优惠政策等方式，为新基建项目提供了有力的资金保障。从金融支持方面，金融机构被鼓励创新金融产品、加大信贷支持力度，并推动资本市场融资，以满足新基建项目的资金需求。从产业政策方面，政策着重鼓励企业加大研发投入，推动产业链协同发展，并加强国际合作，以提升新基建的整体效能。

从投融资规模来看，新基建领域的投资呈现出明显的上升趋势。2022年，新基建投资已超万亿元，预计未来几年仍将保持高速增长。从投融资主体来看，呈现出多元化发展态势，政府、企业、科研机构、金融机构等多方积极参与其中。从融资渠道来看，也日益多样化，涵盖了银行贷款、债券发行、股权融资等多种方式。

然而，新基建项目的投融资也面临着诸多挑战，例如投资回报周期较长、技术风险较高、人才短缺、技术更新换代快、缺乏成熟先例和案例等。如何做好“智改数转”（智能化改造和数字化转型）项目的投融资谋划，已成为我们亟待解决的难题。以下，笔者团队将分享几个精心谋划的项目案例，供读者参考。

## 案例10　××智能制造生态产业高质量发展配套设施项目

### 一、项目建设与需求背景

××地级市××新区，是首个以“生态+智能”建设为主题的智能制造高新产业园区。智能电网、机器人、高端装备、新一代信息技术等战略性新兴产业矩阵在此布局，同时引导发展工业设计、工业大数据、人力资源和现代金融等现代服务业。通过构建数字化、智能化现代产业体系，引领北部生态新区形成智能、绿色的高端产业集群。

图27-1　××智能制造生态产业发展规划示意图

图片来源：甲方提供项目规划资料。

该市政府根据新区智能制造生态产业高质量发展规划，拟投资约66亿元，建设园区标准化厂房、人才公寓、供电供水、地下管网等配套基础设施、园区与城区互联互通道路、生态绿化工程等。

### 二、项目投融资模式

该项目建设内容多，投资规模大，资金需求量大，当地全市财政一般公共预算收入约180亿元，尽管是该省第二大财力地市，但一般公共预算支出约370亿元，也需要依靠转移支付平衡财政收支运转。若靠本级政府财力以政府直接投资，也难以实现项目的落地建设。因此，项目采用政府主导、市场化运作模式，由地市级国有企业××集团作为投资、融资、建设和营运主体，开展市场化融资。

**三、项目投融资方案**

地市级国有企业××集团自筹项目资本金约16亿元，约占总投资的24%，其余部分通过申请项目专项资金、地方政府专项债券和金融融资多渠道解决。

项目收益包括标准化厂房、办公用房、仓储物流用房等租金收入、物业收入、停车场收入、供水供电、排污等以及集团综合收入，项目现金流足以覆盖项目投资收益，项目偿债能力、利息备付率等指标均能满足项目专项债券和银行贷款融资需求。

**四、项目融资与建设成效**

该项目先后取得了××政策性银行贷款约25亿元、地方商业性银行贷款10多亿元，地方政府专项债券资金10余亿元，中央预算内资金补贴及其他资金形成了项目资金来源闭环。该项目目前已经基本建成，园区围绕智能电网和智慧储能产业，先后引进了南方电网上下游企业进驻；围绕机器人和智能装备产业，带动了电控、传感器、域控机等核心零部件企业聚集；围绕新一代信息技术，依托飔芯科技氮化镓衬底及高端芯片、核加微电子半导体芯片等项目，积极吸引外延加工、芯片制备等下游企业落户；围绕上述产业的生产性服务业，包括工业设计城、大数据产业园项目企业入驻。截至2023年，该区生产总值近150亿元。

## 案例11 ××车联网先导区建设项目

**一、项目建设与需求背景**

SC省辖市××区作为“一带两翼、一城六区”战略布局的核心载体，依托高端制造产业功能带与功能区的双重定位，构建起以汽车研发制造为龙头，航空航天装备、智能工程机械、绿色环保设备协同发展的现代产业体系。区内国际汽车城已形成完整产业链生态，集聚一汽集团（含大众、丰田合资品牌）、沃尔沃、吉利等整车制造龙头企业，并成功引入××新能源汽车项目、××汽车底盘控制系统生产基地等关键配套项目，实现从核心零部件研发到整车组装的产业闭环。

为进一步服务并推动上述产业发展，该区××国有企业拟进行××车联网先导区项目建设。

图 27－2　××车联网先导区项目示意图

图片来源：甲方提供项目资料。

## 二、主要建设内容与规模

项目约投资 6.7 亿元，通过对国家级××经济技术开发区全区 166 公里开放道路进行升级改造，打造覆盖全域的 C－V2X 网络，并在重点路段配套 160 多套路侧感知计算系统，构建 C－V2X 安全防护体系与城市级高精度时空基准服务，建设车联网与智慧交通云服务平台，同时构建外场测试验证环境、打造特色应用场景。

## 三、融资方案及成效

项目由区级国有××企业发展公司作为投融资主体，进行投资、融资、建设、营运，公司自筹项目资本金 1.7 亿元，通过政策性银行融资贷款 5 亿元。项目主要收入包括智能化检测收入、场景道路试车检测收入、车联网相关数据使用收入及投资主体公司综合收入。项目投资收益自求平衡，相关财务指标、融资能力、抗风险能力测算符合银行融资要求，××政策性银行给予 5 亿元中长期固定资产投资项目贷款资金支持，该项目已基本建成，并经××市公安局交通管理局、市交通运输局、市经济和信息化局三部门联合发布通告投入试营运，建设区有约 180 个路口被改造为无人驾驶示范应用类场景，从车端、路端、云端进行全面改造，打造无人售卖场景、无人环卫场景、无人接驳巴士、智能网联精准公交场景，以及通过智能网联可视化展示大屏实现运营调度等场景。

## 案例12　××120 米脉冲星射电望远镜配套设施建设项目（一期）项目投融资案例

图 27－3　××120 米脉冲星射电望远镜实景照片

图片来源：甲方提供项目资料。

### 一、项目建设需求背景

××120 米脉冲星射电望远镜项目由中国科学院和××省合作，为国家重大科技项目，建成后将成为世界上最大的单口径全可动中低频射电望远镜。

项目所在区域××县隶属××省××市，在××山和××山两个国家级自然保护区之间，是我国首个被联合国环境规划署授牌的“生物多样性和生态系统服务价值评估示范县”，是地球同纬度带上生物资源最为丰富的自然综合体，堪称“天然物种基因库”，具有生态与科技双重资源。

伴随××120 米脉冲星射电望远镜项目的建设，所在区域县亟须为项目建设配套基础设施。

### 二、主要建设内容与规模

项目主要建设内容包括供电保障系统、道路交通体系、服务基础设施、生态保护等。

### 三、投融资方案

该项目若只是为项目配套基础设施建设，投资规模约 4 亿元，但 4 亿元对于一个财政一般公共预算收入约 5 亿元、一般公共预算支出约 27 亿元的边远民族小县，也是十分巨额的资金了。

结合该县资源情况，笔者咨询团队提出了配套基础设施与产业化融合的项目市场化开发思路。

项目由县国有企业作为项目投资、融资、建设和营运主体，项目建设内容将配套基础设施功能升级为与科考、科普研学、生态保护、文化旅游相融合的基础设施建设，通过配套服务基础设施等为高科技望远镜配套和赋能，把地理、科考、生态等元素融入项目的开发建设，实现“科技引流、旅游聚气、资源互补、产业联动、多方共赢”，促进“科研 + 科普 + 科技产业化”的融合发展。

项目通过文旅产业收入、项目补贴收入和公司综合收入作为主要收益来源，实现了项目的投资收益自求平衡，项目现金流、相关财务指标、偿债备付率、利息备付率等指标符合银行融资要求，最终获得 × × 政策性银行约 8 亿元，18 年期限的固定资产贷款资金支持。

该项目咨询成果获得省级优秀咨询成果一等奖。

## 案例 13　× × 省 × × 市数字化城市综合体建设项目示范案例

### 一、项目建设需求背景及概况

× × 市位于 × × 省东南部，× × 州中东部，下辖 7 个乡镇（街道），总人口 30 多万人，城市建成区面积约 26 平方千米，常住人口城镇化率约 74%，先后荣获国家园林城市、国家卫生城市、全国科技进步先进市、全国体育先进市等称号，并连续七年获得全国双拥模范城称号，是一个具有丰富社会活力和坚实经济基础的城市。为推动城市数字化转型，该市从数字、智能、智慧战略进行“数字城市”顶层设计，坚持政府主导和市场化运作相结合，初步计划用 15 年的时间建成“数字 × ×”城市大脑，推动数字化转型和改革。

在此背景下，× × 市 × × 公司作为项目投资主体，承接 × × 市数字城市综合体建设项目，通过实施 × × 市保障体系与基础设施建设、城市智慧服务平台建设、智慧管理与服务平台建设、智慧产业与经济平台建设等工程，着力推动实现政务数字化，打通各行业部门数据交互通道，纵深各领域业务，突破××市传统城市治理模式，提高城市管理运行效率。

## 二、主要建设内容及规模

根据××市“数字、智能、智慧”三步走建设“数字××”的战略规划，结合××市城市治理现状，对项目建设内容及技术资源进行精准配置。通过与专业团队进行技术研究比对，选取了贯穿“设施、数据、平台、服务”四个层级，集智慧政务、智慧交通、智慧社区、智慧产业等多功能于一体的数字城市综合体建设内容及以数字孪生技术为核心的技术方案，建立市级集中存储、分级授权访问的全局数据资源，推进政务数据、城市运行数据、互联网大数据的高效采集和有效整合，形成顶层统筹、共享共用、安全可靠的开远大数据资源库，推动××市服务资源智能配置、管理需求精细调控、决策机制高效提升。

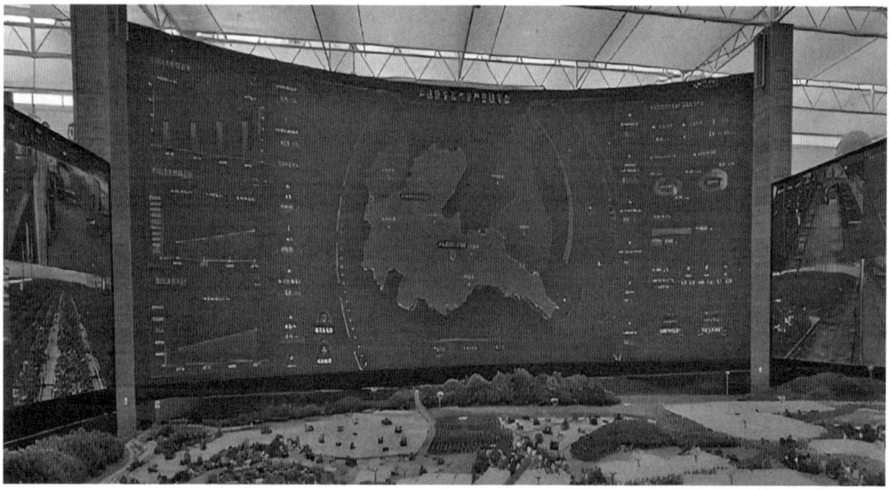

**图27－4　××市数字化智慧平台照片**

图片来源：甲方提供项目资料。

## 三、项目主要营运模式

该项目涉及政务数据化、行业数据化等内容，在政府部分可收集与处理的数据内容运营上具有公益性特点，在行业数据收集运营上又具有经营性特点。笔者团队抓住项目准经营性特点，积极探索项目运营模式分析，研究“数字经济”转化效益实现途径，提出“智慧＋”项目运营模式，通过建设智慧政务平台、智慧社区物业管理平台等，实现了政务服务、社区服务的数字化、智能化转型，使得项目具备可持续经营发展能力；通过构建智慧旅游系统、智慧工业园区互联网信息平台等，积极推动旅游、工业等传统产业的转型升级，实现项目市场化多渠道运营，增强项目自身造血能力。

**四、投融资方案及成效**

××市××公司作为项目投资、融资、建设、营运主体，自筹项目资本金0.9亿元，约占项目总投资的20%，以项目自身收益，包括空间出租、数据付费、房屋设备出租等实现项目投资收益平衡，项目具有可持续现金流，具有可持续的财务能力、债务偿还能力和抗风险能力。××政策性银行给予了3.6亿元固定资产投资项目贷款资金支持，贷款期限15年。

该项目的落地建设，为该市实施数字化城市管理奠定了良好基础，为在全省数字化、智慧化城市转型升级提供了样板和示范。

该项目前期咨询成果获得了省级工程咨询行业科技成果奖。

# 第二十八章　盘活存量资产类项目融资案例

在我国固定资产投资的过程中，形成了大量的存量固定资产实物量。根据国家统计局数据，我国在2013年到2023年的十一年中，固定资产投资（不含农户）累计总额达413万亿元，在这些巨大的存量固定资产中，按照固定资产投资资本形成率80%计算，存量固定资产达330万亿元，假设按照实际固定资产投资资本形成率65%计算，存量固定资产也达215万亿元左右，假设其中一半需要盘活增效，也有100万亿元左右的存量固定资产可以盘活。此数据尚不包括新中国成立以来所形成的下述案例类似的固定资产，实际需要盘活的存量固定资产远远大于此数据。

2021开始，国家先后出台“盘活存量资产扩大有效投资”的系列文件和政策。如《国务院办公厅关于进一步盘活存量资产扩大有效投资的意见》（国办发〔2022〕19号），文件从盘活重点方向、盘活方式、政策支持、回收资金使用、风险防控、组织保障等六方面提出了要求；《国家发展改革委办公厅关于做好盘活存量资产扩大有效投资有关工作的通知》（发改办投资〔2022〕561号）从建立机制、建立台账、灵活方式、推动落地、跟踪回收资金使用、加大配套政策支持、试点示范和引导鼓励等八个方面进行了安排；国家发展改革委还在全国范围内选了24个典型案例，作为盘活的示范引领。

盘活存量固定资产，对于形成存量资产和新增投资的良性循环，提升基础设施运营管理水平，拓宽社会投资渠道，合理扩大有效投资，降低政府债务风险，降低企业负债水平，拉动有效投资都具有极其重要的作用和深远的历史意义。

现就笔者团队所实际操作的案例中选择分享如下。

## 案例 14　× × 县“两弹一星”存量资产盘活项目

### 一、项目建设需求背景

SC 省 × × 县，拟建一所党校（干部学院），主要建设内容包括教室、会议室、多功能厅、电影院、运动广场及配套基础设施等。

简单从建设党校（干部学院）项目角度看，其固定资产投资项目性质应该是政府投资的公益性项目，其资金来源应该是财政预算资金。但该县当年全县财政一般公共预算收入仅 3 亿元，一般公共预算支出约 21 亿元，主要依靠上级财政转移支付。要满足一个具有基本功能的党校建设，至少需要 3 亿元的投资，若要财政资金安排，需要一年的财政公共预算收入。

### 二、区域资源背景

该县坐拥秦岭南麓与成都平原过渡带的独特区位，境内千峰竞秀、碧水蜿蜒，构成天然生态屏障。其文化底蕴深植千年历史沃土：七曲山大庙作为文殊菩萨道场，每逢升学季便可见数十里外的学子在父母的陪同下虔诚祈福；三国古战场遗址与西汉司马相如读书台相映成趣，唐明皇御赐“长卿山”之名更添传奇色彩，形成跨越秦汉至盛唐的文化走廊。

1969 年，902 基地从青海迁移至此，成为中国核武器研究试验基地，也就是著名的“两弹城”。邓稼先、钱三强等 9 位“两弹元勋”在此工作了 23 年，其间组织完成了 29 次核试验，开展了原子弹、氢弹的武器化与定型，以及新一代武器的研制攻关等重要国防科研任务。1992 年，因国防安全和科研需要，基地整体搬迁至科技城，但这里仍留下了丰富的红色文化遗产和遗址。

### 三、存量资产的资源状况

我国“两弹一星”研究和生产基地于 1992 年迁址 × × 市科技城后，保存完好的大礼堂、办公楼、档案馆、模型厅、情报中心、邓稼先旧居、将军楼等 160 多栋 20 世纪 60 年代建筑物及防空洞、国魂碑林等众多纪念实物，成为被闲置 27 年的旧址，大部分建筑依然完好，却无人问津，成为“沉睡”的存量资产。

### 四、项目谋划的关键要点

#### （一）梳理整合资源，提升资源聚合价值

将该县的红色存量资源资产，与七曲山大庙等自然风光、三国历史遗迹和传统文化进行整合，推动红色文化、传统文化、历史文化和自然风光交相辉

图 28－1 “两弹城”原大礼堂照片

图片来源：笔者团队拍摄。

映，提升资源的聚合价值。

（二）盘活存量资产，拉动有效投资

充分利用保存完好的前苏联风格的建筑，统一规划、分项目实施。以废弃的研究院、实验室、厂房等红色遗址为基础，通过改扩建（BOT + ROT）方式，先后共实施了四期项目建设，内容主要包括基地院部旧址修缮保护、建筑复原改造工程、科普教育区、展陈馆、航天科技馆、三线博物馆、游客中心等。

通过盘活沉睡存量资产，再现革命老一辈为我国“两弹一星”付出牺牲的足迹和场景，拉动了有效投资。

（三）通过政府主导，市场化运作的方式，促进培训功能产业化

项目谋划从党校的原始需求为起点，将干部培训功能与爱国主义教育有机融合，建立中小学生爱国主义教育研学基地，将干部培训产业化，既是党员的培训学校，干部的培训中心，又是青少年的爱国主义教育基地，既解决了项目资金来源的难题，又减轻了地方政府财政投资的压力，同时也激发了地方国有企业投资营运的活力。

（四）抓住核心要素，引导文化传承

孩子，是祖国的未来，更是家庭的核心要素，一个孩子牵动三个及以上家庭成员的心。抓住这一核心要素，以孩子求学、教育为旅游主题，以家庭为旅游基本单元，将每年两次的“七曲山大庙会”与红色旅游研学进行有机结合，孩子既可以满足充满求学梦想的旅游，又可以到“两弹城”寻找红色的记忆，学习老一辈革命家、专家艰苦奋斗，将中国自己的氢弹、原子弹实验成功，将卫星送入太空的光辉业绩，增强孩子爱党、爱祖国、爱人民的信心和决心。

**图 28-2　项目实景照片**

图片来源：笔者团队拍摄。

（五）突出项目“三个效益”，破解项目融资瓶颈

在该项目的前期谋划中，其融资方案除深入细致的测算偿债能力、营利能力和财务生存能力外，突出了社会效益、经济效益和生态效益，在社会效益方面，将党建培训与爱国主义教育相结合，将旅游与研学相结合，将寻觅红色记忆与红色文化相结合，正能量地引导红色文化的传承；在经济效益方面，由于在原址进行保护性改建、扩建为主，一方面节省投资，另一方面以主题引流，人气旺盛，效益突出，由于夯实了旅游营运，项目投资收益平衡可靠；在生态效益方面，突出生态环境保护。因此，获得了政策性银行的长期资金支持。

**五、以项目带动全域经济，成果显著**

该项目自 2017 年以来，先后连续实施了四期，项目总投资约 25 亿元，实现融资超 19 亿元，在保护和恢复原有景点的基础上，新建了航天科技馆等集现代科技和数智化的光、影、电、声、信息于一体的“两弹一星”陈列馆、展览馆等，成为党建培训的网红打卡地，仅 2024 年上半年，就接待培训和游客 14 万多人。

该项目不仅自身项目效益显著，还有力拉动了全县全域旅游，将旅游产业作为全县经济高质量发展增长点，对全县经济增长和财政收入都作出了积极贡献。

**图 28 -3　项目现场图**

图片来源：笔者团队拍摄。

项目建设以来该县社会生产总值从 91. 78 亿元增长到 2023 年的 207. 19 亿元，增长了 1. 25 倍，如图 28 -4 所示。

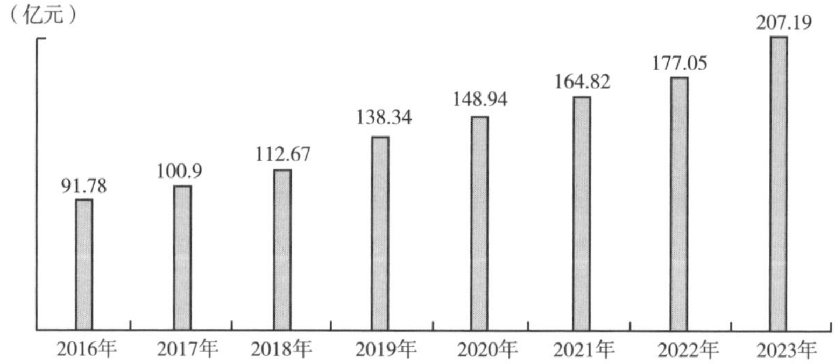


**图 28 -4　× × 县 2016—2023 年 GDP**

资料来源：× × 县国民经济和社会发展统计公报资料。

项目建设以来，该县财政一般公共预算收入从 2. 27 亿元增长到 2023 年的 5. 34 亿元，增长了 1. 35 倍，如图 28 -5 所示。

该项目咨询成果分别获得全国工程咨询优秀成果荣誉奖和省级工程咨询优秀成果二等奖。

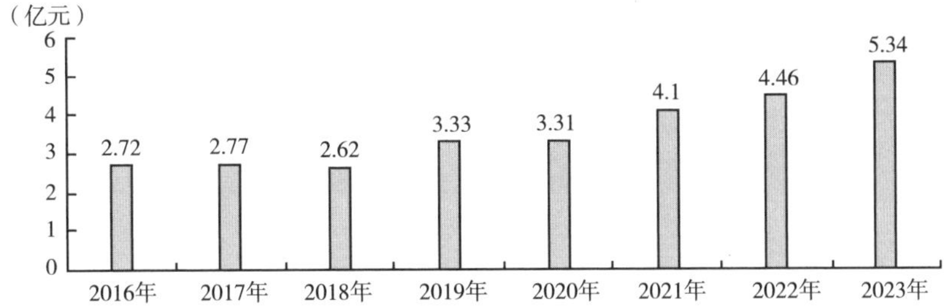


**图 28－5　××县 2016—2023 年财政一般预算收入**

资料来源：××县国民经济和社会发展统计公报。

## 案例 15　YN 省××州××县盘活存量旅游基础设施项目

### 一、项目建设需求背景及概况

YN 省××州××县××梯田，2013 年进入世界文化遗产保护名录。保护区总面积近 82 万亩，其中核心区 7 万亩，有 1300 多年文字记载的开垦历史。其特有的森林、村寨、梯田、水系“四素同构”循环生态系统，高原农耕技术及生产、生活、宗教、文化相融共生的活态文化系统，充分体现了“天人合一”的文化内涵，是哈尼族、彝族等先民农耕文明的智慧结晶和农业文明文化景观的杰出范例，先后获得联合国教科文组织世界文化遗产、全球重要农业文化遗产、中国重要农业文化遗产。为集中展示农耕文化，保护重要农业文化遗产，展示民族文化，该县于 2017 年开始动工修建，项目总投资约 1.7 亿元，2019 年 3 月建成并开始营运，占地面积 4786.14 平方米，建筑面积 7860 平方米。营运以来，一直亏损，年年依靠财政补贴，成为一个低效资产。

### 二、对标政策，盘活资产

为盘活此项存量资产，按照国家“盘活存量资产扩大有效投资”的要求，××县国有××文化管理运营有限公司，拟通过市场化方式，投资购置该宗低效资产，将该资产与当地其他旅游资源整合，将原有的世界文化遗产展示中心、管理中心、监测中心和资料收集中心的功能进行优化升维，统一经营管理，实现资源优化配置，将游客接待、文化遗产展示、管理检查、资料收集、科研宣传、科普传承等功能优化整合，通过该宗资产为全县旅游业赋能，通过全县旅游产业为该宗资产增效，让无效资产变有效资产，低效资产变高效资产。

图 28－6　项目现场图片

图片来源：甲方提供项目区域图片。

### 三、融资方案及成效

充分利用国家鼓励政策性金融支持盘活存量资产，拉动有效投资的信贷政策，通过购买固定资产方式进行融资。由××县国有××文化管理运营有限公司作为投资、融资、购买和营运主体，自筹项目资本金 0.65 亿元，约占项目总投资的 27%，政策性银行给予 1.75 亿元的固定资产投资项目贷款予以支持。

该宗资产盘活后，不仅是旅游营运活力增强，更是有利于粮食的种植，不仅地梯田美景的丰收，旅游的兴旺，更是稻谷的飘香，各族人民的欢唱。

## 案例 16　SC 省××县购置烂尾楼拉动有效投资项目案例

### 一、项目建设需求背景及概况

SC 省××县，物产丰富，文化底蕴深厚，盛产竹、纸、茶叶、瓷砖，被称为“千年竹纸之乡”“全国重点产茶县”“中国西部瓷都”，全县约 30 万人口，城镇化水平不高，城镇化率 49%，低于全国平均水平。县城是城乡的转接平台，城乡转化节点与枢纽，科技、家电、工业品、信息知识要下乡，农产品要进城，县城都是一个重要的转接平台。为打造这个平台，却苦于县城没有可批的建设用地用于建设。但在该县的××片区，却有一个烂尾商业楼，主体框架已经建成，资金链断链而无人问津。该县国有企业农投集团拟通过公开法拍交易，购置该宗烂尾资产，作为城乡转接综合平台。

**图 28－7　项目所在××县茶园图片**

图片来源：甲方提供项目资料。

## 二、烂尾资产价值及获得方案

该项目经历了近 10 年的烂尾，10 年前项目封顶，但资金断链，投资公司破产，陷入债务纠纷。后经估值，价值约 1.9 亿元，经过法拍程序，以 0.84 亿元获得该宗资产。

## 三、改扩建方案

获得该宗资产后，通过改扩建（ROT），重新规划功能区，按照不同的楼层进行规划，包括农特产品展销中心、产业配套服务中心、众创孵化基地、农产品配送配餐区、产业配套数字化平台、产业配套公寓、地下停车场等。

## 四、营运方案

国有企业农投集团选取自主经营模式，自己进行物业管理，物业出租收入、管理费收入、检测费收入、停车费收入、农产品配送配餐收入、非物质文化遗产体验区门票、文创产品培训、销售收入等达到项目投资收益自求平衡。

## 五、投融资方案

该县国有企业农投集团作为项目投资、融资、购买、营运主体，自筹项目资本金 1 亿元，占项目总投资的 30%，××政策性银行予以 2.3 亿元固定资产贷款资金支持，约占项目总投资的 70%，现该项目已经完全投入营运，获得较好的社会效益与经济效益，为农产品进城、工业品下乡架起了畅通的桥梁。

## 案例 17 SC 省 × × 市农产品交易中心存量资产盘活项目

### 一、项目建设需求背景及概况

该地区处于省会城市的城郊接合部，是农产品供应省会城市的重要节点。8 年前 × ×公司投资建设了占地 9.68 万平方米，建筑面积约 4 万平方米的农产品交易市场。开业后，由于投资者资金断链、经营状况不好等原因，导致长期亏损。该宗资产几乎处于闲置状态。

× ×农业投资公司凭借自身资源优势、团队优势和资金优势，拟购买该宗低效资产，盘活增效，一方面保障省城粮食、蔬菜、肉、蛋等农产品供应；另一方面为周边农民生产提供运输、储藏、销售、交易平台，同时获得长期可持续的经济利益。

**图 28－8　× × 农产品交易中心图片**

图片来源：甲方提供项目资料。

### 二、存量资产价值及改造装修方案

该项目资产价值约 2.5 亿元，× ×农业投资公司拟将此资产购买后，通过对交易大厅、厂房、综合楼、门卫等进行提质改造，改造主要包含平台搭建、室内外装修、主体防水、室外总平及围墙修复、科技网络化、智能化等提质改造工程，将此交易中心变为现代化农产品交易中心。

### 三、投融资方案与成效

根据该项目投资估算，项目总投资约 3.5 亿元，× ×农业投资公司自筹项目资本金 0.7 亿元，约占项目总投资的 20%，× ×政策性金融机构予以固定资产投资项目贷款 2.8 亿元。贷款期限 15 年。

该项目盘活后，起到了城乡流通领域的连接作用，以农产品交易中心为纽带，搭建了农产品营销大平台，发挥了保障城市农产品供应作用的同时，也发挥了城乡流通领域先导性作用，通过各类农产品宣介、展示与推广，增强了农产品生产、流通、消费主体之间的交流衔接，获得了较好的社会效益、经济效益与生态效益。

# 第二十九章　生态环境保护开发（含 EOD）类项目投融资案例

2018 年生态环保部、全国工商联联合发文提出探索生态环境导向的开发模式后，2020 年，国家生态环保部、国家发展改革委和国家开发银行联合发文《关于推荐生态环境导向的开发模式试点项目的通知》（环办科财函〔2020〕489 号），正式拉开了全国申报 EOD 项目的序幕。

2021 年 4 月，生态环境部、国家发展改革委、国家开发银行联合印发了《关于同意开展生态环境导向的开发（EOD）模式试点的通知》（环办科财函〔2021〕201 号），同意全国范围内 36 个项目开展第一批 EOD 模式试点工作。

全国申报 EOD 项目入库出现热潮，一些人认为，一旦入库就会有钱，但实际未必。有的已入库的 EOD 项目，在项目前期谋划中，由于对 EOD 项目的产业、营运、可融资性分析论证不专业、不到位，建设内容打捆、项目投资规模盲目贪大等原因，导致一些入库的 EOD 项目资金无法落实而最终无法落地。

生态环境建设与保护类项目，本身是国家政策重点支持项目，无论是否采用 EOD 模式，是否入 EOD 项目库，只要项目自身优质、可行，都可以采用多渠道、多元化的投融资获得资金支持，实现项目落地。以下分享几个案例。

## 案例 18　SC 省 ×× 市全国第一批 36 个 EOD 入库项目之一投融资案例

### 一、项目概况

该项目总投资约 50 亿元，项目建设以水生态修复和水环境治理为手段，

**图 29－1　×××EOD 项目实景照片**

图片来源：甲方提供项目资料。

区域综合开发为载体，把流域沿线的五个小镇串联为一体，将节水灌溉、河流整治、道路建设、生态恢复、生物多样性展览与保护、农业种植、竹林、茶产业园、农家宅院改造等内容纳入项目建设，将生态保护建设与农商文旅产业有机融合，实现水生态治理带来的经济价值内部化，达到项目区域可持续高质量发展目标。

**二、项目入了 EOD 库，资金却难以落地**

该项目按照总体规划和入库申报方案，包括 11 个大类若干细类的建设内容，总投资达 50 亿元。经过多方努力申报，重重突围与比拼，项目于 2021 年被纳入生态环保部全国第一批 36 个 EOD 示范项目。在第一批示范项目中，××省有三个，××市仅此一个项目。

该项目按照 30% 的项目自有资本金，需要当地政府或投资人具备 15 亿元自有权益性资金，融资缺口约 35 亿元。尽管是第一批入生态环保部、发展改革委和国家开发银行库的项目，但由于在项目前期谋划中，项目建设内容资源整合度较差，项目投资规模过大，投资收益平衡度较弱，缺失对项目产业收益来源、项目营运模式、项目现金流、项目投资主体等可融资性分析等诸多问题，因此，项目虽已入库，但融资难于落地。

**三、创新思路破解难题**

笔者团队接受该项目融资咨询后，认真梳理核实项目情况，找出项目存在的问题，提出了“整体规划，分期实施”的建议，获得甲方认同后，重新编制了《××市×××乡村生态综合体（EOD）项目》（第一期）可行性研究报告，将河流治理、生物多样性博览园、乡村民宿改造、竹产业、茶产业、乡村旅游产业、生态绿化等建设内容融合在第一期实施，从银行固定资产贷款的视角对项目投资主体、项目政策性准入、财务现金流、投资营利能力、偿债能力和财务生成能力等进行了分析和论证，对项目融资主体的融资担保能力等提出了指导意见，根据项目融资“三要素”框架，将项目第一期投资规模控制到约11亿元，并加强了与意向金融机构的交流与沟通，获得了认可和支持。

**四、项目投融资方案与成果**

《××市×××乡村生态综合体（EOD）项目》（第一期）可行性研究报告经过评审，获得了批复和备案，由××市国有企业作为项目投融资主体，自筹项目资本金约2.5亿元，约占该期项目总投资的23%，××政策性银行给予了8.5亿元，15年期的固定资产项目贷款，推动了项目开工建设。

该项目第一期工程落地实施后，推进水生态环境治理，持续开展森林植被恢复工作，森林覆盖率达到49.31%，××流域水质由2019年的Ⅳ类稳定提升至Ⅲ类以上。已建成的生物多样性博览园成为2024世园会的4个分会场之一，开园以来，举办活动60余场（次），吸引了众多游客前来打卡，接待国内外游客13万余人（次）。

该项目前期可行性研究报告获省级工程咨询优秀成果二等奖。

**图29－2　×××EOD项目生物多样性博览园照片**

图片来源：甲方提供项目资料。

## 案例 19　YN 省 ××新区 ××水生态环境建设及综合开发利用 EOD 项目资金来源难以闭环案例

### 一、项目概况

该项目是该省第一个全国第二批 EOD 入库项目之一，总投资 83 亿元，建设内容包括三条河流、两个水库水生态治理，流域、河道沿岸生态环境治理，一个药产业园建设，若干道路、管网等配套基础设施建设。

**图 29－3　×× × EOD 项目区域示意图片**

图片来源：甲方提供项目资料。

### 二、项目入了 EOD 库，资金来源却无法闭环

该项目于 2022 年入选了生态环保部全国第二批 EOD 示范项目。该项目入库后，由该省省级国有企业×××发展集团作为项目实施主体，通过招投标发包，由×××央企中标，由中标央企与×××发展集团以新设法人形式组建项目公司，该项目公司股权比例为 50%∶50%，项目公司在两年时间内对接了 10 多家金融机构，却没有获得任何一家的贷款资金支持。

### 三、该项目资金来源难以闭环的原因何在？

第一，该项目总投资规模过大。该项目在前期谋划中没有认真分析和研究项目建设内容的相关性、逻辑性和合理性，而是任意“打捆”，将项目区内需要建设的项目都往里面装，据了解该项目最早计划项目总投资 110 亿多元，评审后以 83 亿元总投资规模上报并批准入库。如果按照项目资本金制度，该项目自有资本金比例按照 20% 计算，也需要投资人筹集自有权益性资金约 16 亿元，资金缺口达66亿多元。

第二，按照项目建设内容，投资收益难以自求平衡。该项目的前期谋划中，对项目片区资源梳理分析不透，有收益和无收益的资源配置不合理，区域产业导入不足，项目缺乏可靠、可持续的现金流入。

第三，缺乏有针对性的、切实可行的融资方案。该项目前期谋划中，没有对该项目的营利能力、偿债能力和财务可持续能力进行认真分析与研究，不具备项目融资深度，金融机构无法进行信贷评估。

## 案例20 SC省××县××河流域河道综合治理工程项目

### 一、项目建设需求背景及概况

××县40万人，县城约10万人居住，××河流域穿城而过，被当地称作“母亲河”。但由于河道淤泥堆积，每年汛期，河水暴涨，有时直接漫过桥面，当地群众的生命财产受到威胁。加之流域周边沙石的乱开乱发，不规范加工等，造成环境污染，流域周边农业生产生活用水得不到保障。县委、县政府高度重视，拟对该河流域进行生态治理。

### 二、项目开发建设模式

该项目若以市政基础设施建设，或者以农田水利基础设施建设，都属于公益性项目，没有项目收益来源。若以政府投资，该县财政一般公共预算收入不到4亿元，一般公共预算支出却需要35亿元，根本无法完成这一民生工程。

针对这一情况，笔者咨询团队提出了EOD模式的片区开发方案，将片区内沙石、土地、停车场、流域水资源、供排水、森林资源、农业灌溉等有收益的和没有收益的基础设施进行整合，实现投资收益自求平衡。

### 三、投融资方案

项目由政府主导，市场化运作。由××国有资产投资集团公司作为项目投资、融资、建设、营运主体，自筹项目资本金约1.8亿元，约占项目总投资的21%，政策性金融给予固定资产项目贷款6.7亿元，贷款期限15年。

### 四、项目实施效果

本项目的实施一是提升了农业基础设施，农业灌溉得到了改善；二是提升了水质，保障了当地居民饮水安全；三是改善生态和环境，山更青，水更绿，空气更洁净；四是文旅融合，生态价值转化与产业深度融合，通过建设欢乐田园、花堤、骑行绿道等生态工程，根据土地利用性质，种植油菜、向日葵、水稻、荞麦及药材等经济性作物，做到月月有丰收、四季有美景，实现了生态引领，融合发展。

**图29－4　××河流域河道实景图片**

图片来源：甲方提供项目资料。

## 案例21　GXZ族自治区××湖流域环境整治工程项目

### 一、项目建设需求背景及概况

××湖是××新区的生态湖，该湖区域内涝和环境需要进行综合治理，为缓解区域内涝，有效提升新区防治洪涝能力，达到排涝（排水）安全与水环境改善双重效果，新区党委、政府高度重视，拟实施××湖流域环境整治工程项目。

### 二、项目主要建设内容及投资规模

该项目范围约3200余亩，主要建设内容包括生态恢复、生态护岸、防洪护堤、配套商旅用房、应急避难广场、交通基础设施，配套管网、生态绿化、游客服务中心、生态停车场等。项目总投资规模6亿多元。

### 三、投融资方案

该项目××试验区发展集团公司作为项目的投资、融资、建设和营运主体，自筹项目资本金1.2亿元，约占项目总投资的20%，××金融机构予以4.8亿元固定资产投资项目贷款，贷款期限20年。

主要项目收入包括停车场收入、配套网点商业出租收入、供排水收入、项目营运补贴收入等。

该项目已通过金融机构贷款审批，已完成融资金额4.85亿元。

**四、项目建设成效**

该项目建成后，湖区水质提升，减少了污染，废水废气减少，空气质量提升，通过防洪护岸和清淤疏浚，减少了内涝，通过体育运动、健康步道建设，增加了老百姓的运动场地和休闲场所。

**图29-5 GXZ族自治区××湖流域环境整治工程实景图片**

图片来源：甲方提供项目资料。

# 第三十章　特许经营模式类项目投融资案例

2015 年，国家发展改革委、财政部、住房城乡建设部、交通运输部、水利部、中国人民银行以2015 年25 号令发布了《基础设施和公用事业特许经营管理办法》（以下简称“老管理办法”），2024 年六部委重新修订的《基础设施和公用事业特许经营管理办法》以2024 年17 号令发布，“老管理办法”同时废止。

根据上述办法，基础设施和公用事业领域里的交通运输、市政工程、生态保护、环境治理、水利、能源、体育、旅游等项目，具有一定公益性又有一定可持续的现金流收益的项目，可以使用“特许经营模式”进行开发建设。现遴选分享以下案例。

## 案例22　SC省××市××区乡镇污水处理厂及配套管网工程特许经营项目投融资案例

### 一、项目建设需求背景及概况

为改变农村城乡居住环境，提升乡村风貌，切实解决农村城乡居民民生问题，SC省××市××区住建局拟对全辖乡镇污水处理进行统一规划，分类治理和建设。

### 二、主要建设内容和规模

拟新建20个乡镇污水处理厂，配套建设22个污水处理厂的管网，日处理污水能力达到1.75万吨/天；升级改造5个乡镇污水处理厂，日处理污水能力达到0.38万吨/天；100个农村聚居点建设100个日处理10—40吨/天的污水处理设施。项目总投资约5亿元。

## 三、建设营运模式及实施方案要点

针对点多面广，项目复杂，有22个新建、5个扩建升级、100个农村聚居点，工程方案不统一，单体项目分散、金额小等问题。根据《基础设施和公用事业特许经营管理办法》，编制《××市××区乡镇污水处理厂及配套管网工程特许经营实施方案》，项目特许经营期限17年，其中建设期2年，运营期15年，政府授权给住建局作为实施机构，由实施机构公开招标特许经营者。中标特许经营者作为投融资主体，采取建设—经营—移交（BOT）模式，进行本项目建设。其主要流程如图30－1所示。

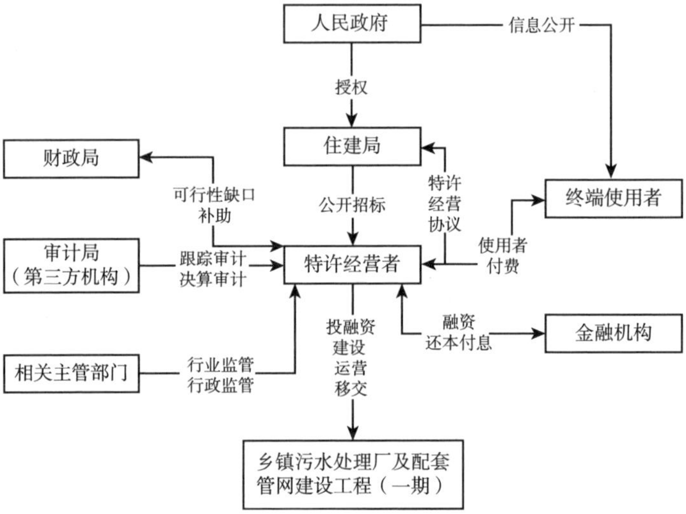


**图30－1　××市××区乡镇污水处理厂及配套管网工程特许经营实施方案示意**

图片来源：项目可行性研究报告。

## 四、项目融资方案及成效

项目由特许经营中标者××有限公司中标特许经营者作为投融资主体，自筹项目自有资本金约1.2亿元，约占项目总投资的24%，××政策性银行给予3.8亿元固定资产项目贷款资金支持，贷款期限15年。

该项目目前已经初步建成，取得了较好的社会效益和经济效益。

图 30－2　××市××区乡镇污水处理配套管网照片

图片来源：甲方提供项目资料。

## 案例 23　SC 省××州××县林产业生态融合发展特许经营项目

### 一、项目建设需求背景及概况

该县林业资源丰富、自然条件优越，是国家重点生态功能区，具备实施国家储备林建设和乡村振兴林产业生态融合发展条件，根据国家储备林战略，践行绿水青山就是金山银山的“两山”理念，拟通过人工造林、对现有林改培、抚育及补植等措施提升森林质量、增加木材储备、做强林业产业，实现林业及关联产业融合高质量发展，助推乡村全面振兴。

图 30－3　××县林产业生态融合发展照片

图片来源：甲方提供项目资料。

### 二、主要建设内容及规模

该项目包括20个乡镇99个村，建设规模约为20.55万亩。建设内容包括人工林建设、经济林和林下经济建设、林产配套设施建设。人工林建设工程约20.39万亩，经济林和林下经济建设工程约0.97万亩，林产配套设施建设道路、堰塘、防灾设施、木材加工厂、林产业科研、研学营地、苹果产业园等。

该项目将退耕还林的成果进行综合开发，不仅创新性综合开发林下经济产业，还将一、二、三产有效融合，形成完整产业链，项目总投资约15亿元。

### 三、建设营运模式及实施方案要点

本项目根据《基础设施和公用事业特许经营管理办法》，编制《××自治州××县林产业生态融合发展项目特许经营实施方案》，项目特许经营期限30年，其中建设期5年，运营期25年，政府授权给林草局作为实施机构，由实施机构公开招标特许经营者，由中标特许经营者作为项目投融资主体，采取建设—经营—移交（BOT）模式，进行本项目建设。

### 四、项目融资方案及成效

该项目聚焦使用者付费，项目主要收益来源为项目自身收益。主要包括林木销售收入、林下经济包括中药材、野生菌等作物销售收入、林产品加工收入、林产业研学基地收入、林业生态补偿收入等。

项目由特许经营中标者××州林产业有限公司作为投融资主体，自筹项目自有资本金约3亿元，约占项目总投资的20%，××政策性银行给予12亿元支持储备林专项固定资产项目贷款资金支持，贷款期限30年。

## 案例24 SC省××市供排水一体化建设特许经营项目

### 一、项目建设需求背景及概况

××市城区供水水源供给量不足，水源单一、设施和管网老化、管网漏损率高、缺乏完善监管体系，存在饮水安全等民生问题，污水处理设施也存在处理能力不足、设备和管网老化等排污安全隐患。为了促进全区供排水一体化协同发展，实现城乡供排水体系互联互通，××市委、市政府高度重视这一民生工程。拟通过资源综合，购买、建设、升级改造部分供排水设施，加强污水收集处置，强化安全饮水保障，切实保障群众利益。

## 二、项目主要建设内容及规模

主要包括购置供水厂配套管网一处，污水处理厂厂区和管网一处，智慧水质监测中心建设，建筑面积约 2500 平方米。

城镇供水末端管网改造，长度约 126 千米，提标升级改造等，项目总投资规模约 5.7 亿元。

**图 30 -4　× × 市供排水一体化建设照片**

图片来源：甲方提供项目资料。

## 三、建设营运模式及实施方案要点

本项目根据《基础设施和公用事业特许经营管理办法》，编制《× ×市供排水一体化建设特许经营实施方案》，项目特许经营期限 30 年，其中建设期 3 年，运营期 27 年，政府授权给水务局作为实施机构，由实施机构公开招标特许经营者，由中标特许经营者作为项目投融资主体，采取改扩建—经营—移交（ROT）模式，进行本项目建设。

## 四、项目融资方案及成效

项目由特许经营中标者× ×水务投资有限公司作为投融资主体，自筹项目自有资本金约 1 亿元，约占项目总投资的 20%， × ×政策性银行给予 4.7 亿元固定资产项目贷款资金支持，贷款期限 20 年。

项目已初步建成，搭建起了供排水智慧监管平台，初步实现五通桥区供排水一体化规范管理，加强了区域城乡居民饮水安全，解除和降低了污水排放隐患，取得了较好的社会效益、生态效益和经济效益。

# 第三十一章　美丽乡村类项目投融资案例

改善农村人居环境，是深入贯彻习近平总书记关于学习运用“千万工程”经验重要指示的具体行动。根据《农村人居环境整治提升五年行动方案（2021—2025年）》，进行乡村居住、道路、基础设施和乡村整洁、厕所革命、生活污水垃圾治理等工程建设。此类项目往往投资收益率低，更多是公益性项目，市场化难度大，更多地需要财政资金的投入，但财政资金又有限，这类项目投融资难度较大，如何解决这类项目的投融资问题呢？现就此类项目投融资案例分享如下。

## 案例25　××自治区××县人居环境综合整治项目

### 一、项目建设需求背景及概况

××自治区××县，是区政府所在市管辖县，下辖17个乡镇。为贯彻“千万工程”精神，该县县委、县政府高度重视，拟对全辖17个乡镇140多个村庄环境进行综合治理。

**图31－1　××县人居环境综合整治照片**

图片来源：甲方提供项目资料。

## 二、项目主要建设内容及规模

项目建设内容主要包括全县 17 个乡镇 140 多个村庄整治、2400 多栋农房风貌改造、××河流域黑臭水体治理工程新建约 2.5 千米污水截流干管、村庄道路升级改造、新建日处理能力 650 吨/天的污水处理厂一座、生活垃圾卫生填埋场主坝加高加固等，项目总投资约 1.5 亿元。

## 三、项目投融资方案

项目采用政府主导，市场化运作方式，以该县国有企业××乡村振兴投资公司作为投融资、建设、营运主体，自筹项目资本金 0.3 亿元，约占项目总投资的 20%，该项目在经营中主要收入来源包括垃圾处理收费收入、排污收费收入、乡村旅游收入、项目专项补贴收入和投融资主体综合补贴收入，项目投资收益达到自求平衡。利用政策性金融支持政策，××政策性银行给予 1.2 亿元政策性固定资产投资项目贷款，贷款期限 15 年。

本项目通过乡村风貌改造、黑臭水体治理、污水排放与垃圾回收处理，实现乡村风貌提升，农村人居环境改善的民生工程，具有突出的民生社会效益。

# 案例 26　SC 省××市××区乡村振兴农民集中建房项目

## 一、项目建设需求背景及概况

为完善农村基础设施，促进农村社会和谐稳定，加快社会主义新农村建设，贯彻落实了乡村振兴的“生态宜居”的重要方针，该市××建设开发有限公司根据乡村规划，对××区乡村不宜居住的危旧房进行拆除，新建农民安置房，对结余宅基地指标进行交易，对闲置土地进行复垦。项目总投资约 9 亿元。

## 二、项目主要建设内容及规模

项目规划涉及土地面积约 400 亩，拆除旧区 900 多户，3000 多人，拆迁房屋 30 余万平方米，复垦土地 400 余亩，新建安置房用地面积约 190 余亩，新建安置房约 16 万平方米，配套绿化、交通等基础设施。总投资约 9 亿元。

## 三、项目投融资方案及成效

项目采用政府主导，市场化运作方式，由该市国有企业××建设开发有限公司作为投资、融资、建设和经营主体，自筹项目资本金 2 亿元，约占项目总投资的 22%，项目主要收入是安置房建设成本结算收入、土地节约指标交易结算成本

**图 31－2　××市××区乡村振兴农民集中建房项目照片**

图片来源：甲方提供项目资料。

及合理利润分成等，项目投资收益自求平衡，投资主体具有还款实力和抗风险能力，××金融机构给予7亿元固定资产投资贷款资金支持，贷款期限5年。

该项目的建设，进一步改善了农民居住生活条件，完善农村基础设施，有利于促进农村社会和谐稳定，加快社会主义新农村建设。

## 案例27　SC省××市××桃源美丽乡村项目

### 一、项目建设需求背景及概况

SC省××市，是省会城市近郊，在其××镇××村，由于气候、阳光、土壤十分适合桃树的生长，盛产水蜜桃。每当桃花盛开的阳春，那漫山遍野的桃花，堪比《桃花源记》中的“桃花源”，有人还说陶渊明就是写的这里。在乡村振兴战略的推动下，这里已经发展为AAA级旅游景区，先后被评为全国休闲农业与乡村旅游示范点、中国十大最美桃花源、××市最美观花基地。2019年评为SC省××市实施乡村振兴战略工作先进示范村，为改善该村农村人居环境，提升乡村旅游基础设施，深化乡村振兴工作，拟投资开展美丽乡村项目建设。

## 二、项目建设内容及规模

项目建设内容主要包括景区道路及管网基础设施工程 4 万多平方米，生态绿化工程近 6 万平方米，农村宅院修复、村容村貌改造 140 多处，并修建停车场、智慧光彩工程等。项目总投资约 3 亿元。

**图 31 –3　SC 省 × × 市东来桃源美丽乡村项目实景照片**

图片来源：甲方提供项目资料。

## 三、项目投融资方案

× × 市 × × 农业投资集团，作为项目投资、融资、建设、营运主体，自筹项目资本金 0. 6 亿元，约占项目总投资的 20% 。项目以自身的经营收入作主要收入来源，包括酒店收入、民宿出租收入、观光车收入、停车场收入、餐饮收入、绿道路牌灯箱广告收入、景区摊位出租收入等。项目投资收益自求平衡，项目投融资主体具有较强的还款能力和抗风险能力。× × 银行给予了固定资产投资项目 2. 4 亿元贷款资金支持，贷款期限 15 年。

# 第三十二章　农业产业类项目投融资案例

全球人口增长、气候变化等因素引起了对粮食安全的重视，加大了对农业的投入。农业产业化发展是重中之重，我国政府出台了一系列支持政策，从财政支持方面，加大财政投入、实施农业补贴、设立产业发展基金等；从金融方面，鼓励金融机构创新产品、加大信贷支持、推动农业保险发展；从产业政策方面，支持农业科技创新、推动农业全产业链发展、加强农业国际合作等；从投融资现状方面，投资规模持续增长，投融资主体多元化，政府、企业、农村专合组织、家庭农场主等多方参与，产业发展向绿色农业、智慧农业、特色农业转型升级。但由于农业产业投资回报周期长、自然风险高、投资收益率低、风险大等问题，加之农村土地所有权、交易权等因素，融资抵押担保难等问题，此类融资项目难度大。现分享几个产业类项目投融资案例，供参考。

## 案例28　YN省××县“一县一业”农业高质量发展项目

### 一、项目建设需求背景及概况

根据YN省人民政府出具《关于创建“一县一业”示范县加快打造世界一流“绿色食品牌”的指导意见》，以深化农业供给侧结构性改革为主线，以打造“开放型、创新型，高端化、信息化、绿色化”现代产业体系为目标，按照“大产业＋新主体＋新平台”发展模式，聚焦茶叶、花卉、水果、蔬菜、坚果、咖啡、中药材、肉牛8个优势产业，兼顾其他特色优势产业，全面落实“抓有机、创名牌、育龙头、占市场、建平台、解难题”6个方面举措，在全省择优创建20个规模化、专业化、绿色化、组织化、市场化水平高的“一县一业”示范县，做大做强做优主导产业，构建完善的产业体系、生产体系和经营体系，把小农户引入“一县一业”发展大格局。

根据这一规划，××县作为××省“一县一业”水果产业特色县之一，是国内最大的牛油果种植基地，截至2023年，全县牛油果种植面积达10.81万亩，约占全国牛油果种植面积的76%，该县牛油果被评为全省首批5A级原产地特色产品，已注册国家地理标志证明商标，并成功申报“鳄梨（牛油果）果品质量等级”省级地方标准。

××县为推进“一县一业”，打造从种植、加工到销售的全产业链，××县××农业公司拟进行牛油果种植，配套建设灌溉设施、生产管理用房、牛油果清洗初加工等设施用房。

**图32-1　××县牛油果果实照片**

图片来源：甲方提供项目资料。

## 二、主要建设内容及规模

项目建设内容主要包括，集中流转土地约1万余亩土地进行集约化经营，从牛油果种植开始、从全局出发，打造牛油果种植、加工、流通、销售全产业链联动协调发展的格局着力打造牛油果绿色示范性现代农业示范基地，实现“生态建设产业化，产业发展生态化”的一体化发展。主要有种植示范基地、拣选加工车间、加工、储藏车间、包装车间及配套基础设施等。项目投资规模约4亿元。

## 三、项目投融资方案及成效

××县××农业公司为投资、融资、建设、营运主体，自筹项目资本金0.8亿元，约占项目总投资的20%。项目主要收入来源是项目本身经营利润，项目经营紧紧将利益相关方捆绑在一起，采取“平台公司+龙头企业+合作社+农户”的发展模式，按照“334”利益分配机制。即原有农户、龙头公司各占30%；××县××农业公司统筹余下的40%，其中15%作为合作社分红、

10%作为村集体分红、15%作为运转和扩大生产资金。充分调动和激发了各利益相关方的生产经营积极性。

该项目获得了××政策性银行3.2亿元固定资产投资项目贷款资金支持，贷款期限20年。

项目实施后，6个村组近500户农户每年每户土地租金收入可增收1.5万元；全县牛油果鲜果年产量预计可提升至300万公斤，带动1.2万人次稳定就业，人均增收5000元。

项目咨询成果获得省级工程咨询行业科技成果奖一等奖。

## 案例29 YN省××县生猪养殖场建设项目

### 一、项目建设需求背景及概况

YN省××畜牧科技开发有限公司，是一家专门经营杜洛克、长白、大约克夏种猪、二元杂交母猪、商品猪苗饲养、育肥猪等的专业公司。为发挥专业优势，拟对自己的养猪场进行提质改造，进行改扩建。

### 二、项目建设主要内容和规模

项目总用地面积约24万平方米，总建筑面积约3.8万平方米，其中包括育肥舍、分娩舍、保育舍、妊娠舍、配怀舍、污水处理厂、饲料加工车间、室外及附属设施配套工程综合楼、员工宿舍等。

**图32－2 ××畜牧科技开发有限公司养猪场照片**

图片来源：甲方提供项目资料。

### 三、项目融资方案及成效

该项目总投资约 1.8 亿元，由 YN 省 × ×畜牧科技开发有限公司自筹项目资本金 0.5 亿元，约占项目总投资的 28%，项目主要收入为生猪育肥猪出栏销售收入、育肥猪苗出售收入、种猪配种收入等经营性现金流收入，项目投资收益自求平衡，× ×金融机构给予固定资产投资项目贷款 1.3 亿元，贷款期限 5 年。目前项目已建成投入使用，获得了较好的经济效益。

## 案例 30　SC 省 × ×供港果蔬产业链融合项目

### 一、项目建设需求背景及概况

SC 省× ×市，地处我国西南亚热带地区，海拔 1000—1800 米，土地肥沃，光热充足，雨量充沛，昼夜温差大，是天然的蔬菜、水果及植物生长的温床。

× ×农业投资开发公司在此建立了 1 万余亩水果蔬菜示范基地，并与香港签订定点供应协议。为按照协议规范化种植、拣选、加工、冷藏运输，完善供港果蔬产业链，拟投资建设该项目。

### 二、项目主要建设内容及规模

项目主要建设内容包括流转农业用地约 5000 亩，建立标准化种植示范园，种植有椰香有机葡萄、青提等水果，香葱、大蒜、辣椒等蔬菜，另外建设果蔬加工、交易产业综合体，总建筑面积约 9 万平方米，主要包括农产品展示、批发交易市场、综合管理中心及农产品批发交易中心，分选、清洗、包装车间，果蔬深加工车间，冷链物流仓库及其他配套工程等。项目总投资

**图 32－3　× × 供港果蔬产业综合体照片**

图片来源：甲方提供项目新闻照片。

约3亿元。

**三、项目融资方案及成效**

项目由××农业投资开发公司作为投资、融资、建设和营运主体，通过公司+专业合作社+农户的利益捆绑模式进行一二三产全产业链生产经营模式，由××农业投资开发公司自筹项目资本金0.6亿元，约占项目总投资的20%，××银行给予固定资产投资项目贷款2.4亿元，贷款期15年。

项目通过市场化订单模式，引领一二三产融合发展，从生产、加工、冷链物流到销售的全流程全产业链建设，通过公司把专合组织与农民的利益联结在一起，在公司获得效益和发展的同时，带动了农民致富。

## 案例31 SC省××县竹艺文化旅游融合发展示范项目

**一、项目建设需求背景及概况**

SC省××县具有丰富的竹产业和竹文化资源，除其竹编艺术被选入非遗文化传承示范案例，还具一种生态奇观，具有丰富的萤火虫资源，每年四五月份，夜幕降临，萤火虫闪烁起来，如同点点繁星在夜色中翩翩起舞，这种奇观点燃了该县的夜游经济。

为更好地利用好这种资源，该县×××文化旅游公司拟结合美丽乡村，将竹编艺术、竹产业与萤火虫观赏、研究、科普及夜游经济融合发展。

**二、项目主要建设内容及规模**

项目主要建设内容包括竹编非物质文化传承产业城与萤火虫博物展览馆及配套交通、管网、绿化等基础设施建设，通过重点核心景点建设、以点带面，带动乡村振兴和旅游产业的发展。项目总投资约4.5亿元。

**三、项目融资方案及成效**

项目由×××文化旅游公司作为投资、融资、建设、经营主体，自筹项目资本金1亿元，约占项目总投资的22%，项目通过经营收入包括竹编非物质文化传承产业城与萤火虫博物展览馆门票收入、竹编产品销售收入、文旅产业收入等，项目投资收益自求平衡，具有较好的偿债能力和抗风险能力，××银行给予固定资产投资项目贷款3.5亿元，贷款期限15年，该项目已初步建成对外开放，引流了许多中外游客，带火了乡村夜游经济。

图 32－4　××萤火虫博物馆照片

图片来源：甲方提供项目资料。

## 案例 32　YN 省××市××牛肝菌工厂标准化栽培建设项目

### 一、项目建设需求背景及概况

YN 省××农业科技有限公司于 2015 年与×××热带作物研究所合作，将该所一位食用菌专家 30 年来对黑牛肝菌野生种人工驯化、品种改良、种质保藏、良种培育及工厂化栽培全套技术体系的研发专利成果买下并进行成果转化，经过四年多的牛肝菌工厂标准化栽培实践和市场的检验，该项目技术更加成熟并获得市场的认可。

该公司通过梳理自身资源禀赋，本着原材料、资金、技术、人力资源要素保障资源就近原则，培育牛肝菌所需主要原材料（包括蔗糖、稻米、橡树木等）都是项目区富裕农产品，在技术上通过购买＋自主研发，取得了牛肝菌标准化种植 7 个国家发明专利，在成果转化实践中已取得黑牛肝菌从菌株到工厂化培植再到居民餐桌的全套产业链生产销售营运经验。为此，拟规模化生产，建设鲜牛肝菌菌种保藏及工厂化栽培研发、生产基地。

### 二、项目主要建设内容及规模

该公司拟在 YN 省××市××县××镇购买和租赁 140 多亩土地，建立牛肝菌工厂标准化栽培生产基地，主要建设内容包括培育厂房、采收包装间、成品加工车间、冷库、环境设备机房等约 1.6 万平方米厂房及其配套设施，构建从黑牛肝菌的菌种培育、生产、采摘、拣选、加工、包装、冷藏、运输到餐桌的全产业链体系，项目总投资约 6.35 亿元。

### 三、项目投融资方案及成效

项目由 YN 省××农业科技有限公司作为投融建营一体化主体，自筹项目资本金 1.65 亿元，约占项目总投资的 26%，项目以黑牛肝菌销售收入作为主要收益来源，根据测算，项目建成达产后，可实现日产牛肝菌 26 吨，日产值 156 万元，年产值达 5 亿元，销售利润达 4 千万至 5 千万元，××银行给予 4.7 亿元 15 年期限的固定资产投资项目贷款资金支持。

目前全球首家人工培植黑牛肝菌的基地一期已竣工投产，技术上已经获得 40 多项专利，日产黑牛肝菌达 10 吨，产品出口 8 个国家。2024 年 5 月开工建设二期项目，预计 2025 年 8 月实现投产。届时，该农业科技有限公司黑牛肝菌的总日产能将达到日产 24 吨，年产 8700 吨，预计年产值超 5 亿元。

**图 32－5　××牛肝菌工厂标准化栽培建设项目规划图**

图片来源：甲方提供项目规划。

该项目在获得很好的经济效益的同时，还带动了上千当地农民的就业，带动了包装、运输等产业，具有很好的产业示范作用，为乡村振兴产业落地，起到了很好的示范作用。

# 第三十三章　旅游基础设施类项目投融资案例

## 案例 33　YN 省 ×× 自治州旅游道路项目

### 一、项目建设需求背景及概况

项目所在地位于滇、川、藏三省区接合部，是著名的“三江并流”（金沙江、澜沧江、怒江）世界自然遗产核心区，也是历史上西南“茶马古道”的要冲；拥有雪域高原、高山峡谷、大漠绿洲、民族风情、古城古村等，是一个融合了多种自然景观、多种民族文化风情的壮美神奇之地。英国著名作家詹姆斯·希尔顿在其长篇小说《消失的地平线》中，将她描写为东方群山峻岭之中的永恒和平宁静之地——“香格里拉”。项目区域内 ×× 峡谷，山高水险，因江水态势，瞬息万变，堪称世上罕见的山水奇观。

风景虽美，但路难行。景区道路少则需要 1 天，有的景区之间根本就没有路，翻山越岭则需 3—4 天时间。

为将这些道路通过改造和新建打通，YN 省政府早就纳入重点规划，其中有 140 公里左右既能解决沿途四个乡镇沿线居住各民族的出行，又能将四个以上重要景点与国家级、省级自然保护区串在一起，既是生命线，也是致富线，更是可持续发展的乡村振兴线。

### 二、项目建设主要内容及规模

项目主要建设内容是对全长约 140 多公里的省级道路进行改造建设，其中包含道路拓宽、道路改道、桥涵工程、山体落石防范处置、交通信号装置等工程，项目总投资约 13 亿元。

### 三、项目投融资方案及成效

该项目所处区域全州当年累计地方公共财政预算收入仅 14 亿元左右，主要靠中央转移支付公共预算支出保证运转。但该项目即是当地居民出行的生命

图 33 – 1　YN 省 × × 自治州旅游景区道路照片

图片来源：甲方提供项目资料。

线，也是串联旅游景区的致富线，为推动该项目的建设，采用了由政府主导，授权国有公司市场化运作的模式进行投融资。由州级 × × 国有公司作为该项目的投资、融资、建设、经营主体，自筹项目资本金 3 亿元，以项目与景区合作分成、公司沙石、建材、开发等综合经营收入等作为项目收益来源，项目投资收益自求平衡，获得 × × 政策性银行 10 亿元 15 年期固定资产投资项目贷款资金支持。

该项目已经建设竣工投入使用，为区域各民族老百姓出行生产、生活提供了方便，也改变了旅游交通基础设施建设，拉动了旅游产业发展和旅游经济，据统计，2024 年上半年，该州累计接待国内游客近 1300 万人次，同比增长 25%，较 2019 年同期更是增长了 35%，国内旅游收入近 150 亿元，同比增长 35%，较 2019 年增长 57%，增速同样位居全省之首。

## 案例 34　× × 市“三线建设”文化旅游基地项目

### 一、项目建设需求背景及概况

20 世纪 60 年代初，根据中苏关系以及美国在中南亚的布局，党中央、国务院作出“三线建设”重大战略决策，根据我国各省市战略位置，将其分为一、二、三线。一线是沿海和边疆的省市区；二线是介于一、三线地区的省市区；三线包括中西部13个省、自治区。拟在三线建设第二套完整的工业体系，将科技、工业、交通等生产资源逐步迁入三线地区。

××市原是我国西南著名的荒芜之地，但此地矿藏丰富，发现的矿产就有70多种，包括储量占全国20%的铁、63%的钒和93%的钛等。因此，国家将此区域规划为三线建设重点特区。

在“好人好马上三线，备战备荒为人民”的思想鼓舞下，全国各地的专家、学者、工人背井离乡，到此开疆拓土，经过半个多世纪的建设，那片“七户人家一棵树”的荒芜之地，已经变成上百万人口的著名钢城，老一辈“三线建设者”献了青春献子孙，用汗水、泪水和生命谱写出了“三线精神”。

为弘扬和传承“三线精神”，让更多的中华儿女牢记这一创举和历史，该市拟建设包括三线博物馆在内的三线建设红色教育、干部培训和文化旅游基地。

**二、项目主要建设内容及规模**

项目主要建设内容包括三线建设精神文化拓展交流基地和三线精神文旅体验区建设两大板块。其中，三线建设精神文化培训教育基地，主要包括教学区、三线酒店、三线餐厅、活动中心以及栈道、操场等基础配套设施建设；三线精神文旅体验区主要包括特色商业街区、图书馆（图书休闲中心）、多功能剧院、美术馆、文化广场以及道路、绿化等基础配套设施建设，项目总投资约12亿元。

**三、项目投融资方案及成效**

该项目采用政府主导，市场化运作的方式，授权市级××城投公司作为投资、融资、建设和营运主体，自筹项目资本金2.5亿元，约占项目总投资的21%，项目以自身收益作为项目收入现金流，主要包括门票收入、停车场收入、物业收入、影院收入、中小学生研学收入，干部培训收入、配套商业收入等，项目投资与收益自求平衡，获得××银行固定资产投资项目贷款9.5亿元资金支持，贷款期限15年。

该项目不仅是历史的见证，更是精神的传承。它反映了三线建设历史的全貌，宣传纪念了三线建设的巨大成就，弘扬了三线建设的伟大精神。被评选为

**图 33-2　××市“三线建设”文化旅游基地实景图片**

图片来源：甲方提供项目资料。

“全国中小学生研学实践教育基地”和“全国爱国主义教育示范基地”。建成对外开放后，游客和参观者络绎不绝，在 2023 年春节期间（大年初一到初六），游客及参观者达 6 万多人次。

## 案例 35　××红色旅游基础设施建设项目

### 一、项目建设需求背景及概况

项目所在区域，曾经是全国第二大苏区——川陕革命根据地的重要组成部分，这里是张爱萍将军的故乡，1933 年，中国工农红军第四方面军对盘踞在区域周边的宣汉、达县等四个县的国民党军阀刘存厚的进攻发起反击，通过 11 天惨烈的战斗，红军解放了区域 3 座县城，共歼敌 6 个团，俘敌 4000 余人，缴获敌人枪炮、电台、子弹、炮弹及用于兵工厂、纺织厂、被服厂、造币厂的机器设备，将川陕革命根据地向东扩展了 300 余里。

为牢记这一革命历史，2017 年，国家发展改革委员会、中宣部、财政部、国家旅游局、教育部、民政部等 14 个中央部门联合印发《全国红色旅游经典景区名录》，将“××战役纪念馆”列入其中。

为更好地传播红色文化，开展爱国主义教育，当地政府拟将原有的将军故居、“××战役纪念馆”等红色历史遗迹、文物等进行保护性修复和整体升级改造。

## 二、项目主要建设内容及规模

当地政府划授权本级国有企业××市××区投资公司，作为××红色旅游基础设施建设项目投资、融资、建设和经营主体，公司以有偿划拨方式获得近120亩建设用地，用于景区××战役纪念馆、将军故居、配套交通、管网、生态修复、餐饮等旅游基础设施，项目总投资近4.5亿元。

图33-3　“××战役纪念馆”旅游景区实景图片

图片来源：甲方提供项目资料。

## 三、项目投融资方案与成效

项目采取政府主导，市场化运作模式，由××市××区投资有限公司作为项目投资、融资、建设和营运主体，自筹项目资本金1亿元，约占项目总投资的22%，以项目自身经营收益作为收入来源，主要包括门票、停车场、餐饮及公司综合收入。项目投资收益自求平衡，××银行给予固定资产投资项目贷款3.5亿元资金支持，期限15年。

项目建成后，被中宣部、中央党校等十部委授予党史教育全国青少年爱国主义教育基地、××省首批廉洁文化基地、省国防教育基地和省爱国主义教育基地、省级科普基地、××市职工红色文化教育基地，中共××市委党校、××行政学院、××社会主义学院授予科研教学基地等。现已累计接待游客量超过600万人次，取得了较好的社会效益和经济效益。

## 案例36　××市红色文化研学交流基地项目

### 一、项目建设需求背景及概况

××市曾经是川陕革命根据地核心区域，全市已经建成的红军烈士陵园、革命根据地博物馆、川陕苏区将帅碑林等爱国主义教育基地34个、红色博物馆纪念馆8个、全国经典红色旅游景区5个、红色遗迹398处，开辟有多条国省经典红色旅游线路。

为扩大川陕革命老区红色文化影响力，大力弘扬和发展红军文化，传承红色基因，促进文旅产业多层次、多元素发展，提升党性教育和红色文化研究、学习的保障能力，当地政府拟整合红色旅游文化资源，建设××市红色文化研学交流基地。

### 二、项目主要建设内容及规模

项目规划用地面积160多亩，总建筑面积7万多平方米，主要包括展览、陈列馆、教学楼、学术报告厅、图书馆、学员宿舍楼、配套餐厅、停车场、配套用房等配套基础设施等，项目总投资规模近6.5亿元。

**图33－4　××市红色文化研学交流基地项目实景图片**

图片来源：甲方提供项目资料。

### 三、项目投融资方案与成效

项目采取政府主导，市场化运作模式，由××市文化旅游发展集团作为项目投资、融资、建设和营运主体，自筹项目资本金约 2.5 亿元，约占项目总投资的 38%。项目以自身经营收益作为收入现金流，主要包括培训收入、研学收入、餐厅收入、住宿收入、停车费收入等。项目投资收益自求平衡，获得××银行 4 亿元固定资产投资项目贷款资金支持，贷款期限 15 年。

该项目已经进入竣工验收阶段，项目建成后，将提升该市红色文化旅游基础设施保障能力，进一步挖掘红色历史文化，将教育培训、文物保护、红色文化研究与传承等融入整体旅游发展。

# 第三十四章　农村土地整理类项目投融资案例

民为国基，谷为民命。解决好中国 14 亿人口的吃饭问题，始终是关系国计民生的一个重大问题。习近平总书记多次强调："中国人的饭碗任何时候都要牢牢端在自己手中，饭碗主要装中国粮。""保证粮食安全，大家都有责任。"中国 14 亿人口，但人均耕地面积仅 1.3 亩，仅有全球人均耕地面积的 40%左右，"18 亿亩耕地必须实至名归，农田就是农田，而且必须是良田"。根据农业部发布的《全国耕地质量等级情况公报》，耕地质量等级由高到低依次划分为一至十等。其中，评价为一至三等的耕地面积为 4.98 亿亩，占耕地总面积的 27.3%，按照《全国高标准农田建设规划（2021—2030 年）》，到 2030 年累计建成 12 亿亩高标准农田的目标，并计划改造提升 2.8 亿亩现有高标准农田，以稳定保障 1.2 万亿斤以上的粮食产能，确保把饭碗牢牢端在自己手里。核心目标是提升粮食产能，确保国家粮食安全。因此，农村土地整理与改革，其根本目的是节约、高效利用这一不可复制不可再生的资源。土地整理主要划分为城市土地整理和农村土地整理，本章列举的是农村土地类项目投融资案例。

## 案例 37　××市××区农村集体建设用地土地整理入市项目

### 一、项目建设需求背景及概况

项目所在区域是全国 33 个试点县（市、区）之一，承担了集体经营性建设用地入市改革任务，即在符合规划和用途管制前提下，允许农村集体经营性建设用地使用权出让、租赁、入股，实行与国有建设用地使用权同等入市、同权同价。

自 2015 年以来，××区先后出台了 30 多个农村集体经营性建设用地入市系列配套文件，着眼激活沉睡的农村宅基地资源，坚持以党政主抓为保障、产权明晰为基础、户有所居为前提、产权活化为重点、规范管理为核心，统筹推进农村宅基地制度、农村土地征收制度和集体经营性建设用地“三块地”入市改革试点，最大限度释放农村土地价值，为乡村振兴注入强大动力，总体呈现出耕地总量不减少、建设用地有保障、乡村振兴有支撑的良好态势。

根据国家、省、市有关法律法规，××市××区人民政府印发的《××区农村集体经营性建设用地入市规定》等农村土地制度改革配套文件和农村集体经营性建设用地入市试点的统一部署，在位于乡村振兴博览园规划范围内的××街道红专村和××街道千夫村，实施农村集体建设用地土地整理入市项目。

**图 34－1　××区农村集体建设用地土地整理入市项目区域照片**

图片来源：甲方提供项目资料。

**二、项目建设内容及规模**

项目拟对××村和××村 427 户农户自愿腾退的 340 亩宅基地进行整理，工程建设内容包括农民建房安置、原址房屋拆除，土地按照规划用途进行整理，按土地利用规划和城乡规划作为集体经营性建设用地就地入市交易，从而为乡村振兴增添动力，助推产业再造和乡村再造的动力源，为乡村振兴战略的推进和落实奠定基础，项目总投资约 3 亿元。

**三、项目投融资方案及成效**

由于是试点项目，没有成熟的样板，也没有可模仿的案例，其投融资模式及方案都得创新和突破。

第一，精准把握政策。试点区域的试点项目，首先是把握好既有土地政策与法律法规的规范与要求，其次是把握好试点的目的和方向，最后是创新体制机制既不突破底线又能够落地操作。

第二，科学选择项目运作模式。结合当地实际，由于项目政策性强，涉及千家万户农民的利益，如果单纯依靠市场化手段是难以推进的，因此，选择采用政府主导，市场化运作的模式。

第三，创新投融资思路，做好投融资方案。围绕项目投融资主体搭建、项目可行性分析研究和项目投融资方案三个方面进行前期分析论证。

一是项目投融资主体。由项目所在村集体组织与区国有公司共同出资，组建××市××区乡村振兴投资发展有限公司，由组建的项目公司作为项目投资、融资和实施经营主体，自筹项目资本金0.6亿元，约占项目总投资的20%。

二是项目可行性分析研究。从项目政策准入，规划的符合性入手，梳理交易结构，分析项目用地通过农村产权交易所交易的行情，结合周边规划城市建设用地的宗地价格，本着“同市、同质、同价”的原则，科学评估土地交易价格，谨慎测算项目收益，合理测算项目成本、财务可持续能力和偿债能力，实现项目投资收益平衡方案。

三是项目选择对接融资渠道。银行信贷的特性要求是低风险性，而不是“风险投资”。所谓试点，就是非成熟的，具有一定风险性的。因此，选择政策性银行作为融资渠道，获××政策性银行2.4亿元农村土地流转和规模经营中长期贷款。

该项目是××省首笔“政企银”紧密协作的农村集体经营建设用地入市贷款，率先探索以农村集体经营性建设用地作为抵押担保，为农村产权入市提供了案例借鉴。

## 案例38 农村集体经营性建设用地使用权作价入股 激活“沉睡土地”投融资示范案例

### 一、项目建设需求背景及概况

农村宅基地和住宅是农民的基本生活资料和重要财产，也是农村发展的重要资源。近年来，随着城镇化快速推进，农业转移人口数量不断增加，农村土地问题较为突出，一方面，农村住宅及宅基地闲置浪费问题日益突出，据相关数据：我国农村闲置宅基地面积为1400多万亩，宅基地闲置率为10.7%，另一方面，农地质量令人担忧，有的地方存在沙漠化、荒漠化、污染等现象，这些都关系到国家粮食安全。

国家明确要求从“稳面积、提单产”两方面入手，确保粮食产量保持在1.3万亿斤以上；把提升乡村产业发展水平、提升乡村建设水平、提升乡村治理水平等“三个提升”，作为推进乡村全面振兴的重点。

项目所在市，是西部片区国家城乡融合发展试验区，根据当地政府工作安排，将深化县域内城乡融合发展改革试点，稳慎推进农村宅基地制度改革；量质并重打造更高水平“天府粮仓”。该市试点重要任务为在落实宅基地集体所有权、保障宅基地农户资格权的基础上，适度放活宅基地和农民房屋使用权；激励有条件的乡镇开展项目招引、促进产业发展，持续改善农村人居环境。

根据当地空间规划和产业规划，项目区域涉及先进制造业发展片区，将整合区域生态资源、乡村在地资源，大力推进天赋农耕走廊建设，将系统开展宅基地复垦，盘活低效、闲置、存量建设用地，提高建设用地效率，强化产业空间的节约集约利用；同时精准对接乡村产业、特色农产品、文化旅游等优势资源，探索跨镇（街道）建立和美乡村建设联动，形成和美乡村抱团发展共同体。

当地政府拟通过项目区域1500.00亩闲置、零散、低效的存量宅基地有序腾退、进行土地整理，同时加强片区基础设施、配套基础设施改造提升及高标准农田提质改造，提升区域投资环境，实现土地资源的集约利用和农村的可持续发展，最大限度释放农村土地价值，为片区乡村振兴、城乡融合培育发展动能。

**图34－2　××市宅基地盘活及农地提质改造项目区域照片**

图片来源：甲方提供项目资料。

## 二、项目建设内容及规模

第一，宅基地腾退：将项目区域约1500.00亩宅基地拆迁腾退、涉及740户（2520人）的货币补偿、约11万平方米原有房屋拆除、约100万平方米场地平整。

第二，周边传统村落人居环境改善：包括周边配套基础设施改造提升（含便民服务设施改造工程、乡村道路改造提升工程等），村落环境整治提升（含公共厕所改造工程、乡村增绿美化工程、村落污水治理工程、垃圾收集站等）。

第三，高标准农田建设提质改造：含田块整治、农田地力提升、灌溉排水工程、生产便道、农机具购置。

## 三、项目需要解决的难点

《深化农村集体经营性建设用地入市试点工作方案》指出，农村集体经营性建设用地入市需在试点范围内开展，试点县需按照国土空间规划合理安排入市规模、布局和开发时序。

本项目××市属于非农村集体经营性建设用地入市试点县，无法直接出让土地集体经营性建设用地。而本项目宅基地腾退后，土地如何交易，村集体收益从哪里来？

## 四、项目谋划路径分享

根据这些难点，笔者团队从以下几个方面成功完成了该项目的前期谋划。

### （一）政策对标

依据《土地管理法（2020修订版）》第六十条，采用“集体土地入股”模式，以土地使用权入股、联营形式引入社会资本。

### （二）规划支持

项目地块位于××产业功能区核心区，规划为工业用地，与功能区连片开发，具备明确产业导入预期。

### （三）项目运作模式

本项目拟采取企业自主经营的运作模式，村民委员会授权××市有限公司作为投资人，负责本项目的实施，对自愿有偿退出宅基地农户货币化安置并给予相应的经济补偿。村民委员会与××市有限公司签订项目《合作协议》支付公司总价款（包括土地整理成本和合理回报）。

A公司以项目《合作协议》中约定的协议总价款（包括土地整理成本和合

理回报）作为项目第一还款来源向银行申请贷款。第二还款来源由当地国有公司提供全额保证担保。

实施主体与分工。

（1）贷款主体：××市有限公司，负责宅基地腾退补偿、资金筹措及项目实施。

（2）村民委员会：作为集体土地权益代表，签订合作协议。

（3）合作企业：引入上市公司子公司，以资金入股共建项目公司，主导后期产业运营。

村民委员会支付能力论证与风险控制。

合作企业资质。合作方为上市公司全资子公司，资金实力强、产业经验丰富，确保后期开发运营效率。村民委员会与合作企业签订意向合作协议，明确合作事项：村民委员会以集体经营性建设用地作价入股，合作企业以投资建设资金入股，共同成立项目公司进行产业开发，产业投入运营后按照股权比例进行利润分红。

### 五、投融资方案与成效

项目总投资约为6.9亿元，采用政府主导，市场化运作的模式，由××市有限公司作为投资、融资、建设和营运，公司自筹项目资本金约1.4亿元，约占总投资的20%，项目主要收益来源为其与村集体组织签订《投资合作协议》，由村集体产业化收益支付给××市有限公司，项目投资收益自求平衡，××银行给予固定资产投资项目贷款5.5亿元，贷款期限10年。

项目为农村宅基地腾退，直接规划为产业用地和复垦为耕地，并招商引资进行产业发展，创新突破了农村宅基地“征转”入市的框架，为稳妥开展农村闲置宅基地盘活利用、对农地进行提质改造，增强粮食安全保障能力、对于增加农民收入、促进城乡融合发展和推动乡村振兴起到了示范引领作用。

## 案例39　××县高标准农田建设示范项目

### 一、项目建设需求背景及概况

××县地处SC盆地西南，岷江过境，地形以浅丘为主。土壤肥沃，农田灌溉条件较好。当地政府从农村实际出发，推行“粮长制”，构建县、乡、村、组、网格员的五级责任制，在耕、种、防、收上完善机制，切实保障粮食安全。

但该县要守住耕地红线压力较大，截至2021年底，××县耕地面积12.34万亩，基本农田保护面积10.44万亩，人均耕地面积仅有0.82亩。

为提升耕地产出能力，增强粮食安全的保障能力，该县耕地面积拟在7个乡镇（街道）34个社区（村）进行高标准农田建设，通过土壤改良及基础设施配套，推进川粮油、川菜、川药、川果等10大优势特色产业全产业链融合发展，构建完善现代粮食产业体系，以推进“天府粮仓”建设。

**二、项目主要建设内容及规模**

紧紧围绕“更高水平的粮食综合生产能力、更高水平的耕地建设质量、更高水平的科技和物质装备、更高水平的绿色低碳发展、更高水平的规模化经营、更高水平的产业体系”，围绕“田、土、水、路、林、电、技、管”八字，按照规划，将项目区域耕地进行多方面分类、分体系规划设计建设内容。通过实施高标准农田建设、农田改造提升建设工程、农田防护和生态环境保护工程、智慧农业及数字乡村建设工程、农作物有害生物监测与防控建设工程等，将本项目打造成农田标准化、生产规模化、品种优质化、全程机械化、主体职业化、管理数字化、效益多元化的新时代更高水平“天府粮仓”示范区。在建设端创新“高标准农田+现代农业园区”建设模式；项目总投资规模约3.5亿元。

**三、项目产业营运模式**

高标准农田建设的目的是提升粮食生产保障能力，增强粮食安全。而此类项目的投融资更重要的就是看其项目全生命周期的经营过程，在营运端创新“公司+村集体+农业职业经理人”营运模式。采用“政府搭台+三方合作”模式实施，有效破解农业“谁来经营”、农村“谁来种地”问题，同时，组建土地大托管服务中心并聘请农业职业经理人，为××县作为新型职业农民试点区的试点工作提供了有益的借鉴。

**四、项目融资模式与成效**

通过政府主导、市场化运作，采取“财政资金+政策性金融资金”投融资模式，以该县××农业投资公司作为投资、融资、建设、营运主体，由本级财政补贴资金0.7亿元划拨给××农业投资公司并作为资本金。项目收益来源主要是农作物产品销售收入及相关财政补贴，项目投资收益自求平衡，××政策性银行给予2.8亿元固定资产投资项目贷款资金支持，贷款期限20年。

图 34－3　××县高标准农田种粮示范项目区域照片

图片来源：甲方提供项目资料。

项目建设以增产增收为核心，一是通过规模流转约 3800 户防返贫监测户土地，为项目区域农户提供土地流转收入，每年每户增收约 800 元；二是项目建设过程中吸纳约 150 名防返贫监测户就地用工，以劳务形式增加农户收入，平均每户每年增收约 4000 元。以流转防返贫监测户土地、吸纳直接就业等形式，完善利益联结机制，让农民分享产业增值收收；三是助力打造新时代更高水平“天府粮仓”，成为更高水平“天府粮仓”特色示范区之一。

## 案例 40　SC 省××县高标准农田建设项目

### 一、项目建设需求背景及概况

SC 省××县地处成渝经济圈的中间地带，是一个有 110 多万人的人口大县，耕地面积仅不足 110 万亩，人均耕地面积仅 0.8 亩，土地产能和粮食产能都是该县的重要课题。为发挥有限耕地的最大效用，提高耕地的出产能力，根据《××县高标准农田建设规划（2021—2030 年）》，按照亩均投入标准，急需什么先建什么，缺什么先补什么，有针对性地开展高标准农田建设。

### 二、项目主要建设内容及规模

本项目的主要建设内容包括一是土地平整：约 5 万亩坡改梯工程、2.5 万亩田型调整工程；二是灌溉和排水工程：包括 180 多座山坪塘整治、280 多水

图 34－4　××县高标准农田建设项目照片

图片来源：甲方提供项目资料。

田整治、200 多口蓄水池以及 6 万米渠道工程、19 座提灌站；三是田间道路 7.5 万米机耕道和 11 万多米生产道路等基础设施；四是土壤改良 7 万亩地。

## 三、项目投融资方案与成效

该项目采用政府主导，市场化运作的方式，通过专项债券、政策性银行融资等多种渠道筹集项目建设资金。县委、县政府授权给业主主管部门——农业农村局作为项目实施主体，农业农村局通过市场化招募项目投资主体，县级国有公司××农业投资开发有限公司作为该项目的投资、融资、建设、经营主体，总投资 2.6 亿元，建设期为 2 年。项目建设高标准农田 7.6 万亩。

××农业投资开发有限公司通过专项债和自有资金，筹集项目资本金 0.5 亿元，约占该项目总投资额的 20%，项目通过自身经营收入，达到项目投资收益自求平衡，××农业政策性银行给予 2.1 亿元固定资产投资项目贷款，期限 10 年。

该项目的建设满足当地优势产业提升的需要。充分尊重和征求当地老百姓意愿，发展其优势产业和特色产业。形成规模化经营，让高标准农田建设项目开发成为农业增效、农民增收的助推器，并拉动当地经济发展，促进农民增收，增强农户的种植积极性，调动社会资金参与到优势产业链之中，扩大种植面积，让优势产业变为强势和支柱产业，为项目区农业产业结构升级打下坚实的基础，为构建和谐新农村作出应有的贡献。

# 案例 41　××市高标准农田与酿酒专用粮基地建设项目

## 一、项目建设需求背景及概况

随着人类社会的发展与进步，食物观也在不断地变化，人们除从传统的农作物和牲畜获取营养和蛋白外，还不断地向森林、海洋、微生物等寻取热量、营养和蛋白，构建多元化食物供给体系，也就是说人们除了吃米饭、包子、馒头外，还需要从其他多元化食物中获取满足，这便是所谓大食物观。大食物观的基础是水稻、小麦、大豆等粮食，将其加工出更好的多元化的、丰富多彩食物，比如油料、饲料、烟、酒等，都是“大食物观”的具体体现。

项目所在××市，是著名白酒“××液”的生产基地，白酒也是该市的支柱产业。为实现一二三产融合发展，市政府因地制宜，将“乡村振兴规划”与“白酒产业发展规划”融合，出台了《酿酒专用粮基地建设》专项政策和规划，逐步实现酿酒专用粮本地化、基地化和粮源可追索化。将高标准农田与支柱产业有机结合，以白酒产业为依托，拟建设酿酒专用粮基地 200 万亩，实现高标准农田生产高标准粮食。

## 二、项目主要建设内容及规模

项目主要建设内容包括灌溉系统提灌、沟渠、蓄水池、土地整理，旱改水、土地平整、批改提、土壤改良、机耕道路、仓储、物流运输等。××区、××区两期高标准农田约 20 多万亩，项目总投资约 13 亿元。

**图 34－5　××市××液酿酒专用粮基地示范项目区域照片**

图片来源：甲方提供项目资料。

## 三、项目主要投融资方案与成效

项目采用政府主导、市场化运作模式，县级国有公司作为投资、融资、建设、营运主体公司，自筹项目资本金约20%，约2.6亿元。

营运模式，由市国资委与××液集团（上市企业）采用股份持股合作，区县级国有公司与××液集团（上市企业）下属“有机农业公司”签署合作购销协议，产业营运模式主要采用投资公司+专业合作社+农户模式，或者土地+现代农业产业园区模式，通过土地+产业（土地流转—土地整理—规模化种植红高粱等酿酒专用粮食）。

由于这些高标准农田所生产的高标准粮食，其销售终端是××液集团（上市企业），并以合作购销协议作为保障，具有可靠的收入来源，项目投资收益自求平衡。

由××农业政策性银行给予10.4亿元固定资产投资项目贷资金支持，期限15年。

项目建成后，一是解决了高标准农田必须种植高标准、高产、高质量粮食问题；二是以订单模式满足了××液集团（上市企业）投资者和生产消费者之间的市场需求；三是对高标准农田建设产业营运作出了典型示范。

# 第三十五章　教育产业类项目投融资案例

教育产业，是社会事业的重要组成部分，包括基础教育、高等教育和继续教育。基础教育从幼儿园到高中，分为义务教育学校和非义务教育学校，义务教育学校包括小学、初中学校、九年一贯制学校、十二年一贯制学校的小学部和初中部、完全中学的初中部等；非义务制教育包括学前教育及高中教育，截至2023年，全国基础教育在学总规模为1.65亿人；高等教育从专科到博士，截至2023年，全国高等教育在学总规模4763.19万人；继续教育则涵盖各种职业培训和专业技能培训，截至2023年，全国继续教育的在学总规模为1008.23万人。整体来看，全国教育产业规模持续增长，但由于《政府投资条例》和地方政府债务管理约束，公办学校的建设都不能采用融资贷款，资金来源口径单一，为了解决教育产业的基础建设与发展需求不匹配的问题，进一步落实教育产业建设资金来源，下面分享几个教育产业类固定资产投资项目的投融资案例，以供参考。

## 案例42　SC省××县生态文明学院及实践培训基地建设项目

### 一、项目建设需求背景及概况

生态兴则文明兴、生态衰则文明衰，人与自然和谐共生，遵循自然规律才能有效防止在开发利用自然上走弯路，实现可持续发展。

本项目所在地处于世界十大生物多样性中心之一的横断山区，分布有国家重点生态功能区域和国家生物多样性保护优先区域，享有“天然的生物基因库”“天然的动植物博物馆”的美誉，项目建设地点位于大熊猫国家公园南部。凭借其地理区位的优势，当地坚持一手抓生态环境保护、把荒山变青山，一手抓绿色转型发展、把青山变金山，推进绿色转型发展，生态环境状况指数多年保持全省第一，成功创建全国绿水青山就是金山银山实践创新基地，已成为在国家公园中践行“两山”理论的示范亮点，形成了可参观、可展示、可教学的生态文明建设典范。

2023 年 5 月，生态环境部宣传教育中心和××市人民政府签订《关于支持××建设绿色发展示范城市的战略合作协议》，提出合作推进当地生态文明学院建设，助力打造世界知名自然教育基地，开展生物多样性友好城市实践创新，生态文明品牌塑造等工作。为了进一步加强全国生态文明的建设，分享优秀经验，促进生态文明建设的全面展开，××县拟开展生态文明学院及实践培训基地建设项目，依托当地的天然的生态资源，将实地勘察与书本教学相融合，有助于将实践经验与思想快速传达，将当地优秀生态治理经验与全国乃至全球进行分享，为各地生态文明建设提供示范和样板。

**二、项目主要建设内容及规模**

本项目总建筑面积 22880.00 平方米，主要包括教学楼、行政楼宿舍、多媒体教室、地下室及配套设施。项目总投资规模约 3 亿元。

**图 35－1　SC 省××县生态文明学院及实践培训基地建设项目照片**

图片来源：甲方提供项目资料。

**三、项目投融资模式及成效**

项目拟采用“政府主导、公司运作、项目自身收益覆盖”的运营模式，由××文化旅游集团有限公司作为业主，采取自主经营模式运作，负责项目融资、建设及运营，用项目自身收入偿还贷款本息。本项目收入来源为生态环保培训服务管理收入、农村转移就业劳动培训收入、高素质农民农业培训收入、自然教育研学收入、停车收入以及充电桩收入。××银行给予固定资产投资项目贷款2.4亿元，期限15年。

本项目依托国家公园建设生态文明学院，引进全国各地生态建设相关人员前来学习研究，有效推进习近平生态文明思想落地生根、开花结果，有效实现观念、布局和业态的“三个转变”。一是变被动为主动。把大熊猫国家公园建设作为推动经济社会发展的重大机遇，一手抓生态环境保护，一手抓绿色产业培育，实现发展观念的转变，成功创建“绿水青山就是金山银山”实践创新基地，提升地方知名度，促进经济消费。二是化局部为全域。用好大熊猫国家公园体制—生态文明学院的先行先试经验，沿国家公园外沿，推进全域“一园一廊五社区”建设。三是转生态为业态。以大熊猫国家公园建设为契机，紧扣文旅兴县战略，将助力打造世界知名自然教育基地，开展生物多样性友好城市实践创新，生态文明品牌塑造等工作。

## 案例43 ××县教育配套设施提升工程建设项目

### 一、项目建设需求背景及概况

近年来，GXZ族自治区××市为适应日益增长的中学学位需要，利用一切可利用的条件，努力扩充教育资源，改善办学条件，有效地推动了教育水平的不断提升，通过改扩建等方式，高中学校规模得到扩大，近两年来，全市新建、改扩建21所普通高中，增加学位38750个。

××县委、县人民政府十分重视这一民生工程，但由于××县教育，特别是高级中学等学校规模及配套基础设施还较为薄弱，学位欠账较多，还不能适应当前需求。若等待财政资金来解决此问题，该县财政一般公共预算收入仅2亿元出头，而一般公共预算支出达36亿元左右，本级财政几乎无力解决此问题。为满足人民群众对高中教育的需求，补齐教育短板，有效地促进教育公平，县委、县政府拟采用“政府主导市场化运作”模式，通过改扩建等方式，开展××县教育配套设施提升工程建设项目。

### 二、项目主要建设内容及规模

主要建设内容包括学生公寓、食堂、活动中心、培训中心等配套工程。用地面积约158亩，总建筑面积约6.9万平方米，包括教室、图书馆、学生公寓、运动场地、配套机房、门卫室、生态绿化、停车场等。

图 35-2　××县教育配套设施提升工程建设项目照片

图片来源：甲方提供项目资料。

### 三、项目投融资模式及成效

项目采取政府主导，市场化运作模式，以县国有企业××县××桥城建投资开发有限责任公司作为投资、融资、建设及营运主体，自筹项目资本金约0.7亿元，约占项目总投资的21%，项目收益来源主要是项目自身经营性收入+公司综合性收入。项目自身收入主要是后勤配套及多元化经营收入，主要包括：学生住宿费收入、食堂收入、超市收入、艺术及职业培训收入、教师公寓租赁收入等。项目投资收益自求平衡，××政策性银行给予项目固定资产投资项目贷款2.8亿元资金支持，贷款期限20年。

项目建成后，增加了高中学位800多个，由原来每年招收2000名新生，提高到每年可招收2860名新生，提高了该县高中升学能力，为通过市场化投融资解决普通高中项目建设做出了示范。

## 案例44　××县职业教育技能培训中心建设项目

### 一、项目建设需求背景及概况

YN省××市××族自治县，地处云贵高原西南边缘，辖内约28万人口，共居住有25个民族，少数民族占比73%，原是全国贫困县之一，其主要原因是山区多，行路难、居住难、增收难，贫困时间长、贫困面大、上学难等，在国家、省、县各级扶贫攻坚下，于2019年12月退出贫困县行列，为脱贫不再返贫，扶贫扶志也扶智，该县拟完善职业教育和培训体系，深化产教融合、校企合作。加快一流大学和一流学科建设，实现高等教育内涵式发展，并提出扩大职业技能培训规模，鼓励创业带动就业，全县教育事业以实现人力资源大县向人力资源强县的根本性转变，解决××县职业学校面积不足，布局零散、社会培训缺乏场地等问题，提升区域教育水平，通过职业培训，增加就业机会，增强人才流动，促进农民增收，同时提升地区可持续发展能力。

该县职业高级中学创建于1984年9月，具有普通高中和职业技能培训的双重功能，生源一部分可以高考，一部分可以选择就业。1990年通过YN省教委验收为“YN省合格职业高级中学”；2002年，通过省教育厅验收为“省级示范性职业高级中学”，2005年被认定为“YN省贫困地区劳动转移培训示范基地”，拟通过改扩建等工程建设实施××县职业教育技能培训中心建设项目。

## 二、项目主要建设内容及规模

项目工程规划用地面积约188亩，在原25亩的基础上扩大，职业高级中学占地135亩，成人技能培训中心占地32.93亩，实训基地20.43亩；主要建设内容包括：职业教育技能培训中心总建筑面积7万平方米，其中职业高级中学6.7万平方米，成人技能培训区近1万平方米，实训基地近3000平方米及道路、运动场、学生公寓、食堂、生态绿化相关配套附属工程。项目总投资约3.15亿元。

## 三、项目投融资方案及成效

该县是一个边远民族小县，本级财政一般公共预算收入每年约5亿元，而公共预算支出每年则大约需要25亿元，为保障项目资金来源多渠道，项目采用政府主导，市场化运作模式，由××县教育体育发展有限责任公司作为项目投资、融资、建设、营运主体，自筹项目资本金0.65亿元，约占项目总投资的20.60%。

项目营运模式是投融资主体将学校建成竣工后，由××省、市职业教育机构与其签订租赁协议，由教育机构进行职业教育培训并支付给投融资主体主要收益来源为项目投融资主体××县教育体育发展有限责任公司，项目收益来源有保障并有稳定可持续的现金流，项目投资收益自求平衡。××政策性银行予以固定资产项目贷款2.5亿元资金支持，约占总项目投资的79.40%，贷款期

图 35－3　××县职业教育技能培训中心实景照片

图片来源：甲方提供项目资料。

限 20 年，迅速推进了该项目建设竣工，取得了较好的社会效益。截至目前，该校在校人数 980 多人，2023 年毕业人数达 300 多人，其中 3 人考入本科大学，200 人考入专科，另一部分则选择了直接就业。

## 案例 45　HN 省×县大别山革命老区全民技能培训中心项目

### 一、项目计算需求背景及概况

本项目所在地位于 HN 省东南部、××市东北部，是大别山革命老区的重要组成部分。这个革命老区由于没有自身的产业，人口呈外流趋势，2014 年全县有 80 多万人口，十年后便仅有 60 多万人口了，为适应这一需求，×县人力资源和社会保障局摸清全县劳动力底数、了解劳动力年龄结构及培训意向，有序推进技能培训，以增加该县务工劳动力的价值。

在组织全民技能培训中，组织开展劳动力关注度比较高的保育、养老护理、中餐烹饪、手工编织等特色培训，在推荐就业等关键环节，相互配合、齐抓共管，联合各具特色的社会培训机构，逐步形成了一个特色的培训产业体系，累计开设 130 多个班次，完成各类职业培训 1.5 万余人，新增技能人才

9000余人，但培训中心需要有一个稳定的培训场所，如果采用新建，涉及土地征转、选址等需要三年以上时间，如果通过购置现有存量资产，便可以解决这一燃眉之急。

## 二、项目主要建设内容及规模

经过寻找，县委党校正好有已经建成的富余资产，功能齐全，土地面积约146亩，建筑面积4万多平方米，位于县城东新区CBD区域，交通便宜，通过购置进行改扩建便可以开业。于是，HN省××河投资有限公司，拟通过购置政府投资的原党校资产，并新建部分建筑和配套设施，整体改造为全面技能培训中心。

其主要建设内容包括：全民培训中心区域（购买区域）和全民培训中心配套设施部分（新建区域），购买区域主要是教学功能区、实验室等，新建区域建设内容主要为洗衣房、仓库、管理房、公厕、健身游园、足球场及配套停车场等辅助工程。项目总投资约5.8亿元。

**图35－4　×县大别山革命老区全民技能培训中心项目照片**

图片来源：甲方提供项目资料。

## 三、项目投融资方案及成效

项目由HN省××河投资有限公司作为投资、融资、建设和营运主体。自筹项目资本金1.29亿元，约占项目总投资的22.2%，项目主要收益来源包括学费、食宿费、后勤服务费、停车费、游泳、足球等费用等。项目投资收益自求平衡，并有稳定可持续的现金流，××政策性银行给予4.5亿元固定资产贷款资金支持，期限15年，项目竣工已经进入全面招生，具有较好的社会效益和经济效益。

# 第三十六章　医疗健康产业类项目投融资案例

医疗大健康产业一头连着民生福祉，一头牵着经济发展，是创造高品质生活和推动经济高质量发展的硬支撑。而其中基础医疗部分，依然是以公立医院为主，公立医院是体现公益性、解决基本医疗、缓解人民群众看病就医困难的主体。根据国家统计局发布《中华人民共和国2023年国民经济和社会发展统计公报》，全国共有公立医院1.2万个。根据国务院办公厅发布《三级公立医院绩效考核工作的意见》，公立医院分为三级，一级是社区医院，二级是县（区）级医院，三级是市级医院，每级再划分为甲、乙、丙三个等级，这些医院项目的投融资，作为众多“三甲”及以上医院，都不缺钱，而县级及其以下的医疗基础设施，大多既缺资金，本级财政又缺钱，融资又受到许多政策制约。早在2012年，国家发改委、财政部、卫生部、银监会联合下发的《关于严格限制县级公立医院举借新债的紧急通知》，明确规定“各地严禁县级公立医院举债进行基础设施建设和设备购置”；到2023年，财政部、国家卫生健康委、国家医保局、国家中医药局又再次下发《关于进一步加强公立医院内部控制建设的指导意见》的通知（财会〔2023〕31号）强调“加强基本建设项目管理，严禁公立医院举债建设和超标准装修，规范基本建设项目的全过程管理”。针对这些政策，如何做好县级以下医疗基础设施建设项目融资，是一道重要难题。

## 案例46　××国际健康城·中山大学×江医院建设项目

### 一、项目建设需求背景及概况

项目所在区域是YN省××市托管的县级市，辖内约22万人口，原仅有一所编制314个床位，二级甲等医院，承担着约22万人口的基础医疗任务，医院床位紧张，据统计2016年该医院门诊人次就达31万多人次，住院难、就医难已经成为较大的民生问题。

中山大学与××市具有较深的历史渊源，早在抗日战争时期，中山大学曾迁入××省××办学。中山大学医学院实力雄厚，排名全国前十，被称为医学八大名校之一，为支持该市的医疗发展，于2017年与××省政府及××市初步达成合作办医，建设“中山大学××医院”的意向协议，以补××市民生短板。

## 二、项目主要建设内容及规模

医院选址于××市竹园北路，规划总用地面积196亩，建筑面积22.5万平方米，设计规模1200个床位，按照三甲标准进行设计，比目前的××市人民医院大3倍。本项目分为一期和二期进行建设。一期总投资约13.5亿元，一期建设14万平方米，内容包括门诊医技楼、1#住院楼、地下室、医疗其他专项工程和室外及附属设施配套工程等。二期总投资14亿元，二期建设内容包括2#住院楼、3#住院楼、科研行政办公楼、传染楼、学术会议中心、高压氧楼、宿舍楼及食堂、医疗其他专项工程和室外及附属设施配套工程等。

**图36-1 ××国际健康城·中山大学××医院规划图**

图片来源：甲方提供项目资料。

### 三、项目投融资方案及主要成效

该项目意向协议签订后，由于资金来源问题一直搁置，原计划由省级××城投公司作为投融资主体，但该主体也因为自有资金、资产负债等诸多因素迟迟无果，而地方财政实力也较弱，'每年财政一般公共预算收入不到6亿元，一般公共预算支出则要22亿元以上。为解决这一老百姓关心的重大民生问题，市委、市政府决定采用政府主导，市场化运作的方式，由××市国有资本投资运营有限责任公司作为投融资主体，第一期13.5亿元，自筹项目资本金3.5亿元，约占项目总投资的26%，项目主要收益来源为核心基础医院托管分成收入、后勤、物业、商场、食堂、停车场等非医疗服务性收入，项目具有稳定可持续的现金流收入，投资收益自求平衡，项目具有较强的偿债能力和抗风险能力，项目于2020年获得××政策性银行以补民生短板的医疗健康产业固定资产投资项目贷款10亿元资金支持，贷款期限15年。

项目资金落地后，迅速推进了项目建设，一期工程于700多张床位，于2024年7月竣工剪彩，11月揭牌，医院按照“省级区域医疗中心”和三级甲等综合性医院标准建设，集医疗、教学、科研、预防、康复、保健于一体，设置临床科室24个，医技科室9个。医院的目标，是建设成为“××省级区域医疗中心”和“辐射南亚东南亚的国际医疗中心”。

## 案例47　××县城南医疗康养中心项目

### 一、项目建设需求背景及概况

××县隶属于SC省X充市，地处SC盆地东偏北部，下辖16个镇、5个乡、2个街道，面积1100多平方公里，总人口约60万人。该县医疗基础设施相对薄弱，原县人民医院中医院本部占地54亩，多扶病区占地49亩，编制床位600张，开放床位900张，根据国家卫健委《县级综合医院设备配置标准》，每千人口医疗床位标准为每千人3.5张，远远未达到基本规划。

健康事关人民群众最关心最直接最现实的利益问题，是民生的重要方面。发展医疗康养产业是满足“人民日益增长的美好生活需要”的重要内容，是贯彻新发展理念、实施健康中国战略的具体举措。

县委、县政府为解决老百姓就医难、看病难问题，2018年，提出加快发展有机康养、医疗养生等健康产业的发展，逐步构建功能完善、规模适度、覆盖城乡的现代社会医疗服务体系，制定了以“医养融合”为目标，新建××县城南医疗康养中心的项目计划。

## 二、项目主要建设内容及规模

项目选址位于南西田园新城，占地面积约153亩，建筑密度≤30%；绿地率≥35%；建筑面积12万平方米，新增加床位1100多张，其中地上建筑9.5万平方米，地下建筑2.5万平方米。其中：综合楼1.13万平方米；门诊、医技大楼3.65万平方米；住院部4.5万平方米；放疗中心0.16万平方米，项目总投资规模约11.35亿元。

**图36－2　××县城南医疗康养中心项目规划图**

图片来源：甲方提供项目规划资料。

## 三、项目投融资方案及主要成效

该县每年一般公共预算收入仅约8亿元，而一般公共预算支出需要43亿元左右，该项目若采用本级财政预算资金进行建设，很难实现，为解决这一迫在眉睫的民生问题，县委、县政府决定按照国家大健康战略，采取政府主导，市场化运作的模式，由××县××医疗投资有限责任公司作为项目投资、融资、建设主体，自筹项目资本金3.85亿元，约占项目总投资的34%，项目主要收益来源为核心基础医疗托管租赁收入、后勤物业服务、餐厅、商场、停车场等收入。项目具有稳定可持续的现金流收入，具有充足的财务可持续能力、偿债能力和抗风险能力，投资收益自求平衡。××政策性银行于2020年给予固定资产投资项目贷款7.5亿元资金支持，贷款期限15年。该项目于2021年动工，现已经基本竣工进入验收阶段。

该项目建成以后，该县医疗床位将增加一倍以上，能够进一步提升医院服务能力，更大程度上满足老百姓就医。住院的基本需求，提高群众就医的“获得感”“幸福度”“满意度”。

## 案例48 ××县乡村振兴医疗保障提升工程项目

### 一、项目建设需求背景及概况

××县地处GXZ族自治区东北部，××市西北部，辖10个镇和2个瑶族乡，常住人口为约36万人。全县医疗基础设施与实际需求较大，县人民医院业务用房面积仅1.36万平方米。编制病床仅204张，实际开放248张。承担着全县36万城乡居民的医疗保障。离国家卫健委《县级综合医院设备配置标准》，每千人口医疗床位标准为每千人3.5张标准相差甚远。

该县是XXZ族自治区××市的一个边远小县，本级财政实力十分薄弱，每年一般公共预算收入仅8亿元左右，但一般公共预算支出需要32亿元左右，如何改善这一民生问题，解决看病难、就医难问题，是县委、县政府的一道难题。县委、县政府攻坚克难，始终坚持把落实基本医疗保障作为最大的民生问题和惠民工程抓紧抓实，通过大力推进区域“医共体”建设，多渠道统筹资金用于乡镇卫生院及村卫生室的建设；依托辖区公共医院资源优势，创建“医院领办社区卫生服务中心”模式、构建“互联网 医疗健康”就医模式，着力打造“县级强、乡级活、村级稳”的基层卫生服务新格局，通过互联网络健全和完善县、乡、村三级诊疗服务。为此，县委、县政府拟通过对现有人民医院、中医医院、妇幼保健院等医疗资源进行整合，通过改扩建、网络化、智能化升级改造等医疗保障提升工程，实现远程医疗服务。

### 二、项目主要建设内容及规模

该项目改扩建用地规模约50亩。涉及建筑改造面积约6.9万平方米。其中地上改造建筑面积约5.3万平方米，包括住院医技综合楼建筑面积约1.9万平方米，门急诊综合楼建筑面积0.6万平方米，医技业务综合楼建筑面积1.1万平方米，传染病区楼建筑面积约1.8万平方米及道路、生态绿化、污水处理站等；地下建筑面积约1.6万平方米，包括地下保障系统用房、地下室停车场、医技业务综合楼地下室；网络化、智能化改造工程等。项目总投资约 4.1 亿元。

**图 36－3　××县乡村振兴医疗保障提升工程照片**

图片来源：甲方提供项目资料。

## 三、项目投融资方案及主要成效

该项目的难点和痛点也是资金来源问题，如果等待或伸手，中央以及自治区财政资金也很困难，若靠本级财政资金来解决，更是不现实。根据该项目实际情况，县委、县政府决定采用政府主导，市场化运作模式，由××县×泰资产运营有限公司作为项目投资、融资、建设和营运主体，自筹项目资本金 0.85 亿元，约占项目总投资的 21%，项目主要收益来源为医疗租赁收入、后勤物业收入、餐厅收入、停车费收入等，项目具有稳定可持续现金流收入，项目财务可持续能力较强，具有较强的偿债能力和抗风险能力，××政策性银行给予 3.25 亿元固定资产投资项目贷款资金支持，贷款期限 20 年。该项目已经部分建成并投入使用，极大地提升了该县城乡医疗保障能力。

# 第三十七章　灾后重建类项目投融资案例

近年来，全球自然灾害频发，给人类社会带来了巨大的生命财产损失。灾后重建工作刻不容缓，但同时也面临着时间紧、任务重、投融资难度大的严峻挑战。一是灾后重建工作必须争分夺秒，尽快恢复受灾地区的基本生活秩序和生产能力，减少灾害带来的次生损失。这就要求投融资方案能够快速落地，资金能够及时到位，项目能够高效推进。二是灾后重建涉及基础设施修复、房屋重建、产业恢复、生态修复等多个方面，这对投融资方案的全面性、系统性和可持续性提出了更高的要求。三是灾后地区往往经济受损严重，财政收入下降，企业和居民还款能力下降，传统融资渠道受限。同时，灾后重建项目普遍存在投资回报周期长、风险高等问题，难以吸引社会资本参与。面对这些挑战，如何创新投融资模式，拓宽融资渠道，降低融资成本，提高资金使用效率，成为灾后重建工作成功的关键。现分享几个灾后重建项目投融资方面案例，为其他地区灾后重建工作提供借鉴和参考。

## 案例 49　××县“8.11”暴雨灾害恢复重建工程项目

### 一、项目建设需求背景及概况

2020 年 8 月 11 日，SC 多地遭遇大到暴雨，重灾区 YA 市，最大 1 小时降雨量为 187.0mm，累计 3 小时降雨超过 300mm，受此次强降雨影响，YA 市 LS 县多地相继发生险情，多条国道、省道多处垮塌中断，多处农房、农业罐区及农田被毁，致 6 人死亡、5 人失联。灾区急需恢复交通、恢复正常生活、生产，重建家园。

### 二、灾后重建项目主要内容及规模

项目恢复重建工程主要包括多条道路交通恢复工程，总长度约 235 千米，河流小型桥梁恢复重建工程约 20 座，农田灌渠及边坡灾后治理修复工程约 86000 多平方米等。项目总投资约 1.3 亿元。

**三、项目投融资方案及成效**

灾情发生后，除一些慈善机构和人士捐献一些钱物外，要及时进行恢复重建，钱从哪里来？从财政来看，该县财政每年一般公共预算收入不足 2 亿元，而一般公共预算支出约 13 亿元，加之新冠疫情的冲击，财政更是困难，遇上这样的天灾，财政最多也只拿得出几百万元，而这种项目要靠社会资本来投入，由于项目时间紧、任务重、风险大，除有微薄的工程利润外，垫资风险极高。此时，唯有寻求国有企业和国有政策性银行的责任担当，通过沟通，由该县国有企业县水务投资有限公司作为项目投融资主体，筹资 0.3 亿元作为项目的资本金，约占项目总投资的 23%，项目还款来源主要是县水务投资有限公司的综合收益来源，以补贴项目现金流的方式，补充给灾后重建项目作为项目还本付息的现金流，达到项目投资收益的平衡，以达到融资条件。

**图 37－1　××县“8.11”暴雨灾害照片**

图片来源：甲方提供新闻图片。

××政策性银行业尽显责任担当，给予了该项目 1 亿元固定资产投资项目贷款资金支持，期限 15 年。该项目的实施，解决了当地政府和受灾乡镇居民所急需的，以最快的速度恢复了交通、恢复了生产、恢复了家园。

# 案例50　LD县HL沟景区二号营地旅游配套设施灾后恢复重建项目

## 一、项目建设需求背景及概况

2022年9月5日12时52分，SC省GZ州LD县发生了一场6.8级的强烈地震，这场突如其来的灾难不仅给当地人民带来了巨大的生命财产损失，造成90多人遇难，20多人失联，420多人受伤，许多道路交通、基础设施、田园、居住房屋、旅游景区等都遭受了不同程度的损毁和破坏，其中包括著名的HL沟景区2号营地。

**图37－2　LD县HL沟景区二号营地照片**

图片来源：甲方提供项目资料。

HL沟“二号营地”温泉，因其“纯天然”与“雪山冰川共存”的特色，一直被游客们誉为“温泉的翘楚”。冬天雪花飘落，泡在暖暖的温泉里。品着美酒，仰望天空，日照金山的美景尽收眼底，四周蒸汽与云雾一色，依依缭绕，天蓝色的温泉中弥漫着淡淡的幽香。然而，这么美丽的景区，却因为这场地震灾害造成道路交通和营地基础设施的毁坏，不得不关闭。为尽快恢复重建，满足广大游客的需求，地方党委、政府十分重视，制定了一系列恢复重建规划和支持政策，拟推进该恢复重建项目。

**二、灾后重建项目主要内容及规模**

该项目的恢复重建内容包括：内部交通配套设施，建筑恢复 6550 平方米，电力设施恢复 300 米，温泉河道治理 300 米，温泉及相关设施恢复 12000 平方米，地质灾害治理工程，景点及居住设施恢复等工程，项目总投资约 9000 万元。

**三、项目投融资方案及成效**

项目通过市场化方式，由 GZ 州×××冰川温泉度假村有限责任公司作为投资、融资、建设和营运主体，自筹项目资本金约 2500 万元，约占项目总投资的 28%，项目主要收益来源为景区酒店、温泉等旅游经营收入，现金流入稳定可靠，具有较好的财务持续能力、偿债备付能力和抗风险能力，××政策性银行给予 6500 万元固定资产投资项目贷款资金支持，期限 15 年，目前项目已经初步恢复建成并接待游客。在整体 HL 沟景区恢复工程的推动下，整个景区重新焕发出亮丽的光彩，谱写出旅游的新篇章。

## 案例 51　南桠河 SM 县城区段水灾恢复重建工程

**一、项目建设需求背景及概况**

SM 县是 SC 省辖 YA 市西南部的一个小县，全县约 11 万人口，位于横断山脉东部，与 LD 县接壤，大渡河的主要支流南桠河川城而过，地质灾害和洪涝灾害时常发生，2022 年 9 月 5 日 SC 省 GZ 州 LD 县发生 6.8 级地震，对该县造成严重损毁，包括南桠河河堤、道路、房屋等。为重建家园，恢复生产、生活，当地政府制定了“灾后恢复重建三年行动计划”，按照该计划，政府实施该恢复重建工程。

**二、灾后重建项目主要内容及规模**

项目重建恢复工程主要包括南桠河河堤固防工程、河道疏浚工程、道路修复工程、管网恢复工程、电力工程等，项目总投资约 7800 万元。

**三、项目投融资方案及成效**

项目投资采用灾后重建专项补贴资金，获得省级专项补贴资金 7800 万元。项目通过河道疏浚，防洪堤修复加固，提高河道的输水、行洪及排涝能力，防止因汛期到来而引发的洪水灾害，提升了防灾减灾能力。

**图 37-3 南椏河 SM 县城区段水灾恢复重建工程照片**

图片来源：甲方提供项目资料。

# 第三十八章　产业园区（含标准化厂房）类项目投融资案例

近年来，随着我国经济转型升级和产业结构调整的不断深入，产业园区作为产业集聚、创新驱动和区域经济发展的重要载体，发挥着越来越重要的作用。而标准化厂房作为产业园区的重要基础设施，其建设水平和运营效率直接影响着园区招商引资的成效和企业的生产经营成本。

然而，传统模式下，产业园区标准化厂房建设往往面临着资金投入大、回收周期长、运营模式单一等问题，制约了园区的可持续发展。因此，积极探索创新投融资模式，吸引多元化投融资主体参与标准化厂房建设运营，成为破解资金瓶颈、提升园区竞争力的关键。现分享几个园区标准化厂房的投融资案例，为政府部门、园区开发运营商、金融机构以及相关企业提供参考和借鉴，共同推动产业园区标准化厂房建设运营的规范化、市场化和可持续发展。

## 案例 52　××县中欧现代农业产业融合示范园（一期）项目

### 一、项目建设需求背景及概况

HY 县是 SC 省 MS 市辖县，地处 SC 盆地西南，属于 CD 平原经济区，农业基础良好，生态环境优越，农业资源丰富，茶叶、藤椒、中药材等特色农产品优势明显，具备发展现代农业的良好基础，为推动 HY 农业产业转型升级，中欧全面战略伙伴关系的深化，为农业领域合作提供了重要机遇，加强农业科技、人才、贸易等方面交流合作，立足生态优势，致力于绿色农业发展，根据 SC 省现代农业“10 +3”产业体系建设等区域发展战略，打造特色优势产业集群，建设现代农业园区，推动农业高质量发展。MT 投资开发有限公司拟以产业为基础，投资实施中欧现代农业产业融合示范园（一期）项目。

## 二、项目主要内容及规模

项目主建设内容为：牛种业片区及茶产业片区，牛种业片区包含种牛场改造 8830 平方米、种公牛站建设 7570 平方米、科创中心（含种牛场实验楼）4500 平方米、乳品加工厂建设包含配套建筑建设 3700 平方米、牧场体验区及配套建筑设施 13500 平方米，茶产业片区含茶叶种植基地 20000 亩、茶叶加工基地 26000 平方米、农作病虫害预警防治中心 5600 平方米、茶文化体验区 19000 平方米及配套基础设施、生产设备和检验设备等，项目总投资 10 亿元。

**图 38－1　× × 县中欧现代农业产业融合示范园照片**

图片来源：甲方提供项目资料。

## 三、项目投融资方案及成效

项目由地市级国有公司× ×投资开发有限公司作为投资、融资、建设和营运主体，自筹项目资本金 2 亿元，约占项目总投资的 20%；发行地方政府专项债 6 亿元，约占项目总投资的 60%；金融机构申请固定资产投资项目贷款 2 亿元，约占项目总投资的 20%。项目由于定制化厂房，与种养殖业直接挂钩，具有产业支撑和较完整的产业链，通过实体经营可实现稳定可靠的经营性现金流，项目具有可持续的财务能力、偿债能力和抗风险能力，三个渠道资金全部落地，推进了本项目的建设落地。

本项目的建设，将加快 HY 县特色优势产业——养殖业和茶产业发展，有利于把优势区域建成优质、高产、高效、安全、生态的名牌农产品生产基地、龙头企业原料供应基地、现代农业示范基地，实现规模化、专业化、标准化生产，形成规模化的农产品供应基地，推动地方经济高质量发展。

## 案例53 WDK农民工返乡创业园一期建设项目

### 一、项目建设需求背景及概况

项目区所在的KJ县，位于SC东部，与CQ相邻，有近56万人口，其中每年外出务工的人数达19万多，一方面说明劳动输出能力强，另一方面是当地的二三产业发达程度不够，就业机会相对较少。KJ县委、县政府高度重视这一现象，一方面狠抓工业园区建设，促进二三产业发展，增加就业岗位，另一方面通过“部门联动、政策支持、全程跟踪服务”等有效举措，为返乡农民工优化创业环境，在此背景下，WDK返乡创业园项目应运而生，旨在吸引更多农民工返乡创业，推动当地经济的高质量发展。

### 二、项目主要内容及规模

项目规划用地总面积约15.35万平方米，总建筑面积达到11万平方米，建设内容包括：新建标准化生产性厂房近7万平方米，仓库1.7万平方米，车间0.65万平方米，辅助生产用房0.6万平方米，配套用房、门卫室、农产品展销中心等配套建筑1.05万平方米。项目总投资约3亿元。

**图38-2 WDK农民工返乡创业园一期建设项目规划图**

图片来源：甲方提供项目规划。

### 三、项目投融资方案及成效

该项目采用政府主导，市场化运作的模式，由KJ县国有企业××投资经营有限责任公司作为投资、融资、建设、营运主体，自筹项目资本金 0.6 亿元，约占项目总投资的 20%；申请地方政府专项债券资金 0.7 亿元，约占项目总投资的 23%；申请政策性银行固定资产投资项目贷款 1.7 亿元，贷款期限 15 年。该项目的主要收益来源是标准化厂房租金收入、物业收入、配套服务收入等。

该项目已经建设完成部分工程，取得显著进展，项目的建设将为农民工返乡创业提供了新的就业、创业机会，农民工返乡创业创新，将加速吸引工业和城市资源要素向农业和农村聚集，培育新型农业经营主体，有力助推现代农业高质量产业化发展。

## 案例 54　AY 县国家现代农业产业园一期建设项目

### 一、项目建设需求背景及概况

AY 县素有“中国柠檬之乡”的美誉，是世界五大柠檬主产地之一、全国唯一的柠檬商品生产基地县。柠檬种植面积近 50 万亩，鲜果产量均居全国第一。AY 县为进一步做大做强优势特色主导产业，促进全产业链开发，聚集现代生产要素，创新农民增收利益联结机制，推动当地农业产业的升级和转型，积极创建国家级现代农业产业园，2019 年被国家农业部纳入创建名单。为提高园区打造现代农业产业集群，推进农业供给侧结构性改革，促进一二三产业融合发展的作用，通过产业园建设集聚各类先进要素、经营主体、政策资金，以打造高标准、现代化的农业生产基地和加工集群，通过产业园建设，建立标准化生产和质量追溯体系，满足市场对安全、可靠、绿色生态农产品的需求，提供符合消费者需求的多样化农产品。为此，拟开展 AY 县国家现代农业产业园一期建设项目。

### 二、项目主要内容及规模

项目规划用地总面积 2.11 万亩，依托柠檬产业现有基础优势资源，以推动柠檬产业全面转型升级为主线，重点发展柠檬标准化种植、柠檬系列产品精深加工、仓储物流、科技研发、柠檬产业信息化大数据平台、农旅融合特色小镇等建设，打造“产业发展兴旺、要素高度聚集、设施装备先进、生产方式绿色、一二三产融合、辐射带动有力”的现代农业产业园。

**图 38 - 3 AY 县国家现代农业产业园规划图片**

图片来源：甲方提供项目资料。

## 三、项目投融资方案及成效

园区采用政府主导，市场化运作模式，本项目作为园区一期建设项目，项目总投资 4.9 亿元，由 AY 县国有公司 SC××农业开发有限公司作为项目投资、融资、建设和营运主体，自筹资本金 1 亿元，约占项目总投资的 20.4%，项目主要收益来源为标准化厂房租金收入、物业收入及投融资主体其他综合收入，项目投资收益自求平衡。××政策性银行给予政策性固定资产投资项目贷款 3.9 亿元资金支持，贷款期限 15 年。

在此引领下，政府加大政策优惠、全面招商引资，加强项目整合、强化科技创新，多渠道争取资金，整合地方政府专项债券、中央预算内专项补贴资金等各项项目资金约 5 亿元，撬动社会资本及金融信贷资金 10 多亿元，集聚资金资源投入产业园区建设。初步完成初加工网点建设，石桥街道柠檬交易中心、仓储冷链物流中心建设有序推进，建成柠檬通风库、冷藏库等建设、选果生产线 50 条，实现柠檬初加工和商品化转化率达 90%，有精深加工企业 28 家，扩能，研发 18 个大系、39 个柠檬精深加工产品，本地电商平台 6 个，培育网店微店 5000 余户，并通过农旅融合特色小镇、柠檬产业特色小镇、柠檬文创旅游小镇等建设，大力推动三产发展。

## 案例 55　SM 县工业园区标准化厂房建设工程（二期）项目

### 一、项目建设需求背景及概况

SM 县是全国唯一以矿名命名的县，该县城镇化率达 76% 以上，是一个以产品加工为主的县。县委、县政府把完善基础设施，优化公共服务，以吸引更多的企业和投资作为规划和发展战略，标准化厂房的建设不仅有助于提升园区的承载能力，还能为入驻企业提供更加便捷、高效的生产环境，从而进一步推动园区的产业集聚和经济发展。由于原园区现有的厂房在布局、功能、环保等方面存在诸多不足，已无法满足现代制造业的发展需求。因此，建设标准厂房项目，对于优化资源配置、提升产业竞争力具有重要意义，为此，拟建设 SM 县工业园区标准化厂房建设工程（二期）项目。

### 二、项目主要内容及规模

项目用地规模 43. 47 亩，建设规模约 3. 9 万平方米，包含场平工程、标准化厂房、道路工程、照明工程、绿化工程、管线工程、电力工程等，项目总投资约 1 亿元。

**图 38 –4　SM 县工业园区标准化厂房建设工程照片**

图片来源：甲方提供项目资料。

## 三、项目投融资方案及成效

本项目采用政府主导，市场化运作方式，由地市级国有公司 YA 市 × × 建筑工程有限公司作为投资、融资、建设、营运主体，自筹资本金 3000 万元，约占项目总投资的 30%，申请金融机构贷款 7000 万元。项目收益来源主要是标准化厂房出租租金收入、物业及配套服务收入以及项目投融资主体的综合收入，× × 银行给予固定资产投资项目贷款 7000 万元资金支持，贷款期限 12 年。项目建成后，弥补了原产业园区的功能不足，使园区布局更加科学、合理，同时通过共享基础设施、服务设施等，有效节约园区土地资源，提高园区土地利用效率，为企业提供更好的生产环境，有效提高企业生产效率，有效促进了当地经济高质量发展。

# 第三十九章　冷链物流（园区）类项目投融资案例

随着消费者对食品安全、新鲜度要求的不断提升，以及生鲜电商、医药冷链等行业的迅猛发展，冷链物流作为连接生产与消费的关键纽带，其重要性日益凸显，冷链物流园区项目已成为推动产业升级、促进区域经济高质量发展的新引擎。

冷链物流园区，作为集冷冻仓储、分拣包装、配送运输等多功能于一体的现代化物流平台，不仅要求高度的专业化管理与技术支撑，更需要大量、长期的资金投入建设与运营。由于其资金投资回收期长，投资收益平均回报率较低，风险较大，因此，能否有效地做好项目的投融资方案，有效筹措资金、控制投资风险，成为项目成功与否的关键。本章将分享一些案例，供您学习参考。

## 案例 56　TF 农业科创园配套冷链物流园区建设项目

### 一、项目建设需求背景及概况

JY 市作为 TF 新区与 CY 经济区两大国家级新区核心区域，西南商贸物流交通枢纽，承载着各种物资出入四川与省际乃至全球化流通的重任。近年来，JY 市是 SC 省 CD 市 TF 国际机场所在地，依托便利的交通条件和区位优势，把加快现代物流业发展作为发展的重要抓手，出台了《JY 市推进口岸物流产业跨越发展十条意见》提出要强化民生物流支撑，持续深化农业供给侧结构性改革，促进农业协同发展和对外开放，推动农业发展方式由扩规模、重产量向优结构、提效益转型升级。未来物流产业将是一个能够创造千亿产值的朝阳产业。

为与 TF 农业科创园配套，保障粮油、水果、蔬菜等农产品的市场竞争力，推进农产品市场转型升级，亟须加强 JY 市水果、蔬菜等农产品冷链物流建设，促进农产品安全、高效、高品质流通。为此，拟开展本项目建设。

## 二、项目主要内容及规模

本项目规划建设用地面积约 159 亩，其中仓储用地 84 亩、公服用地 43 亩、商服用地 12 亩、交通运输用地 20 亩。总建筑面积约 13.3 万平方米，其中：

第一，地面建筑面积约 11 万平方米，主要为农副产品冷链物流加工中心约 7.5 万平方米；种业研发中心 0.98 万平方米；农业科创成果转化中心 1.65 万平方米；智慧农业服务中心 0.9 万平方米。

第二，地下建筑工程约 2.2 万平方米，主要为地下停车场。

第三，其他配套工程包括土石方、道路、配套管网、绿化、围墙、大门等。

第四，设施设备安装工程，具体包括制冷系统、园区信息化建设工程、果蔬分拣设备、自动洗车机、配电工程、充电桩、广告牌等。

项目总投资约 7 亿元。

**图 39－1　TF 农业科创园配套冷链物流园区规划图片**

图片来源：甲方提供项目规划资料。

### 三、项目投融资方案及成效

项目采用政府主导，市场化运作方式，由 JY 市国有企业 SC 省 JZ 空港农业投资发展集团有限公司作为项目投资、融资、建设、营运主体，自筹项目资本金 1.4 亿元，约占总投资的 20 %；金融机构贷款 5.6 亿元，占总投资的 80%。本项目收益来源为自身收入，具体包括租赁收入（农副产品冷链物流加工中心租赁、丘区种业研发中心租赁、智慧农业服务中心租赁）、物业管理服务收入、智慧仓储物流系统使用收入、停车收入、充电桩收入、广告收入等，具有充实稳定的现金流收入，项目投资收益自求平衡，具有财务可持续能力、偿债能力和抗风险能力，××政策性银行给予 5.6 亿元固定资产投资项目贷款资金支持，贷款期限 15 年。

该项目的建设，提高了资源配置效率，整合汇聚了区域内丰富的农产品资源，拓宽农产品流通渠道，保证鲜农产品的运销畅通，提升了农产品附加值，引导农产品生产和流通，在一定程度上满足了农业生产者和消费者之间的需求，取得较好的社会效益和经济效益。

## 案例 57　YB 市××城乡骨干冷链物流产业园建设项目

### 一、项目建设需求背景及概况

YB 市是 SC 省辖地级市，长江上游区域中心城市、全国性综合交通枢纽，SC 南向开放枢纽门户，CY 双城经济圈中心城区，SC 省现代产业基地，农产品进出运输的重要通道，国家级港口型物流节点，随着 CY 经济圈的发展，物流需求不断增长，项目的建设对于提升 YB 市乃至周边地区的物流服务水平具有重要意义。

该项目所在区域，地处 CY 经济圈核心区域，紧邻多条高速公路，交通网络通畅，这为物流产业园的发展提供了得天独厚的地理和交通优势。为构建现代农业物流体系，着力打造农业生产资料仓储物流，强化农村物流体系，农副产品市场和物流基础设施建设，提升农村区域与城乡居民生产生活相关的冷链物流仓储配送能力，通过建设智能仓储物流中心、京东川南分拨中心、城市保供物流中心等设施，提升 YB 市的冷链物流服务水平，实现货物的快速、高效、安全运输。因此，拟开展本项目建设。

## 二、项目主要内容及规模

项目规划用地面积约430亩，主要建设内容包括：

第一，冷链仓储区9.6万平方米。包括冷库、中央厨房、城乡配送中心等。

第二，涉农物流分拣配送区5.1万平方米。包括快递快运分拣区、快递快运配送区等。

第三，农产品集散区3.6万平方米。主要包括农产品冷链仓储中心、茶叶、智慧制冷恒温配送区、茶叶普通仓储中心、大数据物流信息中心等。

第四，农副产品综合服务区8.4万平方米。主要包括区域分拨中心、农副产品批发市场、农副产品电商服务区等。

第五，基础配套服务设施。主要包括设备用房、门卫、附属配套用房及其他配套设施（含换电站、充电站、停车场、物流设备、车辆购置、绿化、园区道路广场、照明、给排水设施）等。

项目总投资15亿元。

**图39-2　YB市××城乡骨干冷链物流产业园区照片**

图片来源：甲方提供项目规划资料。

## 三、项目投融资方案及成效

项目采用政府主导，市场化运作模式。由市级国有企业YB五新城市建设有限公司作为项目投资、融资、建设、营运主体，自筹项目资本金5亿元，约占项目总投资的33%；金融机构融资10亿元，约占项目总投资的67%。项目收益来源主要是仓储部分租赁、农副产品批发市场租赁、配套服务用房租赁收入、央厨配餐收入、停车场收入等。项目具有稳定可持续现金流收入，具有财务可持续能力、偿债能力和抗风险能力。项目获得××政策性银行固定资产投资项目贷款10亿元资金支持，贷款期限15年。本项目的建设有效推进YB市城乡冷链物流，有效的城乡冷链物流服务网络带动支撑YB及周边地市，引导农业、生鲜电商、预制菜等产业规模化发展，提升了冷链物流效率和水平，有效衔接了农产品的产供销，促进冷链物流供应链的YB市现代产业化进程，创造了更多的就业机会，具有较好的社会效益和经济效益。

## 案例58　东西部协作WDK川渝统筹发展示范区××片区仓储（冷链）物流园建设项目

### 一、项目建设需求背景及概况

“蓝鹰工程”是浙川协作的重要制度创新，是国家高度重视的东西部协作机制。项目所在区域各省市，抓住机遇，在“成渝双城经济圈”的国家战略框架下，将D州市、W州区、K州区区域作为成渝地区双城经济圈高质量发展的重要增长极和全国省际结合部统筹发展的样板地，创建万达开川渝统筹发展示范区，将其上升为国家战略，推动渝东北、川东北一体化发展。

项目所在××片区党委、政府，及时抓住机遇，为推动区域间的合作，促进资源共享和优势互补，进一步完善区域基础设施网络，提升区域基础设施水平，为区域经济的持续发展提供有力支撑，推动区域经济的协调发展，推动区域物流产业的升级和转型，提升物流服务的专业化和智能化水平，进而促进整个区域产业结构的优化和升级，带动相关产业的发展和就业的增加，进而促进区域经济的增长和繁荣，拟开展××片区仓储（冷链）物流园建设项目。

### 二、项目主要内容及规模

项目规划用地面积约110亩，主要建设内容包括：

第一，肉类冷链物流中心，建筑面积约4万平方米；

第二，县、乡、村三级物流集散配送中心，建筑面积2.5万平方米。

第三，配套产业基础设施建筑面积1.3万平方米，主要包括电商服务中心、食堂、冷链物流汽车维修车间、休息及库房等。

第四，物流园管理用房、园区门卫室、配电室等建筑面积1万余平方米。

项目总投资约5.3亿元。

**图39-3 浙川东西部协作WDK川渝统筹发展示范区照片**

图片来源：甲方提供项目资料。

### 三、项目投融资方案及成效

项目采用政府主导、市场化运作模式，由××县国有企业××建设有限公司作为项目投资、融资、建设、营运主体，自筹项目资本金1.2亿元，约占项目总投资的23%，金融机构贷款4.1亿元，占77%。

本项目自身收入包括肉类冷链物流中心冷库出租收入、县乡村三级物流配送中心仓库出租收入、配套产业基础设施收入（含电商服务中心收入、食堂经营收入及冷链物流汽车维修车间出租收入）、物流园管理用房出租收入、装卸收入以及停车收入等，具有稳定可持续的现金流收入，项目具有可持续的财务能力，偿债能力和抗风险能力。××政策性银行给予4.1亿元固定资产投资项目贷款资金支持，贷款期限15年。该项目的建设，是浙川东西部协作的一部分，提升区域物流效率，降低物流成本，引导农业产业结构调整，满足生产与消费的衔接，促进整个区域经济高质量发展，具有较好的社会效益和经济效益。

# 第四十章　地方政府专项债、中央预算内投资项目资金申请类案例

地方政府专项债券、中央预算内资金是固定资产投资项目资金来源的重要渠道。地方政府专项债券，虽然需要归还、但由于利率低，期限长，且没有隐债风险，因此地方十分积极；中央预算内投资项目资金，虽然规模有限，申请要求高、难度大，但因其无须偿还，也无须付息，因此地方趋之若鹜。有的地方充分利用政策，构建项目建设资金池，将有限的财政资金作为“药引子”和“指挥棒”，用在刀刃上，通过做项目资本金或者“债贷结合”的方式，撬动更多的金融资金和社会资本，发挥财政资金的杠杆作用，推动更多的固定资产投资项目。现分享几个项目案例，供读者学习参考。

## 案例59　××冷链物流项目，申请中央预算内资金示范案例

### 一、项目建设需求背景及概况

BZ 市 TJ 县曾是川陕革命根据地的中心地带，经济发展比较滞后，全县一般公共预算收入每年 5 亿多元，而公共预算支出却需要 50 多亿元，但物产丰富，知名农产品有香菇、银耳、罗村茶、青峪猪等，农业产品丰富。近年来，该县积极融入国家战略，深度参与川东北渝东北一体化发展，加快融入 WDK 川渝统筹发展示范区建设，与环 CD 经济圈在产业协作配套等方面合作，通过物流联通外部世界，现有冷链物流基础设施较少，无法满足现有的冷链需求，为有效推进配套冷链基础设施建设，扩大对外开放力度，立足 BZ 市，连接 SX、CQ 等省直辖市及省内 CD 市、NC 市、YS 县、PC 县等周边市县，通过数字化、标准化、绿色化冷链物流设施装备的应用，带动冷藏运输行业的高质量发展，拟由 SC 省 TJ 县××有限公司投资 1.8 亿元，实施 TJ 县城乡冷链物流园

区及配套设施建设项目。

该项目占地50亩，项目总投资约1.8亿元，新建标准化厂房、冷链冷冻物流仓库用房及相关分拣、流通等附属配套设施，总建筑面积约5.8万平方米。

**图40－1　TJ县城乡冷链物流园区项目规划图片**

图片来源：项目可行性研究报告。

## 二、项目谋划方案及资金申请要点

第一，高度对标政策要求。根据《城乡冷链和国家物流枢纽建设中央预算内投资专项管理办法》，本项目在申报时已完成可行性研究报告，并按照相关规定通过全国投资项目在线审批监管平台完成审批程序，取得土地、规划、环评等前期手续，实际完成投资比例不超过70%，符合该专项的申报要求。

第二，切中要害把握重点。该专项的支持范围主要包括两方面：物流基础设施补短板项目。重点支持已纳入年度建设名单的国家物流枢纽、国家骨干冷链物流基地内的公共性、基础性设施补短板项目，包括多式联运转运设施项目，高标准公共仓储设施新建、改扩建及智能化改造项目，保税仓储设施项目，公共物流信息平台和信息化提升项目等；冷链物流设施项目。重点支持服务于肉类屠宰加工及流通的冷链物流设施项目（不含屠宰加工线等生产设施），公共冷库新建、改扩建、智能化改造及相关配套设施项目。

第三，精心谋划项目。在编制资金申请报告时，笔者团队从申报主体、项目建设必要性、预期效益、申请补助的理由和依据精心，并明严格把关，突出重点，确项目资金主要用于建设冷冻库、冷藏库、分拣配送中心等关键设施，以及购置必要的物流设备，确保项目符合该专项的支持范围。

同时，从专业角度，科学开展了市场分析及预测、财务评价和风险分析，系统设计了总图、运输及公用辅助工程，切实说明了建设条件落实情况、建设进展情况，精准制定了投资估算及融资方案，为申报项目、争取资金提供了充分的论证和依据。

**三、项目资金申请成果**

根据《TJ 县城乡冷链物流园区及配套设施建设项目物流专项中央预算内投资资金申请报告》经 TJ 县发展和改革局、BZ 市发展和改革委员会、SC 省发展和改革委员会层层审定，最终该项目建设资金 0.5 亿元被列入中央预算内投资计划，成功获得资金支持，为推动项目尽快建成投入使用提供了有力支撑。项目建成后，将有效提升 TJ 县及周边地区食品生产、仓储保质能力，带动当地物流业发展，助推县域经济高质量发展。

## 案例 60　××县西岭文体智能装备功能区配套标准化厂房“债贷结合”融资示范案例

**一、项目建设需求背景及概况**

××县西岭文体智能装备功能区，是 CD 市级产业功能区中唯一以体育装备智能制造为主导产业（之一）的功能区，是 CD 市重点规划的 66 个产业功能区之一，功能区规划面积约 31 平方公里。功能区拥有“全国石油机械配套产业知名品牌创建示范区”“SC 省现代制造业示范区”“CD 市体育产业示范基地”等 8 项国家级、省级、市级荣誉称号和首批国家体育旅游示范基地、国家体育旅游精品项目——西岭雪山滑雪场景区。功能区已入驻规模以上企业 160 多家，世界 500 强企业 3 家，国家高新技术企业 50 多家。是一个以智引产，逐步形成产业链条完整、配套体系完善、产城融合互动的产业新城。由于部分标准化厂房及配套基础设施不能满足功能区的发展要求，为进一步强弱项，补短板，完善产业链及配套基础设施，拟开展本项目建设。

**二、项目主要建设内容及规模**

项目主要在功能区内，一是新建标准化厂房园区：包括标准化厂房、配套附属用房、综合用房、配餐中心、临时堆场等；二是新建物流园区：包括仓储用房、配套附属用房、分拨配送中心、司机驿站、综合性货车停车场（400个停车位）及电力通讯通道改迁、道路及其他配套附属工程等。项目总投资约14.6亿元。

## 三、项目谋划要点及投融资方案

### （一）项目难题

该项目投资资金需要量大，内容多，主要是配套基础设施建设。当地地方财力一般公共预算收入每年在20亿元左右，尽管财力较好，但公共预算支出也需要30亿元以上，地方政府财政资金有限，如何利用好财政、货币、投资等政策协同配合，解决项目资金需求落地，成为本项目的“难题”。

**图40－2　××西岭文体智能装备功能区示意图**

图片来源：甲方项目新闻。

### （二）探寻路径

根据《中共中央办公厅、国务院办公厅关于做好地方政府专项债券发行及项目配套融资工作的通知》（厅字〔2019〕33号）关于“收益兼有政府性基金收入和其他经营性专项收入，且偿还专项债券本息后仍有剩余专项收入的重大项目，可以由有关企业法人项目单位根据剩余专项收入情况向金融机构市场化融资”的规定，笔者团队提出“债贷结合”“组合融资”的路径方案。

（三）精心谋划

“债贷结合”“组合融资”类项目，一是要提前介入，在申报之前做好融资方案，对资金来源表述清楚，除发债外，要预留贷款空间；二是对标专项债券政策和金融政策，抓住区位优势，突出产业园区基础设施，高度符合专项债投向领域，注意细微差别；三是对项目财务测算、偿债备付率、利息备付率等要债券和贷款兼顾，不能只满足一方。如何遴选、策划项目，才能在符合专项债投向领域准入的前提下，收入既满足专项债还本付息又满足市场化融资还本付息，显得尤为重要。

（四）科学制定融资方案

一是对准专项债申报领域方向，从市政和产业园区基础设施领域申报专项债；二是从产业化，市场化方向争取金融资金支持。由 CD 市 × × 有限公司自筹项目资本金 3.1 亿元，约占项目总投资的 21%；申请地方政府专项债券 5 亿元，约占项目总投资的 34%；申请金融机构贷款 6.5 亿元，约占项目总投资的 45%。

**四、项目成果及效益**

项目成果分别获得专家评审认可，一方面获得地方政府专项债券 5 亿元资金支持，债券发行期限 30 年；另一方面获得金融机构认可审批，× × 政策性银行给予固定资产投资项目贷款6.5 亿元，贷款期限20 年。该项目建成后，完善了该园区的基础设施建设，提升了产业功能区服务能力，扩大了功能区的承载能力，为响应产业向腹地转移战略做出了示范。

## 案例 61　× × 市 × × 县西城片区古街改造项目“债贷结合”融资案例

**一、项目建设需求背景及概况**

× × 县，位于长江上游，因有 38 公里长江水道穿境而过，被称为“万里长江第一县”。

该县历史悠久，建于西晋，距今有 1400 多年历史，城市建设随历史变迁，户籍人口到 2023 年末已达近 58 万人，城镇化率约 51%。

该县文化底蕴深厚，1935 年秋，我国在南京创立的第一所国立戏剧学校，由于抗日战争爆发，1936 年至 1945 年，内迁至 × × 县，并在此办学长达六年之久。这段历史为中国戏剧教育留下了宝贵的文化遗产。现××国立剧专旧址已被列为省级文物保护单位，但包括国立剧专在内的旧址片区，其主要建筑都是修建于20世纪五六十年代甚至三四十年代的，基础设施落后，一些建筑材料已经腐朽，配套管网、交通、消防等都亟待更新改造。

为保护好历史文化遗产，解决好该片区居住老百姓的居住安全、出行方便等民生问题，县委、县政府拟对该片区实施城市更新改造。

**二、项目主要建设内容及规模**

该项目主要建设内容包括两个部分，一部分是西街地块，主要是居民居住院落休闲区，配置一些戏院、乐院、艺院、酒院、茶院；另一部分为国立剧专旧址地块，主要进行改扩建和功能升级，包括戏剧博物馆，迷你剧场、研戏社、戏忆江河数字化馆、戏剧陈列馆等，总建筑面积8500多平方米。项目总投资约6.2亿元。

**三、项目投融资方案**

该项目通过创新融资模式和政策性金融支持，成为老旧小区改造与文旅融合发展的典型案例，入选2021年四川省文化旅游融合示范项目。其债贷结合项目成功经验主要体现在以下方面：

第一，精心谋划：融入国家文旅战略。项目依托“长江国家文化公园”建设背景，结合非遗文化（如竹簧工艺）、戏剧IP（国立剧专）等资源，打造文旅融合示范区，获得政策倾斜与品牌溢价。

**图40－3　××市××县西城片区古街改造项目照片**

第二，融资结构设计：对标专项债券政策和金融政策，多元化资金整合。项目一是抓住政策性银行金融政策，通过长期低息贷款支持项目主体建设，重点用于国立剧专旧址修复、博物馆建设及基础设施改造；二是对标专项债投向领域，遴选、策划专项债券支持的建设内容。由××县××有限公司自筹项目资本金 1.24 亿元，占总投资的 20.00%；申请项目专项债券 2.4 亿元，占总投资的 38.71%；市场化融资 2.56 亿元，占总投资的 41.29%。

第三，还款来源创新：现金流全覆盖设计。对项目财务测算、偿债备付率、利息备付率等要债券和贷款兼顾，收入既满足专项债还本付息又满足市场化融资还本付息。

**四、项目成果及效益**

项目一方面获得地方政府专项债券资金支持；另一方面获得金融机构认可审批，××政策性银行给以固定资产投资项目贷款 2.56 亿元。该项目建成后，一方面能有效改善项目区居民居住环境，强化交通、管网等基础设施，另一方面还能让“国立剧专”这一历史遗址重现光辉，为提升县域城镇形象、促进物质文明和精神文明建设作出贡献。

## 案例 62　××老旧小区改造项目地方政府专项债券发行示范案例

**一、项目建设需求背景及概况**

项目所在街道属于 SC 省 CD 市 PJ 县，面积约 90 平方公里，截至 2019 年末，户籍人口 6 万多人，是该县除主城区外人口最多的乡镇。该乡镇部分住房建筑年代久远，许多为 20 世纪六七十年代，有的甚至是 20 世纪五六十年代的房屋，供电、供水、排污、交通、消费等功能配套设施因年久失修、老化落后，已经严重影响了居民的日常生活质量，急需解决这些设施的更新与改造问题。

**二、项目主要建设内容及规模**

该项目的建设内容，根据政策支持的领域和方向，聚焦以人为中心的居住、出行、生活等配套基础设施建设，重点包括老旧小区改造 4 个社区；道路、街巷路面修复整治约 7 千米；小区配套农贸市场改造和功能提升 4000 多平方米；社区周边停车场、社区空间提升等公共服务和人居环境工程。

**图 40－4　× × 老旧小区现状图**

图片来源：甲方提供项目资料。

## 三、项目谋划要点及投融资方案

一是精准对标政策。保障性住房和老旧小区改造项目，作为国家“三大工程”相关的项目，国家从财政、货币金融政策方面都有明确的支持，因此，充分了解和掌握所在区域的城市更新市场容量、重点关注衔接地方项目库和项目清单，把握机遇，争取财政资金。

二是明确资金来源方向。经过研判，该项目投资规模 2.5 亿元左右，从建设内容和政策支持方向，都适合申报地方政府专项债券。因此，坚定走发行地方政府专项债券的路径。

三是精心谋划方案。选择好主体，政府授权给国有企业 CD 市 × × 有限公司投资作为项目实施主体，自筹项目资本金约 5000 万元，约占项目总投资的 20%，申请地方政府专项债券 2 亿元，项目收入来源主要是政府配套基金收入和项目停车场、农贸市场等项目自身专项收入，满足地方政府专项债偿债备付率的要求。

### 四、项目成果及效益

本项目成果，通过专家评审，成功发行地方政府专项债20100万元。项目的落地建设，解决了该片区老旧小区的设施老化和功能不全、交通、农贸市场等民生问题，改善了该片区居民居住环境，提升居民的生活质量，推动城市有机更新，促进了地方经济高质量发展。

## 案例63　××乡村振兴农林水利领域专项债券发行项目案例

### 一、项目建设需求背景及概况

近年来，××县在推动地方经济高质量发展过程中，以实施乡村振兴战略为抓手，深入开展农业供给侧结构性改革，加快推进现代农业园区建设，保障农产品供应充足、粮油生产稳步增长、农民增收持续增长、农业农村经济稳中向好，但由于项目所在地属于丘陵地区，土地、土壤有待于改良，农业水利基础设施有待于完善，农产品结构单一、农业产业链短、产品附加值低、主导产业规模化产业化水平普遍不高，导致产业发展不均衡，农村经济发展总体水平不高，为此，根据××县农业产业发展规划，拟建设高标准粮药种植基地。

### 二、项目主要建设内容及规模

项目主要建设内容包括：

（一）种植基地

高标准粮药种植基1万亩，包括田型调整6500亩，坡改梯3500亩；土壤改良8000亩；灌溉和排水工程，山坪塘整治30座，囤水田45口，蓄水池58口，渠道工程15公里，提灌站7座；基地配套生产道路，包括机耕路19公里，生产路43公里；设备购置，包括提灌设备、移栽机、育苗机、收割机、旋耕机、消毒机等机器等。

（二）粮药展示交易多功能区

综合服务中1万平方米、粮药交易批发市场3万平方米、粮药生产资料及农机具供应中心5千平方米、粮药展示展销中心2千平方米、粮药检测检疫及追溯体系中心8百平方米；加工厂房2.2万平方米、仓储中心2.8万平方米；配套综合培训中心、农业观光园、特色农展馆等约1.8万平方米；粮药文化展示区域1万平方米。

（三）配套基础设施工程

污水处理工程主要包括：含集中式污水处理一体化设施62个，场站土建及辅助设施62个，散户污水处理8000户，园区污水处理厂提标改造1项）；配套道路工程约4.7公里。

**图40-5　××县高标准粮药产业示范园照片**

图片来源：甲方提供项目资料。

## 三、项目资金来源谋划与投融资方案

该项目总投资约12.9亿元，项目公益性较强，资金需要量较大，但投资周期长，回报率低，若采用市场化融资模式，项目投资收益平衡难度较大，同时投资主体虽然是国有公司，但资产负债率较高，地方政府也不能负债，项目建设资金来源从何而来呢？

第一，精准对标政策。地方政府专项债券是落实积极财政政策，稳投资、扩内需、补短板的重要举措，是近两年地方政府的重要金融工具。对标当年地方政府专项债券10个重点支持领域中乡村振兴中农林水利专项，政策十分吻合。

第二，精心谋划实施方案。项目具有公益性特点，对应的有一定的专项收益，完全符合专项债项目特征，通过收入现金流测算，其偿债备付率也能满足专项债的评审要求，因此，项目由×××农业发展投资有限公司自筹项目资本金约 2.9 亿元，约占项目总投资的 22.5%，申请地方政府专项债券 10 亿元。

## 四、项目成果与效益

项目提供成果，获专家评审认可，项目资金需求 10 亿元全部纳入地方政府专项债券发行计划并成功发行。项目通过高标准农田建设和灌溉等配套设施的完善，提高了农业生产能力，具有较好的社会效益。

# 第四十一章　疑难杂症类项目解决案例

在固定资产投资项目建设漫长的过程中，政策、环境与市场变化如同一股不可预测的力量，时而平静如水，时而波涛汹涌。这些外部因素的变化，往往能对一个项目的命运产生决定性影响，导致一些项目不幸陷入停工、推进受阻乃至烂尾的困境，成为困扰投资者、地方政府及社会各界的疑难杂症。面对这类项目，简单的放弃或拖延非但不能解决问题，反而可能引发连锁反应，造成资源浪费、经济损失乃至社会信任危机。因此，如何有效应对、巧妙针对这些项目中的疑难杂症，采取不同的解决方案，对项目进行调整和优化，让项目尽可能减少资源浪费，既能适应政策、环境、市场的变化，符合政策、法规要求，又能适应环境和市场的变化。本章将列举几个不同类型的疑难杂症项目的实践案例，以供学习参考，共同探索那些化腐朽为神奇的力量，为固定资产投资项目的健康发展贡献力量。

## 案例64　××县生活垃圾焚烧发电 PPP 项目特许经营项目

### 一、项目概况

（一）项目投资规模与建设内容

××县生活垃圾焚烧发电项目，项目总投资约 3.5 亿元，项目用地面积约 6 公顷，建设规模日处理垃圾 500 吨，配置 1×500t/d 机械炉排炉焚烧线、1 台 10MW 汽轮机和 1 台 10MW 发电机组，渗滤液处理规模 200t/d。建成后全年处理生活垃圾约 18.25 万吨。

（二）项目建设营运模式

采用 PPP 特许经营 BOT 模式，特许经营期限 30 年（其中建设期 2 年），项目回报机制可行性缺口补贴，项目公司（SPV）结构为政府出资方代表 10% + 社会资本方 90%。

**图 41－1 ××县生活垃圾焚烧发电照片**

图片来源：甲方提供项目资料。

（三）项目进行的时间节点

该项目于 2022 年 12 月中旬发布招标信息，于 2022 年 12 月下旬招投标，中标公示期为 30 日，在 2023 年 2 月 10 日。中标人为 GD 环保有限公司，2023 年 4 月××日，中标人与××县政府出资方代表—××建设投资集团有限公司成立了 SPV 公司，股权结构为社会资本方 90%，政府出资方代表 10%。2023 年 5 月××日，SPV 公司与项目实施机构大方县综合行政执法局签订特许经营协议。

（四）PPP 项目“新机制”的变化

2023 年 11 月 3 日，国务院办公厅转发国家发展改革委、财政部《关于规范实施政府和社会资本合作新机制的指导意见》的通知国办函〔2023〕115 号文，文件要求“2023 年 2 月政府和社会资本合作项目清理核查前未完成招标采购程序的项目，以及后续新实施的政府和社会资本合作项目，均应按照本指导意见规定的新机制执行”。

**二、项目难题**

项目在进行的过程中遇到了 PPP 政策的变化，新旧机制的转换。而该项目招投标公示节点，刚好在 2023 年 2 月 10 日，这该用 PPP 老机制还是 PPP 新机制呢?

该项目的难题在于其招投标公示期截止日是 2023 年 2 月 10 日，虽然招投标结束了，但公示期没有结束，是否算“未完成招标采购程序”呢?，如果回答是肯定的，那就得按照新机制，而该项目的实施方案是在新机制文件发布之前编写的，那么，项目面临许多不合规的地方，并且已经既成事实，若按照PPP老机制，在时间节点上刚好在线上，又不符合新机制的规定和要求，真是进退维谷。

**三、解决方案**

经过研究分析与协商沟通，提出了既尊重事实，又要符合政策的解决方案。

（一）对应PPP新机制，查找问题

由于该项目实施方案是在新机制发布之前按照《国务院办公厅转发财政部发展改革委人民银行关于在公共服务领域推广政府和社会资本合作模式指导意见的通知》（国办发〔2015〕42号）文件编写的，因此存在以下问题：

第一，项目SPV公司合规性问题。根据PPP新机制，垃圾焚烧发电项目属于环保领域中“应有民营企业独自或控股的项目”，且本级政府平台公司不得产业新建项目。而原方案采用的是“中标社会资本方90%，县本级国有企业××建设投资集团有限公司10%”，有不合规嫌疑。

第二，项目回报机制问题。原项目方案采用的是“可行性缺口补助”，而新机制要求聚焦“使用者付费”。

第三，社会资本方问题。原方案的社会资本方是国有企业，新机制要求民营企业独资或控股。

第四，其他需要调整的问题。包括项目特许经营模式论证缺失、项目投资回收期与特许经营期限的合理性等。

（二）针对问题，制定整改方案

整改方案聚焦以下几点：

第一，根据PPP新机制修订项目实施方案，由原编制单位出具项目实施方案（修订版）。重点整改社会资本方、SPV公司股权、投资回报机制等突出问题。

第二，专家评审。由相关专家对编制单位依据PPP新机制编制的实施方案（修订版）进行评审。

第三，按照程序进行审批和备案。按照原审批程序和审批部门对调整后并经专家评审通过后的实施方案重新过会批复和备案。

（三）按照新机制方案，实施整改

第一，社会资本方与本级政府国有企在SPV公司中的股权进行转让。

第二，关于社会资本方的合规性认定。介于本项目实际情况，原社会资本方 GD 环保有限公司前期已经介入了许多前期工作，在招投标中已经中标，只是在公示期出现了政策的变化情况，尽管其不属于民营企业，但也不是本级财政的国有企业，经专家协商，并报经省级政府相关部门许可，不作调整。

第三，由 GD 环保有限公司收购原属于县级国有公司的 10% 股份，并做实质性变更。

第四，报经相关部门同意，不再重新招投标。

## 案例 65 ××新区"烂尾"开发项目工程的"重生"案例

### 一、项目概况

××市××新区，是一个省级高新技术开发区。××市每年一般公共预算收入 60 多亿元，一般公共预算支出 300 多亿元，主要依靠上级转移支付。

在一些地方将"F+EPC"当作融资模式的 2017 年左右，该市与××省级金融控股××公司、××央企建设公司，就××新区开发，以"××新区片区开发"项目签订了"××新区片区开发 F+EPC"协议，该项目范围约 4 平方公里，包括拆迁安置、土地整理、道路交通、管网、绿化停车场等配套基础设施、园区厂房、商业住宅等内容，项目总投资约 80 亿元。

××央企建设公司负责项目设计、建设总承包，省级金融控股××公司负责出资，包括资本金和项目建设资金，年利率一年期 9%，三年期 11%，并约定 5 年期的退出机制。项目推进三年多后，在各方的利益博弈中，出现了一系列问题。一是地方政府方国有企业支付利息困难。该国有企业作为发包方，自身现金流缺乏，原本想通过财政补贴付息，但财政也困难，加之项目本身以公益性项目为主，在建设中也没有任何利润可言。二是出资方省级金融控股××公司，原本通过项目获取较高资金利息，结果发现收回本金都成困难，担忧风险，不愿意再投；××央企建设公司，工程层层转包，项目资金不到位，导致工程停工，工人讨要工钱。项目不能按时推进，不仅影响政府工作推进计划，经济发展受阻，工人讨要工钱围攻政府、园区和施工企业，导致不安定因素，造成社会影响。于是，相关领导被问责、谈话、调、免，形成了"烂尾工程"。

### 二、项目难题

项目"烂尾"了，利益各方"摆烂"了，领导调换了，但当地人民的生活还在继续，新区还得建，经济社会发展还得继续，项目将如何进行下去？

（一）新领导，新压力

××市委新领导上任，对××新区领导明确下达任务，维护社会稳定、维护各方利益、维护经济社会持续稳定发展。该项目必须要想出办法，稳妥有序，项目必须推进。

（二）复盘模式，寻找问题

该项目所谓“片区”开发，实质是一个以基础设施建设为主的准公益性项目，利益各方只看到自己的目的和利益，没有对项目进行认真分析研究，项目总投资这么大，用房地产开发的眼光来审视该项目，在片区内没有合适的产业支撑，收益从何而来呢？盲目采用“F+EPC”模式，一个收入覆盖投资都还有一定缺陷的准公益性项目，即便有利润，也是十分微弱的，如何能够承受这么高的资金利息呢？因此，根本问题是该项目的“F+EPC”模式选择错误，必须终结。

**图41-2　××新区基础设施开发建设规划图片**

图片来源：甲方提供项目资料。

（三）面临困难，进退维谷

项目要推进，确实“没钱难为无米之炊”，“F+EPC”模式不行，PPP模式连入库都入不了，该怎么办？要终结“F+EPC”模式，关系到利益各方的博弈，很难达成一致意见。只得求大同存小异，制定终结退出方案。

### 三、项目解决方案

（一）项目总体规划，分期实施

根据××新区规划，对项目采取“总体规划，分期实施”的方法，根据项目区内资源、产业的不同的情况，重新谋划项目，分期分配落地实施。

（二）多渠道、多元化争取项目建设资金

一是对标政策争取财政性中省预算资金、专项债券等；二是争取政策性银行中长期固定资产投资项目贷款：三是商业银行中长期固定资产投资项目贷款；四是招商引资，与有实力的中长期低成本资金合作。

（三）项目“重生”，示范引领

笔者团队根据项目的情况，从“烂尾”工程中选了一部分正在实施、即将实施的工程，主要包括拆迁安置、道路、河堤、河道疏浚、生态恢复、停车场、部分特色农产品市场等，项目总投资约10亿元，由××市国有发展集团公司作为担保单位，××新区国有公司作为投资、融资、建设、营运主体，通过政府主导，市场化运作的模式，获得××政策性银行给予8亿元固定资产投资项目贷款，期限15年资金支持。

（四）创新思路，解决矛盾和问题

该项目由于是从“烂尾”工程中“重生”的项目，面临许多既有的利益和问题。一是招投标问题，主管部门不愿意重新进行招投标；二是中标人在工程施工中有垫资，不能退出；三是银行方在资金支付上，新的支付主体与原来主体不一致，与招投标文件也不一致，无法对应支付。针对这一系列问题，创新了以下解决措施。一是根据相关文件和法律法规，拟写一个项目整改调整方案；二是报经××区常务会议审查批复，作为项目整改依据；三是依据方案各利益主体之间签订补充协议和新协议，在尽量维护各方利益的前提下，圆满、稳妥地解决好了所遇到的矛盾和问题。

## 案例66　GXZ族自治区LJ区某PPP停建项目中的一民生工程“重生”案例

### 一、项目概况

GXZ族自治区是国务院印发《重点省份分类加强政府投资项目管理办法（试行）》通知中列入的“除了供水、供暖、供电等涉及基本民生的工程外，不得有任何政府投资新开工项目全国 12 个重点债务关注省份”之一。该文件还要求“对在建的政府投资项目进行严格清理和规范。总投资完成率低于 50% 的大部分项目将被缓建或停建，尤其是那些完成率低于 30% 的项目。而对于总投资完成率高于 50% 的小部分项目，也将根据情况进行缓建或停建”。

LJ 区某 PPP 项目，由于其建设完成程度不到 30%，被列入停建项目清单。该项目主要建设内容包括一个片区的道路、交通、社区、小学校等工程，其中小学校工程投资约 6000 万元，已完成投资工程量 4500 多万元，主体工程已经完成。但因整个 PPP 项目列入停建清单，因此处于停工数月状态。

**二、项目难题**

该项目实际情况也面临该工程若随整个 PPP 项目被停建，不仅已经投入的 4500 多万元可能面临“烂尾”，更重要的是该工程涉及社区附近约 600 名小学生的就学问题，关系老百姓民生之事无小事，老百姓纷纷为孩子上学问题担忧。若继续建，搞不好就是“有令不行，有禁不止”，责任谁来担当?

**三、解决方案**

当地项目主管部门向笔者进行咨询。笔者团队经过对该项目进行认真研究和分析后，提出了以下解决方案：

第一，由第三方专业机构根据该项目的实际情况编制对该项目进行紧急整改的建议书。

第二，向当地政府呈报紧急整改的请示。

第三，整改方案，将该 PPP 项目中的学校工程部分进行剥离，一是变更项目投资主体，由当地教育职能部门作为投资主体；二是更具专家整改意见调整为政府直接投资模式，明确不再使用 PPP 模式；三是明确资金来源为财政资金直接投入；四是学校工程不再重新招投标，由原施工单位继续完成。

第四，调整程序。项目剥离调整的全部方案，呈报区政府常务会批准，由项目主管部门、实施部门、原建设部门共同落实各种整改手续，并及时复工建设。

该 PPP 停建项目中的民生工程得以“重生”，在时间紧任务重的情况下，赶上了次年的学校招生开学，解决了老百姓迫在眉睫的子女上学问题，得到当地老百姓的赞誉与好评。

**图 41 -3　LJ 区某 PPP 项目中的学校工程照片**

图片来源：甲方提供项目现场照片。

# 附录　相关法律法规制度一览表

| 序号 | 名称 | 文号 | 发布日期 |
|---|---|---|---|
| 1 | 《国务院关于投资体制改革的决定》 | 国发〔2004〕20号 | 2004年7月16日 |
| 2 | 《中共中央　国务院关于深化投融资体制改革的意见》 | 中发〔2016〕18号 | 2016年7月5日 |
| 3 | 《国家发展改革委关于进一步推进投资项目审批制度改革的若干意见》 | 发改投资〔2021〕1813号 | 2021年12月15日 |
| 4 | 《国家发展改革委关于印发投资项目可行性研究报告编写大纲及说明的通知》 | 发改投资规〔2023〕304号 | 2023年3月23日 |
| 5 | 国家发展改革委《固定资产投资项目节能审查办法》 | 中华人民共和国国家发展和改革委员会2023年第2号令 | 2023年3月28日 |
| 6 | 生态环境部办公厅　国家发展改革委办公厅　中国人民银行办公厅　金融监管总局办公厅《关于印发〈生态环境导向的开发（EOD）项目实施导则（试行）〉的通知》 | 环办科财〔2023〕22号 | 2023年12月22日 |
| 7 | 《中共中央　国务院关于全面加强生态环境保护　坚决打好污染防治攻坚战的意见》 |  | 2018年6月16日 |
| 8 | 国家发展改革委《基础设施和公用事业特许经营管理办法》 | 国家发展改革委、财政部、住房城乡建设部、交通运输部、水利部、中国人民银行第17号令 | 2024年3月28日 |
| 9 | 《国务院关于加强地方政府性债务管理的意见》 | 国发〔2014〕43号 | 2014年10月2日 |
| 10 | 《国务院办公厅转发国家发展改革委、财政部〈关于规范实施政府和社会资本合作新机制的指导意见〉的通知》 | 国办函〔2023〕115号 | 2023年11月8日 |

续表

| 序号 | 名称 | 文号 | 发布日期 |
| --- | --- | --- | --- |
| 11 | 《全国投资项目在线审批监管平台运行管理暂行办法》 | 国家发展改革委、工业和信息化部、国土资源部、环境保护部、住房城乡建设部、交通运输部、水利部、卫生计生委、国家安全监管总局、国家统计局、中国地震局、中国气象局、国家国防科工局、国家烟草局、国家海洋局、中国民航局、国家文物局、国家能源局 2017 年第 3 号令 | 2017 年 5 月 25 日 |
| 12 | 国务院《政府投资条例》 | 中华人民共和国国务院第 712 号令 | 2019 年 4 月 14 日 |
| 13 | 国家发展改革委《企业投资项目核准和备案管理办法》 | 国家发展改革委令第 2 号 | 2017 年 3 月 8 日 |
| 14 | 《国务院关于发布政府核准的投资项目目录（2016 年本）的通知》 | 国发〔2016〕72 号 | 2016 年 12 月 20 日 |
| 15 | 国家金融监督管理总局《固定资产贷款管理办法》 | 国家金融监督管理总局 2024 年第 1 号令 | 2024 年 1 月 30 日 |
| 16 | 《国家发展改革委关于全面推动基础设施领域不动产投资信托基金（REITs）项目常态化发行的通知》 | 发改投资〔2024〕1014 号 | 2024 年 7 月 6 日 |
| 17 | 《国务院关于加强固定资产投资项目资本金管理的通知》 | 国发〔2019〕26 号 | 2019 年 11 月 27 日 |
| 18 | 中共中央办公厅　国务院办公厅《关于做好地方政府专项债券发行及项目配套融资工作的通知》 | 厅字〔2019〕33 号 | 2019 年 6 月 10 日 |
| 19 | 财政部《国际金融组织和外国政府贷款赠款管理办法》 | 中华人民共和国财政部第 85 号令 | 2016 年 10 月 11 日 |
| 20 | 《国务院办公厅关于优化完善地方政府专项债券管理机制的意见》 | 国办发〔2024〕52 号 | 2024 年 12 月 25 日 |
| 21 | 《财政部关于加快地方政府专项债券发行使用有关工作的通知》 | 财预〔2020〕94 号 | 2020 年 7 月 27 日 |
| 22 | 《财政部关于进一步做好地方政府债券发行工作的意见》 | 财库〔2020〕36 号 | 2020 年 11 月 4 日 |

续表

| 序号 | 名称 | 文号 | 发布日期 |
| --- | --- | --- | --- |
| 23 | 《财政部关于印发〈地方政府专项债券用途调整操作指引〉的通知》 | 财预〔2021〕110 号 | 2021 年 9 月 8 日 |
| 24 | 《财政部关于印发〈国际金融组织和外国政府贷款项目全生命周期管理暂行办法〉的通知》 | 财国合〔2023〕22 号 | 2023 年 8 月 11 日 |
| 25 | 《国务院关于印发〈推动大规模设备更新和消费品以旧换新行动方案〉的通知》 | 国发〔2024〕7 号 | 2024 年 3 月 7 日 |
| 26 | 《商务部等 14 部门关于印发〈推动消费品以旧换新行动方案〉的通知》 | 商消费发〔2024〕58 号 | 2024 年 3 月 27 日 |
| 27 | 《国务院关于印发〈深入实施以人为本的新型城镇化战略五年行动计划〉的通知》 | 国发〔2024〕17 号 | 2024 年 7 月 28 日 |

# 后　记

《固定资产投资项目投融资指南及案例精选》一书，历经多年的积累与沉淀，从启动到完成，已经近一年的时间，经过团队的多次反复的修改讨论，终于要与读者见面了。

她不仅凝聚了作者团队在固定资产投资项目投融资领域十七年多的实践经验和研究成果，也承载了我们对推动我国投融资体制改革、助力经济社会高质量发展的深切期望。

我们深知，固定资产投资项目投融资领域复杂多变，政策环境、市场条件、项目特点等因素都会对投融资活动产生深远影响。因此，本书不仅是对过去经验的总结，更是对未来发展的展望。我们希望通过本书的出版，能够激发更多同行和研究者投入这一领域的学习与探索中，共同推动我国投融资体制的创新与完善。

最后，我们要感谢所有在本书编写过程中给予支持和帮助的同事、合作伙伴以及各界朋友。正是你们的鼓励与支持，才使得本书得以顺利完成。我们也衷心希望广大读者能够从本书中获益，并在实践中不断探索创新，为推动我国固定资产投资领域的高质量发展贡献力量。

**作者团队**

2025 年 3 月 18 日

# 研创单位简介

**中央财经大学政信研究院**

中央财经大学政信研究院（以下简称研究院）成立于 2017 年 7 月，是国内第一家以政信领域学术研究、决策咨询、学科培育、人才培养、社会服务、文化传承为主要职能的高校智库，是政信领域学术研究、战略咨询、金融服务的开放性公共研究机构。研究院紧紧围绕国家经济社会发展和政信服务实践中的重大理论和实践问题，积极开展学术和政策研究，奋力开拓政信市场，加强与国家部委、地方政府、企业和社会各界的合作，目前已发展成为国内政信领域有一定影响力的专业智库。研究院致力于政信发展创新相关的交叉学科的学术研究，为政信知识积累、行业发展、制度建设、国家治理提供智力支持。研究院以科学的学术探索、卓越的咨询研究、广泛的社会影响、公益的人才培养，致力打造国内一流、具有一定国际影响力的政信领域独立思想库。

网址：https：//igc. cufe. edu. cn/index. htm

**中央财经大学政信研究院项目投融资研究中心**

中央财经大学政信研究院项目投融资研究中心，是中央财经大学政信研究院的内设科研机构，主要开展以固定资产投资项目为核心的宏观经济政策、区域经济发展、项目前期研究、项目投资决策、项目投融资模式创新研究、项目开发营运模式研究、项目建设与管理研究、项目 ESG（环境 - 社会 - 治理）研究、项目全生命周期创新研究等领域的专业性研究。主要研究方向：固定资产项目投资决策、项目前期谋划、项目投融资、宏观经济、区域经济。

网址为：https：//igc. cufe. edu. cn/index. htm

**中投泽世（北京）国际咨询有限公司**

中投泽世（北京）国际咨询有限公司（以下简称公司）成立于 2008 年 6 月，是一家具有 17 年专业工程咨询经验的咨询公司。公司秉承“高明远识、厚德载物、泽被后世”的企业文化，立足北京，面向全国开展工程咨询业务，在市政、建筑、交通、生态环境、风景园林、城乡规划、工程造价、投融资、PPP、新科技、新材料、资产评估等相应领域固定资产投资项目前期咨询具有丰富实践经验，先后在北京、吉林、黑龙江、河南、湖北、重庆、广西、云南、贵州、四川、西藏、青海等省市开展过政策解读、投融资专题辅导、课题研究、“十四五”规划中期评估、资产盘活、国有企业转型升级、项目财政性资金申请进行全生命周期、全过程工程咨询。17 年累计完成固定资产投资项目咨询 1700 多个，项目总投资约 1.3 万亿元，实现融资落地逾 9600 亿元，先后 33 次获国家级、省（市）级优秀工程咨询成果奖。公司具有国家工程咨询单位甲级资信资质，是中国工程咨询协会特邀理事单位、中国工程咨询协会投融资专业委员会副主任单位、中国工程咨询协会工程管理专业委员会委员单位、北京市工程咨询协会会员单位、四川省工程咨询协会副会长单位、四川省农业经济学会常务理事单位、云南省工程咨询协会理事单位，同时是中国工程咨询协会《地方政府专项债券实施方案编制指引》《政府和社会资本合作（PPP）项目绩效评价工作指引》和《固定资产项目投资机会研究》参编单位。

网址为：http://www.sczest.com